제4판

탐색 · 표현 · 감상의

통합적 유아미술교육

이정욱 임수진 공저

JUNGMINSA
정민사

머리말

4차 산업혁명, 로봇, 인공지능, 빅데이터의 시대에서 요구되는 것은 융합적 사고와 문화예술적 감수성이다. 창의력을 기반으로 한 인간의 직관, 통찰, 감성의 융합적 사고, 그리고 인공지능과 차별화되는 예술적 감수성은 기술로 촉발된 4차 산업혁명을 인간을 중심에 두는 기술 혁신의 시대로 이끌 수 있기 때문이다. 융합적 사고와 예술적 감수성은 유아미술교육에서 지속적으로 추구하였던 바이며, 어린 유아기부터 질 높은 미술교육을 통해 그 토대를 마련할 수 있다.

질 높은 유아미술교육의 중심에는 유아교사가 있다. 유아교사가 유아에 대한 이해, 미적 원리, 매체와 기법 등의 미술에 대한 기본적인 지식, 그리고 유아에게 적합한 교수-학습 방법을 알고 있을 때 질 높은 미술교육을 실행할 수 있다. 저자들은 미술을 전공하지 않은 예비 유아교사와 현직 유아교사들의 이와 같은 이해를 도모하기 위해 이 책을 집필하였고, 이번에 출간되는 개정 4판도 초판 및 이전판과 동일한 집필 의도 아래에서 만들어졌다.

이 책의 초판과 개정판은 유아미술교육에서 '무엇을, 어떻게 가르칠 것인가'란 물음에 대해 탐색, 표현, 감상의 내용체계를 기초로 통합적으로 접근하는 기본 방향을 제시하였다. 개정 3판 이후로 유치원교육과정이 '2019 개정 누리과정'으로 개정되었다. 그러나 미술교육의 내용체계는 일부 명칭의 차이에도 불구하고 궁극적으로 '탐색, 표현, 감상'을 그대로 유지하고 있다. 따라서 이번의 개정 4판에서도 기본 집필 방향인 탐색, 표현, 감상의 통합적 접근을 그대로 유지하였고, 이를 '2019 개정 누리과정'과 연계하여 제시하였다.

개정 4판에서는 각 장에 들어가기와 다지기를 추가하여 독자가 직접 참여하는 활동을 제시하였다. 이는 독자가 직접 미술 활동을 하면서 미술에 흥미를 가지고 즐거움을 느낄 수 있기를 바라는 의도에서 시도한 것이다. 더불어 개정 3판에서 새로 소개하였던 유아와 함께 하는 설치미술과 디지털미디어를 활용한 미술 활동, 미술관 전시 연계 활동, 그리고 연령별로 제시한 탐색, 표현, 감상을 통합한 활동의 실제는 이 책의 두드러진 특징이므로 개정 4판에도 그대로 담기로 하였다.

이 책에서 제안하는 탐색, 표현, 감상의 통합적 접근은 저자들이 여러 해 동안 연구하고 유아교육현장에서 적용해 본 결과물이며, 그 과정에서 많은 분들의 도움이 있었다. 지면 관계상 일일이 언급하지 못하지만 이 자리를 빌어서 감사의 뜻을 전하고자 한다. 특히, 저자의 유아미술교육 강의에 열심히 참여해준 덕성여자대학교 유아교육과 학부 및 일반대학원, 교육대학원 학생들에게 감사드린다. 또한 유치원 현장에서 적극적으로 활동을 실행하며 도움을 준 덕성여자대학교 부속유치원, 건영유치원, 파랑새유치원 교사들과 소망유치원 문인경 원감, 솔빛초등학교병설유치원의 박진이 교사, 원고 정리에 도움을 준 류승희에게 고마움을 표시하고자 한다. 아울러 본 개정 4판의 출판에 애써주신 정민사 여러분께 감사를 드린다.

2021년 여름
저자

차 례

CHAPTER 1

미술과 유아

유아를 위한 교육과정에서 미술은 빠지지 않고 포함되는 영역이다. 유아미술교육의 중요성이 강조되고 있지만 한편에서는 미술이나 유아교육에 대한 이해의 부족으로 뚜렷한 교육 목적 및 방향 설정 없이 적당히 시간 보내기로 미술 활동이 진행되기도 한다. 이 장에서는 유아에게 왜 미술교육이 필요하며, 미술교육의 목적은 무엇인가를 알아보고, 미술이 어떻게 유아의 전인적인 발달에 기여하는가를 살펴보고자 한다.

들어가기

유아들이 생각하는 미술이 무엇인지 이야기해 보았습니다. 유아들은 다음과 같이 이야기했습니다.

만들기하는 거야.

미술방에서 놀이하는 것이 미술이야.

미술은 그림을 그리는 거야.

미술이라고 불리려면 그림에 물감도 색칠해야 돼.

맞아! 미술은 색깔이 많이 칠해져 이쁜 것이 미술이야.

그럼 미술은 어디에 있는 걸까?

우리 옷에 있는 그림, 색에도 있어.

여러분은 미술을 어떤 경험으로 기억하고 있나요? 미술에 대한 여러분의 생각을 아래에 써보고, 친구들과 함께 여러분의 미술 경험을 이야기해 봅시다. 이 수업에 참여하는 여러분이 생각하는 미술은 어떤 것인가요?

나에게 있어 미술이란,

이유는?	이유는?
1. 2. 3.	1. 2. 3.

1. 유아미술교육의 필요성 및 목적

시각적 이미지를 창조하고 다른 사람이 만든 이미지를 해석할 수 있는 유아의 능력은 발달에 의해 자연스럽게 나타나는 능력이며, 성인으로부터 가르침이 필요하지 않은 독립적 능력이라고 보는 견해는 최근 들어 더 이상 지지받지 못하고 있다. 반면에 유아의 미술은 성장 · 발달에 따른 자동적인 결과가 아니며, 성인의 격려와 촉진에 의한 유아의 적극적인 탐색 및 탐구 과정의 결과라는 견해가 지배적이다. 이와 함께 많은 미술교육자들과 유아교육자들은 유아미술교육을 위한 여러 가지 이론들과 접근법들을 제안하여 왔다. 이러한 이론들에 기초하여 유아에게 어떻게 미술을 가르칠 것인가를 생각하기에 앞서서 우리는 왜 유아에게 미술을 가르쳐야 하는지, 유아들은 왜 미술교육을 받아야 하는지에 대해 생각해 보기로 하자.

첫째, 미술은 우리 생활의 일부분이기 때문이다. 많은 사람들이 미술에 대해 가지는 오해 중의 하나가 미술은 어렵고 특별한 재능을 지닌 사람들의 전유물이라는 생각, 또는 시간적 여유가 있을 때나 즐길 수 있는 여가 활동의 일환으로 생각하는 것이다.

그러나 조금만 살펴보면 미술은 곧 우리 생활의 일부임을 알 수 있다. 우리가 사용하는 컵, 필기도구, 의복, 길가의 포스터 등 모든 일상에서 미술을 활용하고 있고, 미술에 의해 영향을 받고 있다. 유아들 역시 즐겨 읽는 그림책, 또는 장난감의 색, 형태, 질감 등의 미적 환경에 둘러싸여 있다. 선사시대의 사람들도 토기를 빚을 때 무엇인가를 담을 수 있는 기능을 하도록 형태를 구성하는 것에 그치지 않고 표면에 여러 가지 무늬를 새겨 넣은 것을 볼 수 있다. 이는 물건의 기능적인 측면만을 고려하는 것이 아니라 우리에게 시각적인 즐거움을 주는 장식적인 면도 고려한 것이다. 이와 같이 미술은 우리 생활의 일부분으로 삶을 풍요롭게 하는 데 많은 사람들이 이를 간과하는 경향이 있다. 이는 우리가 받아온 미술교육이 생활 속에서 미술을 즐길 수 있는 기회를 제공하지 못하고, 얼마나 잘 그리고 만드는가에 중점을 두면서 미술은 나와 관계가 없는 것으로 생각하도록 이끌었기 때문이다.

따라서 유아기부터 생활 속에서 미술의 역할을 인지하고 미술을 즐기고 활용할 수 있도록 이끌어 주는 것이 필요하다. 미술교육을 통해서 누구나가 미술가가 되는 것은 아니다. 노래를 잘 부른다고 모두 가수가 되는 것은 아니다. 아름다움을 지각할 수 있는 눈을 가지고 생활 속에서 미술을 즐길 수 있도록 하는 미술교육이 필요한 것이다.

둘째, 미술은 유아의 자기표현이기 때문이다. 유아는 자신을 표현하고자 하는 내적 욕구를 지니며, 미술은 이러한 자기표현의 욕구를 충족시켜 주는 주된 수단이다.

유아는 가르치지 않아도 자발적으로 크레파스나 연필을 잡고 긁적이기 시작한다. 손과 팔을 움직이는 근육운동적 즐거움 및 이러한 움직임에 따라 남겨지는 자취를 보는 시각적 즐거움에 의해 시도되었던 초기 긁적거리기는 점차 주변의 친숙한 대상을 묘사하는 시각적 상징체계로 발달한다. 이에 따라 유아는 의도적으로 자신의 주변 세계에 대한 이해를 그림으로써 나타내고자 시도하게 된다. 지칭하는 대상과 어떠한 연관성도 없이 임의적이고 추상적인 언어적 상징과는 달리 미술의 시각적 상징은 눈으로 보았던 실제 대상이나 상상한 것에 대한 이미지를 마음속에서 형상화하고, 그 형상을 그대로 그림으로 표현하므로 유아에게 보다 강력하게 작용한다. 그러므로 자신의 느낌이나 생각 등을 언어적으로 표현하는 데 어려움을 느끼는 유아에게 있어서 미술은 색채와 형태의 시각적 이미지를 사용하여 자신을 표현할 수 있게 하는 중요한 역할을 한다.

미술로 자신을 표현하는 기회를 가졌던 유아들은 시각적 상징을 사용하여 자신의 주변 세계에 대한 의미를 구성하고 이를 표현할 수 있게 된다. 이러한 미술 표현은 유아들에게 있어서 자연스럽고 자발적으로 나타나는 것이지만 성인의 적절한 지도가 필요하다. 왜냐하면 자신이 이해한 대로 자신과 세상에 대한 생각과 느낌을 표현하는 어린 유아들에게 다양하고 의미 있는 생활경험을 제공하고, 시각적 이미지를 창조하기 위한 재료나 기회 자체를 제공하는 것이 성인들에게 달려 있기 때문이다.

셋째, 미술은 유아의 전인적 성장을 도모하기 때문이다. 유아교육의 궁극적인 목적은 전인적 인간의 육성이다. 신체적, 인지적, 정서적, 사회적으로 고른 발달이 이루어져 건강하고 지적이며 감정적으로 풍부하고 인간미가 넘치는 조화로운 성장을 추구한다.

그러나 현재의 학교교육에서 강조하는 주지교과 위주의 이성적, 분석적, 논리적, 언어적 학습만으로는 학교교육을 통해서 육성될 수 있고 신장되어야만 하는 중요한 다른 능력인 직관적, 통찰적, 감성적, 비언어적 사고와 표현 능력을 간과하게 된다.

'인간의 지능은 성격이 다른 8가지의 능력들로 구성된다'는 다중지능 이론을 제시한 Gardner(1993)는 모든 사람들이 이들 8가지의 지능을 일정 정도는 지니고 있으며, 일부 사람들은 한 가지 또는 그 이상의 지능들이 보다 높은 수준에서 발달할 수 있다고 하였다. 다중지능 이론에 의하면 이들 8가지 지능은 모두가 중요하고 가치가 있으므로 종합적인 학교교육 프로그램을 통하여 이들 지능들이 발달할 수 있어야 한다. Gardner가 제시한 다중지능 중에서 공간적 지능과 관련되는 미술은 어떤 대상을 상상력, 통찰력, 대상에 대한 느낌 등을 통해 감성적으로 아는 것이다.

미술의 시각적 상징은 직관적이며 감성적인 특징이 있어서 우리의 마음을 움직이고 심미적 감흥을 불러일으킴으로써 우리의 정신세계와 정서 활동을 다스린다. 따라서 미술교육을 통해 유아의 직관적 · 통찰적 · 감성적인 능력을 길러 주며, 논리적 · 분석적 지식과 함께 어우러져 유아가 조화로운 인성을 형성하도록 도모할 수 있다.

미술이 유아 생활의 일부분이며, 유아가 조화로운 인성을 형성하고 풍요로운 삶을 영위하기 위해 미술교육이 필요하다면 유아를 위한 미술교육의 목적은 무엇이어야 하는가? 교사는 미술교육의 목적을 인식함으로써 유아에게 어떠한 교육 내용과 활동을 제공할 것인가를 결정할 때 그 근거로 삼을 수 있다.

Herberholz와 Hanson(1995)은 유아미술의 주된 목적이 유아에게 시각적인 환경과 문화를 접할 기회를 제공하여 유아가 이에 대해 보다 나은 이해를 할 수 있도록 돕는 것이라고 보았다. 또한, 질 높은 미술교육을 통하여 아름다운 것을 만들기, 즐거움·민감성·감상력을 가지고 미술 작품 보기, 창의적으로 문제해결하기, 모든 교과에 미술을 통합 적용하기, 감정의 표출 및 정서 순화하기, 그리고 예민한 지각력 증진하기가 이루어져야 한다고 제안하였다.

미술교육의 목적이란 미술교육을 통해서 유아들이 궁극적으로 성취하도록 기대하는 것이라고 설명하는 Jalongo와 Stamp(1997)는 감각에 의해 예민하게 지각하는 능력 및 상상력의 증진, 미술을 해석하고 생활 속에 미술이 기여하는 바를 이해하기, 그리고 미술적 기능 향상에 몰두하는 능력의 신장이 미술교육의 주된 목적이라고 하였다.

반면에 전성수, 이일우, 정옥란(2001)은 21세기의 문화 시대에 있어서 유아미술교육은 미술품과 자연을 감상하고 시각적 요소와 그 관계를 이해하며, 삶 속에서 미술을 발견하고 미술을 적용하며 환경을 개선하는 사람, 즉 미술 소비자를 기르는 것이 주된 목적이 되어야 함을 강조한다.

유아미술교육자들에 따라 다양하게 제시되고 있는 미술교육의 목적들은 위에서 논의하였던 유아미술교육의 필요성과 관련지어 정리해 볼 수 있다. 즉, 유아미술교육은 다양하고 풍부한 감각적 경험을 통해 유아의 지각 능력을 신장시키고, 시각적 이미지를 사용하여 자신의 생각 및 느낌을 창의적으로 표현할 수 있도록 하는 데 그 목적이 있다. 또한 주변 환경 속에서 유아가 시각적 요소와 그 관계를 이해하며, 이에 따라 시각적 즐거움을 주는 아름다움을 지각할 수 있는 눈을 가지고 생활 속에서 미술을 즐길 수 있도록 하는 데 그 목적이 있다.

2. 미술과 유아의 전인적 발달

보고, 느끼고, 생각하고, 손으로 표현하는 활동인 미술은 시각적 요소에 기초하여 아름다움을 지각하고 활용할 수 있도록 한다는 점에서 미술만이 제공할 수 있는 가치를 지닌다. 이와 함께 미술은 유아의 전인적인 발달에 기여한다는 점에서도 그 중요성이 인정되어 왔다(Koster, 2001; Schirrmacher, 2006). 미술이 어떻게 유아들의 전인적인 성장 발달을 도모할 수 있는지는 유아미술교육과 제 발달 영역과의 관계를 살펴봄으로써 이해할 수 있다. 이러한 이해는 교사가 유아를 위한 미술교육 프로그램을 계획할 때 이론적 근거가 될 수 있다.

1) 미술과 창의성 발달

창의성의 개념 정의는 매우 복잡하고 다양하며 모호한 면이 많아서 관점에 따라 여러 가지로 정의할 수 있다. 그러나 여러 정의들을 종합해 보면, 창의성은 독창적인 사고로 기존의 관습적인 사고에서 벗어나 새로운 시각으로 사물을 볼 수 있고, 어떤 대상에 대한 다양한 접근을 시도하며, 여러 가지 요소들을 함께 모아서 새로운 양식을 만드는 것이라 할 수 있다.

미술교육자들은 창의성을 미술과 미술교육의 중요한 측면으로 강조하여 왔다. 왜냐하면 미술은 요구되는 정답이 있는 것이 아니라 주변의 대상들을 자신의 방식으로 바라보고 자신만의 독특한 방식으로 표현하는 예술이기 때문이다. 미술은 새롭고 독창적이며 자유로운 사고와 표현을 중시하므로 창의성을 다른 어떤 영역에서보다 격려하고 존중한다. 따라서 지금까지 알려지지 않았던 새로운 아이디어를 수용하고, 이를 추구하는 것에 따르는 위험부담을 감수하는 태도를 가르치는 데 있어서 미술은 이상적인 수단이 된다(Unsworth, 1992).

미술은 유아들이 기존의 틀에서 벗어나 다양하게 생각하고 새로운 아이디어들을 탐색하고 실험해 볼 수 있게 한다. 다양한 재료와 방법으로 자신의 생각을 나타내는 그리기, 만들기, 구성하기, 꾸미기 등의 활동을 통하여 유아의 상상력이 자극되고 이전과 다른 새로운 생각, 남과 다른 자신만의 독특한 생각을 할 수 있게 된다.

유아에게 창의성을 직접적으로 가르칠 수는 없지만 잘 고안된 개방적인 미술 활동을 통하여 유아의 창의성을 길러줄 수 있다. 유아가 보다 창의적으로 미술 활동을 하도록 지도하는 방법은 다음과 같다(Koster, 2001).

① 미술 활동에 사용할 재료를 유아가 충분히 탐색할 수 있는 시간을 제공한다.

② 미적 용어를 사용하고, 유아의 작품에서 선, 색, 형, 질감 등의 미적 요소들의

예를 지적한다.

③ 다른 사람들의 작품을 제시하여 준다. 미술가들이 만든 작품을 보고 이에 기초하여 자신의 작품을 만들 때 새로운 방향을 모색할 수 있다.

④ 교사가 사용할 재료와 방법을 지정하지 말고 유아가 스스로 선택하도록 격려한다.

⑤ 유아가 미술 활동이 즐거워서, 스스로 하고 싶어서 하도록 내적으로 동기유발을 시킨다. 상, 스티커와 같은 보상의 제공은 유아 간에 경쟁을 유발시키거나 보상 때문에 활동을 하도록 외적으로 동기유발을 시키게 되므로 바람직하지 않다.

⑥ 실수나 실패하는 것이 허용되는 자유로운 분위기를 마련해 준다. 정해진 대로 따라오도록 하며, 유아의 모든 행동에 제재가 가해지거나 항상 감독 · 평가받는 기분이 들면 유아가 남과 다르게 새로운 방법으로 자신을 표현하기 어렵다.

⑦ 미술 재료나 도구 사용 기술을 발달시킬 수 있는 활동을 고안 · 제공한다. 유아의 수준에서 적절한 미술 도구 및 재료 사용 기술을 획득하여 이를 자유롭게 사용할 수 있을 때 유아는 기존의 방법과는 다른 새로운 접근을 시도할 수 있다.

⑧ 유아가 자신의 활동에 몰입할 수 있는 충분한 시간을 제공하고, 불필요한 개입을 피한다.

2) 미술과 신체 발달

미술은 유아의 지각 능력을 발달시켜 주변 환경의 특성에 보다 민감하도록 이끈다. 지각은 감각기관을 통해 받아들인 감각 자료뿐만 아니라 이러한 자료를 통한 느낌이나 상상에 의해 머릿속에 떠오르는 시각적 이미지를 모두 포함한다(김정희, 1998).

우리가 어떤 대상을 보는 것은 단지 망막에 맺힌 상 자체를 보는 것이 아니라 모든 감각을 통해 받아들인 그 대상의 이미지를 함께 보는 것이므로 단순히 '본다'는 의미보다는 지각한다는 의미로 이해해야 한다. 예를 들어, '깃털'을 본다는 것은 망막에 맺힌 깃털의 상 외에 '부드럽다'는 촉각적 느낌까지 포함된 시각적 이미지를 보는 것이다. 미술은 시각, 청각, 촉각, 미각 등의 모든 감각기관을 통하여 사물을 지각하고,

이에 대해 형성한 심상을 시각 언어로 표현하는 것이다.

Lowenfeld는 "촉각, 시각, 청각적 현상에 의한 직접적인 경험을 통하여 이미지 형성과 지각력이 개발된다"고 하였다(Cohen & Gainer, 1992). 유아가 만지고, 느끼고, 보고, 조작하고, 맛보고, 듣는 것은 미술 표현의 근본적인 바탕이 되므로, 유아미술교육에서 감각에 의한 지각 능력을 신장시키는 것은 가장 기초가 되는 부분이다.

미술은 유아가 여러 가지 미술 재료와 도구를 사용하는 가운데 대 · 소근육 조절 능력을 획득할 수 있게 한다. 이젤 그림 그리기, 점토를 반죽하고 주무르기, 큰 상자들을 붙여서 공룡 만들기 등의 활동들에서 유아는 대근육을 사용하게 된다. 또한 미술 활동 속에 포함되는 모든 조작적인 움직임은 필기도구를 적절하게 잡고 사용하기 위해서 필요한 소근육 발달을 촉진시킨다. 색칠하기, 물감 사용하기, 풀칠하기, 가위질하기, 종이 찢어 붙이기, 직조 등의 활동은 대 · 소근육 사용 능력의 발달뿐만 아니라 눈과 손의 협응력을 발달시킨다.

3) 미술과 사회성 발달

미술을 통하여 유아는 타인과 구별되는 독특한 존재로서의 자기 자신을 인식하고, 타인과의 관계 속에서 사회적 성장을 할 수 있다.

미술은 유아가 자아에 대한 인식을 형성하도록 한다. 유아는 자신이 아는 것, 생각하는 것과 느끼는 것을 시각적인 형태로 표현하면서 자신의 능력과 생각을 발견하게 되고, 잠재력을 발달시킬 수 있는 기회를 갖게 된다. 자신의 능력에 대한 인식과 인정은 유아의 자아개념 형성의 기초가 된다. 미술 활동을 하는 과정에서 유아들은 스스로 필요한 의사결정을 하게 되고, 내 힘으로 무엇인가를 제작했다는 만족감과 자신감이 생기게 된다. 또한 미술은 유일한 정답이 있는 것이 아니므로 새로운 시도와 실수를 관대하게 수용하게 되며, 실패할 위험성이 적기 때문에 성공감과 성취감을 경험할 기회가 많게 되고 이에 따라 자신에 대해 긍정적인 태도와 가치를 형성하게 된다.

미술은 유아들이 다른 사람과의 관계에 대해서 인식하고, 타인과의 긍정적인 상호작용을 하도록 돕는다. 유아는 미술 활동에 필요한 재료나 도구뿐만 아니라 각자의 생각들을 서로 나누게 되며, 기다리거나 순서를 정해서 교대로 하기, 협동하기 등의 사회적 기술을 발달시킬 수 있다.

또한 다른 사람의 생각과 아이디어를 듣고 존중해 주며, 다른 유아들의 표현을 인정하고 서로의 작품을 이해하는 마음을 갖게 된다. 미술을 통하여 사람들이 세상을 여러 가지 방식으로 바라본다는 점을 인식할 수 있으며, 나와 다르게 생각하고 이해함을 받아들이게 된다. 즉, 미술은 세상의 다양성을 볼 수 있는 열린 태도를 형성할 수 있다.

4) 미술과 정서 발달

미술은 유아들의 심미감을 발달시킨다. 왜냐하면 미술은 근본적으로 '아름다움'에 대한 교육이기 때문이다. 유아들은 자연을 탐색하고 예술품이나 자신 및 다른 유아들의 작품을 감상하면서 아름다움에 대해 인식하고 이해할 수 있게 된다. 또한 경험을 통합하여 구성하는 창의적인 표현 과정 속에서 미적 감각과 안목을 기르게 된다. 질 높은 미술에 지속적으로 접하는 것은 아름다움을 인지할 수 있는 예민한 지각 능력을 갖게 하며, 이에 따라 미의식 없는 무의미한 이미지에 노출될 때 선별 능력이 있어 이들의 부정적인 영향을 덜 받게 된다(Honigman & Bhavnagri, 1998).

유아들은 자신뿐만 아니라 다른 사람들의 감정을 이해할 수 있어야 한다. Cohen과 Gainer(1992)에 따르면, 이러한 이해의 중요한 부분은 감정을 표현하는 것을 학습하고 그 감정들에 직면함으로써 얻어질 수 있다. 또한 다른 사람들의 감정 경험을 학습함으로써 얻어질 수 있다. 유아들은 기쁨, 즐거움, 행복감, 분노, 슬픔, 외로움, 좌절 등 자신이 느끼는 긍정적이거나 부정적인 감정을 작품 속에 표현한다. 언어적으로 자세하게 설명하는 것이 어려운 유아들에게 미술은 복잡하거나 다루기 힘든 감정들을 보다 쉽게 표현할 수 있는 도구가 된다. 미술을 통한 자기표현의 과정에서 유아들은 자신이 어떤 감정을 지니고 있는지를 보다 명료하게 인식할 수 있다. 또한 다른 사람들의 작품을 보면서 어떠한 감정이 느껴지는지를 경험할 수 있으며, 사람들마다 느끼는 감정이 같을 수도 있지만 또한 다를 수도 있음을 인식하게 된다.

미술은 유아들에게 정서적 안정을 제공한다. 표현하고 싶은 내면적 욕구를 자유롭게 표현해 낼 수 있는 것은 즐거운 경험이다. 자신이 느끼는 감정의 자유로운 표출은 유아들의 정신 건강에 도움을 준다. 특히 슬픔, 분노, 좌절 등의 부정적인 감정과 충동들이 파괴적이고 공격적인 방법에 의해서가 아니라 미술 활동을 통해서 건설적으로 표출될 수 있다. 자신의 마음을 평온하게 다스릴 수 있고 정서를 순화하는 매개체가 미술이다.

5) 미술과 인지 발달

미술은 감정이나 영감(inspiration)과 관련된 것으로 주로 인식되지만 사실상 광범위한 인지적 능력 및 기술이 포함된다(Krechevsky, 1998). 미술은 유아가 주변 세계에 대해서 알고 있는 것을 반영한다. 사람이나 장소, 사물들에 대해서 여러 가지 경험을 해 본 유아는 미술 활동을 할 때 선택할 수 있는 주제가 많게 된다. 반면에 한 번도 비행기를 타본 적이 없거나 주변에서 비행기 사진이나 그림조차 보지 못한 유아가 있다면, 이 유아가 비행기를 주제로 표현 활동을 하기는 힘들 것이다. 유아는 무엇인가를 알고 있어야만, 미술을 통해 자신이 알고 있는 것을 재구성하고 재창조할 수 있게 된다. 특정 대상을 세밀하게 묘사할 수 있는 유아는 그 대상에 대해서 잘 알고 있는 경우이다.

유아가 자신의 아이디어, 알고 있는 개념, 경험 등을 미술 활동 속에서 표현하기 위해서는 여러 가지 사고 기술이 필요하다. 유아는 무엇을 표현할 것인지, 어떻게 표현할 것인지를 생각해야만 한다. 따라서 미술 활동에는 계획과 실행, 평가 그리고 재작업의 사고 과정이 포함된다. 또한, 미술 활동은 유아에게 문제해결 능력을 요구한다. 표현하고자 하는 바를 가장 잘 나타낼 수 있기 위해서는 재료들을 어떻게 결합하여 배열할 것인지, 형과 색, 공간 구성은 어떻게 할지와 같은 문제들을 해결해야 한다. 이와 같이 미술은 유아들의 인지 발달과 밀접한 관계가 있다.

유아는 미술 활동을 통해서 색, 형태, 선, 질감, 공간 등의 미적 요소들과 관련된 개념을 학습하게 된다. 또한 미술 활동을 통해서 유아는 자신의 물리적 위치가 바뀜에 따라 동일한 대상을 보는 시점이 바뀌게 됨을 관찰하게 되고 형태의 변화에 대해 이해할 수 있게 된다. 이러한 경험은 유아가 자기 중심적인 관점에 집착하는 것을 완화시켜 줄 수 있다.

미술 활동을 하면서 자신이 알고 있는 것을 표현하는 경험은 이후에 쓰기와 읽기 학습에 도움이 된다. 연구자들은 유아의 그리기와 언어 발달이 관계가 있다고 보고하고 있다(Colbert, 1984; Zumuehlen & Kantner, 1995). 참조물(referent)을 기호(sign)를 사용해서 연결하는 언어와 마찬가지로 미술도 대상을 상징화시키는 경험을 하기 때문이다.

다지기

어린이들이 카메라에 담은
유치원에서 찾은 미술

여러분이 생각하는 미술이 무엇인지 위의 예시처럼 사진을 찍어 LMS 게시판이나 패들렛(Padlet)에 모아 봅시다.

CHAPTER 2

미와 미적 요소

유아의 아름다움에 대한 감각 즉, 미적인 감수성은 주변의 예술적인 요소들을 인식하고 함께 나누는 경험을 통해 길러지며, 이를 통해 유아는 아름다움과 예술의 가치를 인식하고, 사랑할 줄 아는 성인으로 자라게 된다. 유아에게 미적 요소와 원리를 경험하게 하는 것은 자연이나 미술 작품의 아름다운 부분들을 구성하는 본질을 이해하도록 하는 것이며, 유아가 미적으로 작품을 구성하도록 돕는다. 따라서 주변 세계나 미술 작품에 관해 심미적으로 판단하고 자신들이 이해하는 것에 대해 이야기할 수 있도록 하는 경험이 필요하다.

이 장에서는 아름다움에 대해 다루는 것이 유아에게 왜 필요하며, 미적 요소에는 어떤 것들이 있는지 알아보고, 유아가 미적 요소와 원리들을 이해하도록 돕는 바람직한 경험에 대해 살펴보고자 한다.

들어가기

여러분이 좋아하는 그림책을 하나 골라 선과 형, 그리고 색에 대해 이야기해 봅시다. 지금 여러분의 마음과 비슷한 색은 어떤 것인가요? 길게 뻗은 선은 어떤 느낌을 주나요?

그림책을 보고 이야기를 나눈 후 아래에 미적 요소에 대해 여러분이 알고 있는 것, 생각하는 것을 정리해 보세요.

	선	

	형	

	색	

1. 아름다움이란 무엇인가

아름다움은 우리의 감각이나 마음을 기쁘게 하는 것으로 우리가 무엇인가를 아름답다고 느꼈을 때, 우리는 다양한 감각을 통해 그러한 아름다움을 느끼고 묘사할 수 있게 된다. 저녁에 지는 노을을 바라보거나 눈이 소복이 쌓인 나뭇가지에서 떨어지는 눈 소리를 귀 기울여 들을 때, 담장 한쪽에서 피어난 꽃봉오리를 보고 그 향기를 맡으며 아름다움을 느낄 때, 이미 우리의 마음은 미적인 상태이며, 이때의 경험이 바로 미적인 경험이 된다. 따라서 아름다움을 탐색한다는 것은 주변의 사물이나 현상 자체의 성질을 깨닫기 위한 즐거움과 관심에 목적을 두는 것으로, 미술이 삶에 차지하는 의미에 관해 생각하도록 하는 것(Eisner, 1995)이며, 예술을 이해하고 예술 작품 그리고 우리 삶의 문제들에 대해 생각하고 탐구하도록 하는 것(Parsons & Blocker, 1998)이다.

이러한 의미에서 아름다움을 교육적으로 다루는 것은 유아의 감각이 주변 세계의 아름다움에 익숙해지고 노출되도록 돕는 일이며, 지각적 · 지적 · 정서적 경험에 대한 유아 각각의 개별적인 감수성을 조화롭게 조직된 전체로 심화시키고 통합시키는 과정이다. 각 유아의 독특한 창조성과 미술에 대한 이해는 이러한 과정을 통해서 성장하게 되며, 이것은 유아의 감각과 인식에 기초하여 각 감각들이 외부 세계와 지속적이고 조화로운 관계를 맺을 때에만 가능하다. 따라서 유아미술교육에서 이루어지는 아름다움에 대한 탐색은 유아 내부에 존재하는 미적 감각을 자극하고 외부 세계에 대한 풍부한 미적 감수성을 길러내는 것이며, 이러한 내용은 다양한 일상생활의 경험 속에서 자연스럽게 인식되도록 구성되어야 한다.

Schirrmacher(2006)는 유아기에 아름다움에 대해 다루어야 하는 이유를 다음과 같이 설명한다.

① 유아의 전인적 발달을 위해서는 아름다움에 대해 지각하는 미적 감수성을 지니는 것이 필요하다.

② 미적 감수성을 지닌 유아는 생활 속에서 아름다움을 발견할 수 있다. 즉, 이야기, 시, 음악, 수, 사람들 속에서도 아름다움을 느낄 수 있다.

③ 미적 감각을 지닌 성인으로 성장하도록 돕는다. 아름다움에 대한 교육은 미적 가치를 기준으로 생활용품을 선택할 수 있는 소비자로 육성할 수 있다. 뿐만 아니라 미적 감각의 발달은 도시 계획, 공해 문제, 전쟁, 가난과 도시의 어두운 면을 인식하고 이해하는 성인으로 성장하도록 돕는다.

④ 예술의 가치를 인식하게 된다. 따라서 다양한 예술의 형태에 참여하며 즐길 수 있게 된다.

⑤ 개념 발달을 촉진한다. '아름다움'은 개개인의 아름다움에 대한 추구와 미적인 것에 대한 반응으로 간주되는 철학의 한 부분으로 다양한 삶의 문제를 인식하고 해결하는 데 도움을 준다.

2. 미적 요소와 원리

미적 요소는 그림을 그리거나 조각품을 만들거나 옷을 디자인하는 등 모든 예술 작품을 창조할 때 사용되는 기본 요소로 선, 형, 색, 질감, 공간을 말한다. 미적 원리는 이러한 미적 요소들을 조직하여 시각적으로 아름다운 세계를 창조하는 방법으로 균형, 강조, 비례, 움직임, 리듬/반복/패턴, 조화와 통일과 같은 미적 형식의 원리를 의미한다. 미적 요소와 원리는 유아가 자신의 개인적 취향을 기초로 자신만의 독특한 미적 판단을 하도록 돕는 미적 준거(aesthetic criteria)가 된다.

그러나 이러한 미적 요소와 원리는 유아들에게 직접적으로 가르쳐지는 것이 아니다. 유아들이 이러한 미적 감각을 기르도록 하기 위해서는 교사 자신이 미적 요소와 원리에 대해 이해하고, 유아가 생활 속에서 경험할 수 있도록 지도하는 것이 필요하다.

미술 활동이 개인적인 요구에서 시작되고 유아 스스로가 자신의 마음속에 있는 것을 표현하는 과정이라면, 교사가 유아에게 제공하는 미적 경험은 유아로 하여금 주변 환경 속의 많은 사물들에 민감해지고 그것을 통해 미술에 대한 보다 정교한 이해를 쌓는 데에 도움이 되는 것이어야 한다. 따라서 미적 경험은 주변 사물과 환경에 대한 탐색, 창의적인 표현 활동, 미술 작품이나 또래의 작품을 감상하는 활동과 연결하여 유아의 생활 속에서 자연스럽게 경험하고 표현하도록 격려하는 과정으로 이루어지는 것이 바람직하다. 미적 요소와 미적 원리에 대해 지나치게 강조하기보다는 자연스런 경험을 통해 인식하도록 유도해야 한다.

1) 미적 요소

미적 요소에는 선, 형, 색, 명암, 질감, 공간이 있다. 그러나 이러한 요소들은 서로 밀접한 관계이므로 정확히 구분 짓기보다는 상대적으로 파악해야 한다.

(1) 선

선은 모든 미술 작품의 구성 요소로, 미술 작품 속의 선은 모두 시작점과 끝점, 길이, 방향(위/아래, 대각선, 평행선)을 가지고 있다. 점의 연속으로 나타나는 선은 물체를 표시할 때 윤곽을 나타내고 형태를 표시한다. 점의 이동에 따라 직선, 곡선이 생기며, 선이 놓이는 방향과 길이에 따라 방향성과 운동성을 나타낸다. 수직선, 수평선, 사선, 굵은 선, 짧은 선 등 다양한 형태로 표현되는 선들은 감정을 나타내는데, 사선은 율동감을, 수직선은 힘을, 곡선은 부드러움을 표현하는 데 주로 사용된다. 동양화에서는 전통적으로 선을 중심으로 표현하는 경우가 많은데, 이때에 사용되는 선들은 사물, 상황에 대한 정신적 작용이나 이상을 상징하기도 한다.

- 선은 표현 도구, 종이 표면의 특질, 사용하는 사람의 힘의 정도에 따라 서로 다르게 나타난다.
- 선은 작품에 리듬을 주거나 패턴을 만들기 위해 규칙적으로 또는 불규칙하게 반복되어 사용될 수도 있다.
- 선의 여러 특성에 대해 이야기하는 것은 유아의 선에 대한 이해를 돕는다.

– 방향 : 동그라미의 위에서 아래로 지나가는 선을 만들었구나.

– 굵기 : 벽지에 진한 색의 굵은 선들이 있네.

– 길이 : 창원이는 종이에 짧은 선들을 그려 넣었네.

– 관계 : 네 그림에는 겹친 선이 있구나.

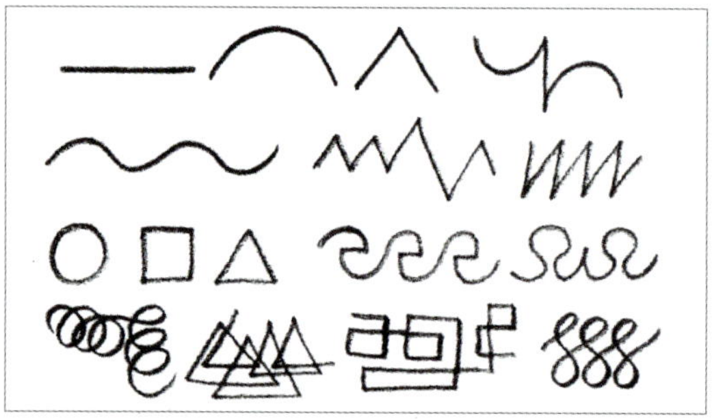

선의 움직임

출처: Understanding art: A guide for teachers, p. 17, by M. Wenham, 2003, London: SAGE Publications Ltd.

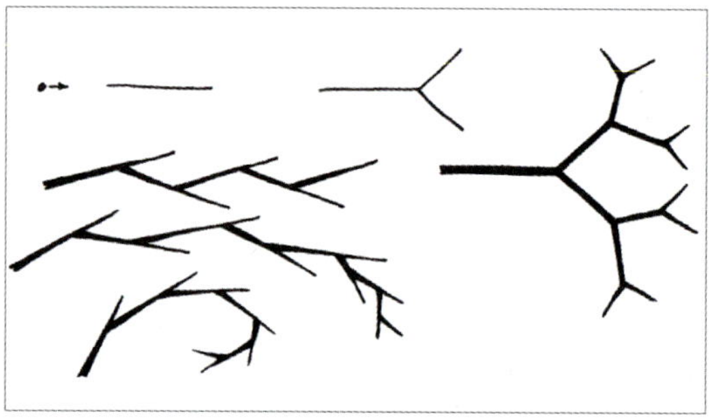

선을 그리는 방법

출처: Understanding art: A guide for teachers, pp. 21–22, by M. Wenham, 2003, London: SAGE Publications Ltd.

선에 대한 탐색 활동

▶ **선을 찾아요**

- 마룻바닥이나 책상에서 직선을, 인형의 머리카락에서 곡선을, 얼어 있는 웅덩이의 갈라진 틈에서 지그재그인 선을 찾아본다.
- 털실, 리본, 테이프, 노끈 등 주변의 물체들을 사용해서 여러 종류의 선을 만들어 본다.

▶ 몸으로 만든 선

- 신문을 유아들에게 한 장씩 나누어 주고 신문을 뭉친 다음 카펫 위에 던지도록 한다. 신문 뭉치들 사이로 걸어 보고, 신문 위를 밟고 건너 다녀본 후 걸어본 느낌을 이야기해 본다.
- 몸으로 경험한 것을 스케치북 위에 표현해 보도록 한다. 여러 색의 스티커를 스케치북에 붙여 보고, 색연필로 곡선과 직선을 그어 연결해 본다.
- 몸으로 표현했을 때와 색연필로 그렸을 때의 차이를 이야기하며, 직선과 곡선의 차이를 인식할 수 있도록 돕는다.
  - 똑바른 선(직선)으로 이어져 만들어진 모양은 어떤 것이 있을까?
  - 구부러진 선(곡선)이 이어져서 만들어진 모양에는 어떤 것이 있을까?
  - 똑바른 선(직선)으로 만들어진 모양은 어떤 느낌이 드니?
  - 구부러진 선(곡선)으로 만들어진 모양은 어떤 느낌이 드니?
- 만들어진 모양 위를 원하는 색으로 칠한다.

▲ 바실리 칸딘스키, 〈노랑, 빨강, 파랑〉, 1925 | 파리 퐁피두 센터 |

◀ 파울 클레, 〈지저귀는 기계〉, 1922 | 뉴욕 근대 미술관 |

- 누운 것처럼 보이는 선은 어떤 것이니?
- 굵은 선과 가느다란 선이 함께 보이는 곳이 있니? 어디인지 한 번 가리켜 볼까?
- 똑바르게 쭉 뻗은 선, 구부러진 선, 작게 꼬불거리는 선을 찾아보자. 선이 모여서 만들어진 모양은 어떤 것이 있을까?
- 새가 날아갈 때 만들어진 것처럼 보이는 선은 어떤 것이니?
- 자동차가 빠르게 지나갈 때 만들어진 것 같은 선은 어떤 것이니?

(2) 형

형이란 어떤 물체의 윤곽이라고 말할 수 있는데, 점 · 선 · 면의 흔적이나 움직임을 통해 만들어지며, 형이 모여서 또 다른 형을 만들어내기도 한다. 외곽선의 경계가 확실하여 형태가 완전히 나타날 경우 하나의 형이 다른 형을 에워쌀 수 있으며, ∩ 또는 ⊂형과 같이 불완전한 형은 열려 있는 것으로 간주한다.

형은 평평하게 평면적으로 나타낼 수도 있고 그림자와 명암을 넣거나 서로 겹치게 하여 3차원 실제물과 같은 입체감과 공간감을 줄 수도 있다. 2차원 평면상의 형은 형상(shape)이라고 하고 3차원의 입체적인 형은 형태(form)라고 부른다. 조각, 건축물, 조형물 등의 미술 작품은 3차원 형태로 만들어진 것이다.

형은 크기와 모양이 다양하고, 간단한 형과 복잡한 형, 실제로 존재하는 형과 우리가 만들어 낸 인공의 형이 있다. 작품 속에서 같은 형이 반복되면 패턴이 만들어진다.

형은 기하학적 형과 비기하학적 형(불규칙한 형), 직선형과 곡선형으로 나눌 수 있다.

- 기하학적인 형 : 정사각형, 직사각형, 삼각형, 원과 같이 수학적 법칙에 의해 이루어지는 단순한 형으로 규칙적이고 질서정연한 느낌을 준다.
- 비기하학적 형(불규칙한 형) : 다양한 형태로 자유롭고 무질서한 느낌을 준다.
- 직선형 : 직사각형, 삼각형, 정사각형, 마름모 등과 같이 직선으로 만들어진 것으로 딱딱한 느낌, 안정성, 질서를 나타낸다.
- 곡선형 : 원형, 타원형과 같이 곡선에 의해 만들어진 것으로 활발하고 부드러운 느낌을 준다.
- 유아가 형의 크기, 특성 등을 이해하기 위해서는 교사의 언어적 표현이 도움이 된다.
  - 크기 : 서지 목걸이는 작은 동그라미 모양이네.
  - 명칭 : 트리케라톱스의 머리에는 삼각형 뿔이 세 개가 있구나.
  - 개방/폐쇄성 : 서영이가 만든 집이 열려 있는 것으로 보이려면 블록을 어떻게 하면 될까?
  - 관계 : 창원이 모자 위쪽에 있는 동그라미가 아래쪽에 있는 것보다 더 크구나.

그려서 형을 만드는 방법

출처: Understanding art: A guide for teachers, p. 74, by M. Wenham, 2003, London: SAGE Publications Ltd.

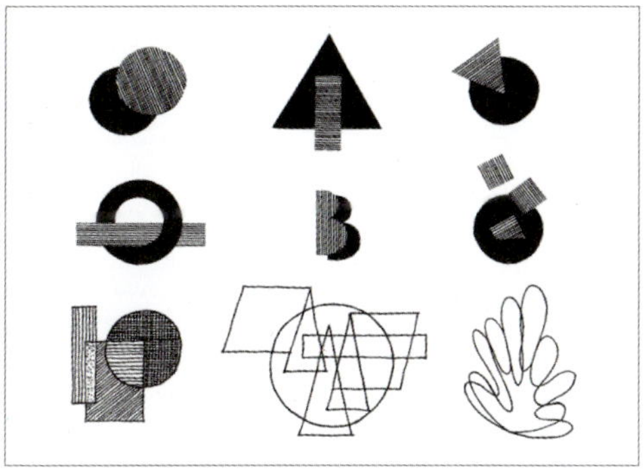

선의 겹칩과 중첩

출처: Understanding art: A guide for teachers, p. 79, by M. Wenham, 2003, London: SAGE Publications Ltd.

형에 대한 탐색 활동

▶ 여러 가지 모양

- 유아에게 친숙한 블록을 사용하여 여러 가지 모양들을 탐색하게 한다. 여러 측면에서 모양들을 관찰하고 각 면들의 모양과 수를 비교해 본다.
- 3차원 입체도형의 한 면에 이름을 붙이고 평면도형과 입체도형의 이름을 연결시켜 찾아볼 수도 있다. 예를 들어, 동그라미(원)는 원기둥, 세모(삼각형)는 삼각기둥과 같이 서로 연결되는 형태를 찾아보는 게임이다.

▶ 모양도장 찍기

- 둥근 모양, 직사각형, 정사각형 그리고 삼각형 모양을 가진 다양한 형태를 주변에서 찾아본다.
- 준비된 모양도장과 유아가 수집한 물건들을 스탬프로 찍는다.
- 찍은 모양 위에 그림을 그리거나 서로 연결시켜 패턴을 만들도록 격려한다.

▲ 앙리 마티스,
〈바다의 생물들〉, 1950
| 워싱턴 내셔널 갤러리 |

▲ 파블로 피카소, 〈세 명의 음악가〉, 1921 | 뉴욕 근대 미술관 |

- 세모와 동그라미, 네모, 수염, 달팽이처럼 생긴 모양을 찾아보자.
- 나뭇잎처럼 생긴 모양은 어디에서 찾을 수 있니?
- 움직이고 있는 것 같은 느낌을 주는 모양은 어떤 것이니? 왜 그렇게 느껴질까?
- 자를 대고 그린 것 같은 모양은 어떤 것이니? 보고 있으면 느낌이 어떠니?
- 눈에 보이는 모양을 모두 찾아보자. 또 어떤 것들이 있니?

(3) 색

모든 물체는 빛을 받으면 빛을 흡수하거나 반사하거나 투과시키는데, 그 과정에서 보이는 것이 색이다. 빛은 소리처럼 일정한 파장이 있는데, 우리의 눈으로 지각하는 색은 각각의 파장을 가진 빛들이 물체에 부딪혀서 반사되는 것이다. 예를 들어 여러 파장의 빛들이 빨간색을 가진 물체에 부딪히게 되면 빨간색은 반사되고 나머지 파장의 빛들은 모두 흡수되는데, 그 과정에서 우리 눈에는 반사된 빛의 색인 빨간색만 보이는 것이다. 이렇게 색을 느끼는 것을 색감이라고 한다.

색은 조형 요소 중에서 가장 감각적인 것으로 사물의 실제의 색을 나타내기 위해, 장식을 위해, 어떤 것을 상징적으로 나타내기 위해 사용될 수 있으며, 자신의 감정이나 정서를 나타낼 수도 있다.

색은 감정을 유발시키는데, 따뜻한 색인 빨강 · 노랑 · 주황은 따뜻함, 흥분, 팽창을, 차가운 색인 파랑 · 초록 · 보라는 차가움, 침착, 수축을 느끼게 한다. 중성색인 갈색과 무채색인 흰색 · 회색 · 검은색은 그 색 자체로는 따뜻하거나 차가운 느낌을 주지 않지만, 다른 배경색과 어울려 따뜻하거나 차가운 느낌을 전달한다. 또한 옆에 어떤 색을 배열하느냐에 따라 색이 다르게 보이는 특성이 있다.

색의 관계성

출처: Understanding art: A guide for teachers, p. 68, by M. Wenham, 2003, London: SAGE Publications Ltd

① 색의 분류

- 원색 : 3원색인 빨강, 파랑, 노랑이다.
- 2차색 : 3원색의 혼합으로 만들어지는 주황, 보라, 초록이다.
- 3차색(중간색) : 원색과 2차색의 혼합으로 만들어지는 색이다.
- 보색 : 색상환에서 반대편에 위치하는 색으로 두 색이 서로 공통되는 색이 없는 것이다. 예를 들어, 초록의 보색은 빨강인데, 초록은 파랑과 노랑과의 혼합으로 만들어진 색으로 파랑이나 노랑과는 겹치는 색이 있지만, 빨강과는 겹치는 색이 없다. 보색은 대조적인 느낌을 강하게 주며, 보색끼리 섞으면 무채색이 된다.
- 무채색 : 흰색과 검정, 두 색의 혼합 과정에서 생기는 색으로 채도는 없고 명도만 있다.

② 색의 요소

- 색상 : 색의 이름이다.
- 명도 : 색의 밝고 어두움으로 빛이 통과할 때 반사되는 양이다. 노란색이 보라색보다 명도가 높고, 빨간색과 파란색의 명도는 같다. 흰색을 섞을수록 명도가 높

아지고 반대로 검은색을 섞을수록 명도는 낮아진다. 명도가 낮은 색은 무거워 보이고, 높은 색은 가벼워 보인다.

- 채도 : 색의 선명도로 색의 맑음과 탁함의 정도를 나타낸다. 다른 색을 섞지 않은 상태에서 채도는 가장 높으며, 채도가 높으면 가볍게 느껴진다.
- 일상생활에서 색에 대해 이야기하는 것은 유아들의 색에 대한 이해를 돕는다.
  - 색상 : 어제저녁에 해 지는 하늘을 보았는데, 오렌지 같은 색이었어.
  - 명도 : 서지가 입은 노란 옷은 블록의 노란색보다 밝게 보이네.
  - 느낌 : 서지가 그린 바다의 파란색은 시원한 느낌이 드네.
  - 관계성 : 내 차는 학교 버스 옆에 있을 때는 오렌지 색으로 보였는데, 트럭 옆에서는 노란색으로 보이네.

명도

채도

색에 대한 탐색 활동

▶ 색깔 점토

- 기본색으로 만들어진 밀가루 점토를 준비한다.
- 각 기본색 중 하나를 선택하여 일부를 떼어내어 다시 식용색소를 섞고 반죽하면서 색이 변화하는 것을 탐색한다.
- 기본색을 혼합하여 어떠한 색을 얻게 되는지 이야기해 본다.
- 색을 혼합했을 때 나오는 여러 색들을 크레파스나 파스텔의 색들과 비교해 보고, 색이름 카드를 만들어 본다.

▶ 나는 따뜻한 색의 옷을 입었어요

- 빨강, 노랑, 주황의 색이름을 들을 때 떠오르는 것들과 느낌을 이야기해 본다.
- 파랑, 초록, 보라의 색이름을 들을 때 떠오르는 것들과 느낌을 이야기해 본다.
- 검정, 회색, 갈색의 색이름을 들을 때 떠오르는 것들과 느낌을 이야기해 본다.
- 유아가 입고 있는 옷이나 주변의 물체에서 따뜻한 느낌의 색, 차가운 느낌의 색, 중성색을 찾아보고, 어떤 색들이 그런 느낌을 주는지 비교하며 이야기해 본다.
- 유아들에게 친숙한 곡조를 사용하여, 서로 다른 색에 대한 노래를 만들어 본다.

▲ 앙드레 드랭, 〈런던 다리〉, 1906 | 뉴욕 근대 미술관 |

▲ 폴 시냑, 〈베니스〉, 1904 | 파리 오르세 미술관 |

- '베니스'에서 바다는 어떤 색들로 되어 있니? 바다에서 보이는 색들을 모두 찾아보자. 가장 밝게 보이는 파랑은 어디에 있니?
  지금 그림 속의 바닷물 속으로 들어간다면 느낌이 어떨 것 같니?
- '런던 다리'에서 물은 어떤 색들로 칠해졌니? 가장 진한 노란색은 어디에서 볼 수 있니?
- '런던 다리'에서 다리 밑의 물결이 가만히 있는 것 같니, 아니면 움직이고 있는 것처럼 느껴지니? 왜 그런 것 같니?
- '베니스'에서 보이는 물과 '런던 다리'에서 보이는 물 중에서 어떤 것이 더 차갑게 느껴지니? 왜 그런 것 같니?
- 두 그림 속으로 살며시 들어가 보자. 지금은 하루 중의 어느 때인 것 같니? 무엇을 보고 그렇게 생각했니?

(4) 명암

명암은 작품 안에서 밝고 어두움을 나타내는 것으로 작품의 분위기와 정서에 큰 영향을 준다. 명암은 그 상황에 따라 감정을 변화시킨다. 밝고 빛날 때는 가볍고 명확하게 느껴지지만, 둔중하고 어두울 때는 무겁고 명확성이 흐리게 느껴진다. 작품 안에서 명암의 정교한 변화들은 극적이고 표현적인 강조를 가져올 수 있으며, 그림 속 인물들이나 화가의 삶의 상태, 감정들을 드러내기도 한다.

빛에 의한 명암은 물체에 입체감을 주고 주위 공간에서 돋보이도록 하는 동시에 주변 사물과의 명암을 대비시켜 준다. 동양화에서는 흰색과 회색, 검은색을 사용하여 명암을 처리하는데, 이를 농담이라 한다.

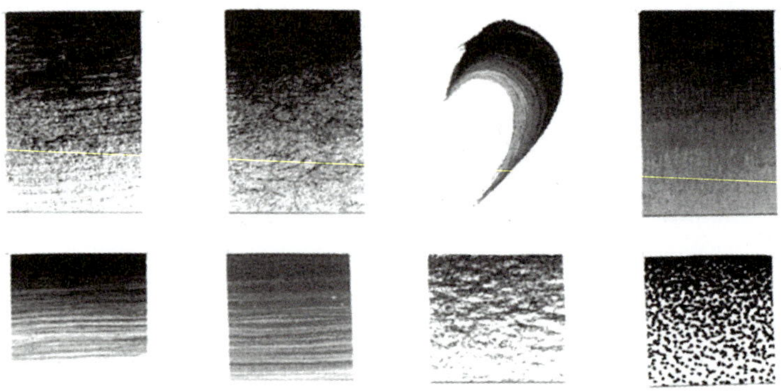

모델링(그라디에이션)을 통해 명암을 만드는 방법

출처: Understanding art: A guide for teachers, p. 32, by M. Wenham, 2003, London: SAGE Publications Ltd.

명암에 대한 탐색 활동

▶ **흰색을 계속 섞으면?**

- 유아가 원하는 기본색 한 가지에 흰색 물감을 조금씩 넣는다.
- 어떤 변화가 일어나는지 관찰하면서 어떤 색인지, 유아가 처음 시작했던 색보다 밝은지 어두운지에 대해서 이야기를 나눈다.
- 두 번째 기본색을 섞어서 위의 과정을 반복한다.
- 흰색을 섞어서 비교해 본 후 같은 색에 검은색을 섞어 어두운색을 만든다. 기본

색과 흰색을 섞어서 만들어진 색, 검은색을 섞었을 때 만들어진 색의 변화, 밝고 어두움을 경험해 본다.

◀ 폴 세잔느, 〈사과가 있는 정물〉, 1895~1898 | 뉴욕 근대 미술관 |

▶ 미켈란젤로 다 카라바조, 〈성 마태오의 소명〉, 1599~1600 | 로마 콘타렐리 경당 |

- '사과가 있는 정물'에서 그림자가 진 어두운 부분을 찾아보자. 어느 부분이 가장 어둡게 보이니? 왜 어둡게 그렸을까?
- 카라바조의 그림에서 밝게 보이는 부분과 어두운 부분들을 찾아보자. 무엇 때문에 밝게 보이는 것 같니?
  누가 가장 중요한 사람인 것 같니? 왜 그렇게 생각했니?

(5) 질감

질감은 만졌을 때 어떻게 느껴지는가에 관한 것과 어떻게 느껴지도록 표현했느냐에 관한 것이다. 실제적 질감은 자연물, 조각, 건축물, 조형물 등의 표면을 실제로 만지면서 느끼는 것으로 부드럽고, 털이 있고, 거칠고, 울퉁불퉁하고 딱딱한 것과 같이 촉각을 통해 질감을 느끼는 것이다. 시각적 질감은 실제로 만져서 느껴지는 것이 아니라 우리 눈으로 볼 수 있도록 화가에 의해서 창조된 질감으로 명암이나 선의 움직임 등을 통해 표현된다.

시각과 촉각에 의한 서로 다른 질감을 느끼고 표현하기 위해서는 사물을 주의 깊게 관찰하면서 눈으로 보고 느껴지는 질감과 실제로 만졌을 때의 질감의 차이를 비교할 수 있는 경험을 제공하는 것이 필요하다.

- 유아에게는 질감을 실제로 경험하고 그 느낌을 질감과 관련된 용어와 연결하는 것이 도움이 된다.
  - 시각적 질감 : 그림 속 아이가 입은 옷은 아주 부드러울 것 같아.
  - 실제적 질감 : 장난감 자동차 바퀴는 울퉁불퉁한데, 나무로 만든 블록은 미끌미끌해.

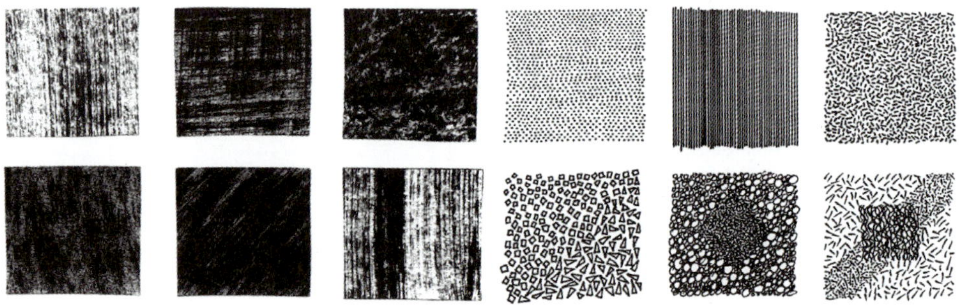

시각적 질감을 나타내는 방법

출처: Understanding art: A guide for teachers, p. 125, by M. Wenham, 2003, London: SAGE Publications Ltd.

질감에 대한 탐색 활동

▶ 질감이 서로 같아요

- 질감이 서로 다른 물체를 찍은 사진들 중에서 한 장을 뽑은 후에, 수수께끼 상자 속에 손을 넣어 질감을 느껴 보면서 질감 사진 카드에 해당되는 물체를 찾아본다.
- 수수께끼 상자 속에서 꺼낸 물체와 질감 사진 카드가 일치하는지를 맞추어 보고, 느껴지는 질감을 언어로 표현해 볼 수 있다. 초기에는 질감이 명확하게 다르게 느껴지는 물체를 사용하는 것이 좋으며, 점차로 비슷한 질감의 물체를 사용할 수 있다.

▶ 크레파스로 문지르기

- 벽돌, 보도블록, 타이어, 나뭇잎 같은 여러 질감의 물체 위에 종이를 대고 크레파스로 문지른 후 종이에 나타나는 무늬와 질감의 형태를 살펴본다.
- 주제를 정하고 그리고 싶은 그림을 생각해 본다.
- 원하는 형태를 그리고 그 위에 질감을 베껴낸 종이를 오린 후 배열하여 붙인다.

◀ 프리다 칼로, 〈원숭이와 함께한 자화상〉, 1937 | 버팔로 알브라이트-녹스 갤러리 |

▲ 아메데오 모딜리아니, 〈여인의 머리〉, 1910~1911 | 워싱턴 내셔널 갤러리 |

- 거칠거칠한 느낌이 드는 것을 찾아보자.
- 만지면 기분 좋게 느껴질 것 같은 것은 어떤 것이니? 그림들 속에서 찾아보자.
- '원숭이와 함께한 자화상' 속에 있는 것들을 만진다고 상상해 보자. 어떤 느낌이 들 것 같니? 부드러울 것 같은 것은 어디에 있니? 미끌미끌한 느낌이 들 것 같은 것은? 뾰족한 느낌이 드는 것은 있니? 비슷한 느낌이 드는 것을 교실에서 찾아보자.
- 눈으로 볼 때의 느낌과 만질 때의 느낌이 같니? 어떻게 다른 것 같니?

(6) 공간

공간은 미술 작품 내에서 형들 간의 거리를 의미한다. 미술 작품 내에서의 공간은 형이 차지하는 공간과 비어 있는 공간으로 나눌 수 있다. 공간은 가득 차 있거나 드문드문 비어 있거나 하면서 폐쇄된 느낌 또는 자유로운 느낌을 주기도 하고, 안과 밖처럼 포함하거나 제외하는 등의 관계를 나타내기도 한다.

공간 내에서 형의 배치 또는 그 안에서의 관계는 미술 작품의 전체적인 구성과 표현에 영향을 미치게 된다. 형이 단순하게 나열되어 있으면 공간은 평면적으로 지각되며, 형이 앞과 뒤로 서로 겹쳐 배치가 이루어지면 공간의 깊이가 만들어진다. 공간을 배치할 때 다양한 크기는 원근감을 느껴지게 하는데, 큰 형은 우리에게 가깝게 보이고, 작은 형은 멀리 있는 것처럼 보인다. 또 가까이 있는 형은 그 윤곽이나 세부 형태에 있어 보다 뚜렷하고 분명하게 보이도록 표현된다.

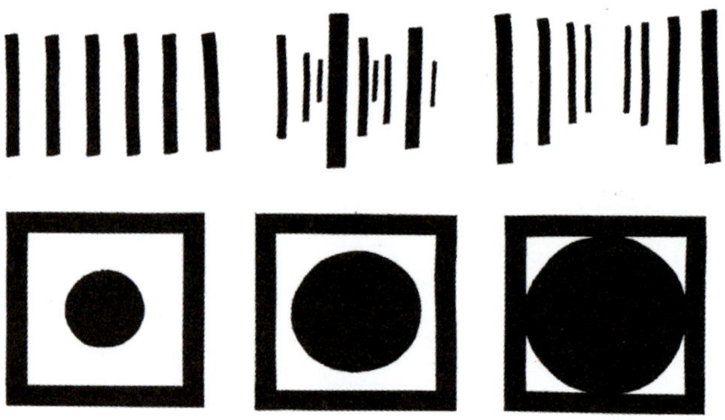

공간 배치에 따른 차이

출처: Understanding art: A guide for teachers, pp. 90–91, by M. Wenham, 2003, London: SAGE Publications Ltd.

이와 같이 공간을 배치하는 데 있어 명암과 색, 크기의 조절 등이 더해지면 보다 구체적으로 공간감이 지각될 수 있으므로 공간과 형의 관계를 지각하고 다양한 표현 방법을 경험해 보는 것이 중요하다.

- 공간에 대해 이야기하는 것은 유아가 공간적 관계와 특성을 이해하는 데 도움이 된다.
  - 위치 : 새들이 그림의 제일 위쪽 구석에 무리 지어 있구나.
  - 경계 : 고양이는 집 안에 있고, 강아지와 병아리는 집 바깥에 있네.
  - 느낌 : 좁은 곳에 사람들이 많이 모여 있으니까 답답한 기분이 들어.

공간에 대한 탐색 활동

▶ 밀가루 반죽놀이

- 밀가루 반죽놀이에서 동일한 무게의 점토 조각을 두 개 준비하여, 하나의 점토 조각에 구멍을 내어본다.
- 구멍이 뚫린 점토 조각과 구멍이 없는 점토 조각을 보면서 어떤 점토 조각이 더 가볍게 느껴지는지 비교해 본다. 가득 찼을 때와 비어 있을 때 느낌이 어떻게 다른지 이야기해 본다.

◀ 에드가 드가, 〈경마들의 행진〉, 1866~1868 | 파리 오르세 미술관 |

▶ 김홍도, 〈씨름〉, 18세기 후반
| 서울 국립중앙박물관 |

- '경마들의 행진'에서 가장 가까운 곳에 있는 것과 그 다음으로 가깝게 보이는 것, 그리고 멀게 보이는 것들을 살펴보자. 어떻게 멀리 보이는 것과 가깝게 보이는 것을 알았니?
- '경마들의 행진'에서 갑자기 말들이 많아져서 가운데가 꽉 찬다고 상상해 보자. 어떤 느낌이 들까? 지금과는 어떻게 다르게 느껴질까?
- '씨름'에서 사람들이 어떤 모양으로 둘러앉아 있니?
  특별히 더 무거워 보이는 부분이 있니?

2) 미적 원리

미적 원리는 미적 요소들을 아름답게 조직하여 시각적인 즐거움을 주기 위한 미적 형식의 원리로서 균형, 강조, 비례, 움직임, 리듬/반복/패턴, 조화와 통일이 있다. 유아가 표현을 할 때에 이러한 미적 원리들을 계획하여 표현하는 것은 아니지만, 같은 세모 모양을 반복하여 그리거나 강조하기 원하는 것을 크게 가운데 그리는 등 직관적으로 미적 원리를 사용할 수 있다. 따라서 일상생활과 다양한 표현 과정에서 유아가 이러한 원리들을 자연스럽게 이해할 수 있는 기회를 제공하는 것이 필요하다.

(1) 균형

균형은 우리가 미술 작품을 볼 때 시각적 · 정서적으로 안정감을 얻도록 하는 시각적 무게감과 관련되는데, 실제의 무게가 아니라 크기, 질감, 색과 같은 감각을 조절하는 것을 통해 균형감을 느끼도록 하는 것이다.

균형에는 대칭적 균형과 비대칭적 균형이 있다. 대칭적 균형은 예술 작품에서 한쪽 부분과 다른 한쪽 부분이 같을 때를 의미하는데, 주로 권위 있고 안정감이 느껴지는 구성을 하기 위해 선택된다. 많은 공공기관과 종교기관들은 이러한 구조를 가지고 있다. 비대칭적인 균형은 작품의 양쪽 면이 서로 다르게 구성되어 있음에도 균형 있게 보이도록 하는 것이다. 미술가들은 하나의 큰 모양과 여러 가지 작은 모양들을 서로 대비시켜 균형을 이루거나 색, 재질 등을 이용하여 균형을 이루기도 한다.

미술가들은 작품의 의도나 구성을 고려하여 대칭적으로 구성할 것인지 비대칭적으로 구성할 것인지를 결정하지만, 유아의 작품 속에는 그러한 구성이 직관적으로 나타난다. 또한 균형은 비례, 통일, 조화 등과 밀접하게 관련되므로 한 가지 원리에 집중하기보다는 다양한 작품을 접하는 경험을 통해 이러한 감각을 기를 수 있도록 하는 것이 중요하다.

(2) 강조

미술가가 보여주기 원하는 것들을 두드러지게 표현하는 방법이다. 주변 조건에 따라 특정한 부분에 변화를 주어 우리의 시선을 끌게 만든다. 명암을 통해 강조하기, 주목성과 명시성이 높은 색을 사용하기, 복잡한 재질을 사용하거나 패턴을 사용하기, 화면 안에서 강조하는 형을 분리하기 등 여러 방법이 있다.

(3) 비례

부분과 부분의 관계로, 규칙적 운동에 변화를 주어서 부분과 전체의 관계를 더욱 풍부하게 하는 원리이다. 가장 아름다운 비율은 황금분할이며 이것은 시각예술에서 중요한 역할을 한다.

미술가들은 자신들이 표현하고자 하는 의도에 따라 실제적인 비율을 선택하거나 비율을 바꾸어 표현하기도 한다. 종종 비율을 줄이거나 과장하거나 길게 늘여 변화를 주는 것은 작품의 느낌, 분위기, 정서에 영향을 미친다.

(4) 움직임

우리가 움직인다고 생각하거나 우리의 눈이 미술 작품 구성을 따라 움직이는 것을 의미한다. 인물이나 동물의 움직임, 작가의 감정의 움직임 등을 색, 형 등을 통하여 나타내는 것으로 움직임을 나타내기 위해서는 방향을 조절하거나 거리나 특징적인 요소들을 강조하는 표현, 과장 등이 요구된다. 예를 들어 대각선의 사용, 선을 각도 있게 꺾기, 비기하학적인 형의 사용은 운동감, 변화, 활기, 이동 등을 보여준다.

(5) 리듬/반복/패턴

리듬은 선과 형과 색들이 일정한 간격을 두고 되풀이되는 반복에 의해 창조되는 규칙적이고 조화로운 패턴을 말한다. 패턴은 장식적인 효과를 제공해 주고, 일정한 질서와 분위기를 만들어 준다.

(6) 조화와 통일

조화와 통일은 형, 색, 질감, 재료 및 표현 기법 등을 사용하는 데 있어 두 가지 이상의 요소나 부분들이 서로 분리되거나 배척되지 않고, 각 요소가 통일된 전체로써 보다 높은 감각적 효과를 발휘할 때 느끼게 되는 것이다. 이것은 다른 미적 요소들의 상호 관계에 의해서 생겨난다. 작품 내에서의 조화가 부족한 경우, 다른 원리가 충실했다 해도 통일감 없이 산만한 느낌을 주게 되며, 통일이 지나치면 지루하고 단조롭기 쉬우므로 변화와 통일이 조화를 이루어야 아름답게 보인다.

미적 원리에 대한 탐색 활동

▲ 마르크 샤갈, 〈그린 바이올리니스트〉, 1923~1924 | 구겐하임 미술관 |

▲ 빈센트 반 고흐 〈별이 빛나는 밤〉, 1889 | 뉴욕 근대 미술관 |

- '별이 빛나는 밤'에서 더 무거워 보이는 곳이 있니? 한쪽으로 기울어질 것 같니?
- '그린 바이올리니스트'에서 가장 먼저 눈에 띄는 부분은 어디니? 왜 가장 먼저 보이는 것 같니?
- '그린 바이올니스트'에서 가장 크게 그려진 것이 어떤 것이니? 사람들과 집, 나무가 실제 크기대로 그려진 것 같니? 이렇게 크기가 달라지니까 느낌이 어떠니? 다시 원래 크기대로 바꾸어 그린다면 어떤 느낌이 들까?
- 두 작품에서 움직이는 것처럼 보이는 것이 있니? 무엇 때문에 움직이는 것처럼 보일까? 움직이는 것을 우리 눈으로 따라가 보자. 어떤 느낌이 드니?

다지기

두 사람씩 짝을 지어 주변의 재료로 선을 만들어 봅시다. 28쪽 예시처럼 다양한 방법으로 선을 그려볼 수도 있고, 종이나 주변 사물을 사용할 수도 있습니다. 자신만의 방법으로 선을 만든 후 사진으로 찍어 LMS 게시판에 올린 후 다른 친구들이 만든 선과 비교해 봅시다.

선을 만드는 방법을 정리해 보세요.

CHAPTER 3

유아의 미술적 발달

미술은 교실의 안 그리고 밖에서 대다수 유아들의 활동 가운데 일상적인 부분이다. 유아는 주변 환경과 미술 작품에 대한 다 감각적인 경험을 기초로 다양한 재료와 매체를 사용하여 자신의 생각과 느낌을 표현하면서 경험의 폭을 넓혀 나가고 미술적으로 발달해 간다. 유아의 발달에 적합하고 효과적인 미적 경험을 제공하기 위해서는 유아의 미술적 발달을 이해하는 것이 필요하다.

이 장에서는 유아의 미술적 발달을 미적 지각의 발달과 미술 표현의 발달로 나누어 살펴보고자 한다.

들어가기

유아의 낙서는 어떤 의미를 담고 있을까요? 유아가 끄적거릴 때 교사는 어떤 점에 유의해 상호작용하면 좋을까요? 「창의력을 키우는 프랑스 미술교육 - 어린이 낙서를 읽는 법」(EBS 세계의 교육현장) 동영상을 보며 생각해 보고, 함께 이야기해 봅시다.

1. 여러분들은 언제, 어떻게 그림을 그리게 되었나요? 그림을 그릴 때 어떤 것의 영향을 받았나요? 다른 친구나 성인에게 배워서 그림을 그렸는지, 사물을 보고 자연스럽게 그리게 되었는지 등을 이야기해 봅시다.

2. 어린이에게 낙서가 중요한 이유가 무엇인가요?

3. 유아 미술 표현의 발달을 돕기 위해 교사는 어떠한 역할을 해야 할까요?

1. 미적 지각

미적 지각이란 주변 환경, 자연물, 조형 작품과 같은 대상의 미적 요소를 지각하고 이에 반응하는 민감한 능력을 뜻한다. 이것은 사물이 지닌 표면적인 의미만을 인식하는 것이 아니라 심미적인 사고 과정을 통하여 주변의 사물과 미술 작품, 현상 등의 의미를 인식하고 느끼게 되는 것이다. 이러한 과정에서 느끼고, 지각하고, 생각하고, 개념을 발달시키는 것은 서로 밀접하게 관련된다. 다양한 감각적인 경험과 함께 미술 작품에 대한 질문이나 토론 등을 통해 유아에게 미적 지각에 대한 기회를 제공하는 것은 유아의 심미적인 감각을 발달시키는 데 중요하다.

1) 유아의 미적 지각 능력의 발달

유아의 미적 지각 능력은 유아기의 감각적 경험에서부터 시작된다. 유아들의 모든 경험은 미적 요소를 지닌다. 예를 들어, 담요의 부드러운 귀퉁이를 좋아한다든지, 밝은색의 모빌을 열심히 바라보거나 화려한 색의 장난감을 선택하는 등의 행동은 유아의 미적 지각 능력을 보여준다(Feeney & Moravcik, 1987). 유아의 미적 지각 행동은 개인적 취향에 기초하지만, 유아기와 걸음마기를 거쳐 유아가 성장함에 따라서 미적 변별 능력이 점차 세련되어진다. 미적 기준 역시 감각적인 쾌감을 느끼게 되는 자신들의 개인적인 취향뿐만 아니라 무엇이 좋고 아름다운 것인지에 대한 주변의 인식에 기초하게 된다.

유아는 아름다운 자연과 사물, 주의를 기울여 구성된 미적 환경을 통해 그리고 다양한 감각의 발달을 촉진시키는 경험을 통해 그들의 환경과 훌륭한 미술 작품들이 지닌 감각적이고 심미적인 특성을 지각하고 설명할 수 있게 된다. 다시 말해 유아의 미적 지각 능력의 발달은 주위의 미적 요소를 인식할 수 있는 그들의 감각을 계발함과 동시에 또래, 교사나 부모와 같은 성인들의 미적 경험과 인식을 공유하면서 발달하게 된다. 유아는 이러한 미적 지각 경험을 통해 자신만의 독특한 미적 특성을 발견하고 그들의 주변 환경에 대해 반응하고 관계하며 창의적으로 사고할 수 있게 된다.

미술 작품의 미적 특성을 지각하는 유아의 미적 반응 능력에 관한 연구들은, 유아들이 밝고 대조적인 색을 사용하거나 자신들에게 친숙한 주제를 다룬 작품, 상징이 명확하며 공간 배치가 애매하지 않은 작품을 선호한다고 제시하고 있다(Taunton & Colbert, 1984). 또한 유아들은 연령이 증가함에 따라 사실적이며 복잡한 작품을 선호한다고 하였다(Smith, 1982). 우리나라 유아들을 대상으로 한 김병숙(1981)의 연구에서도 4~7세 유아들의 미적 반응은 무엇을 표현하였는가 하는 주제(내용)에 일차적인 관심을 보이며, 조형성에 있어서는 색채 및 형태의 명확성에 일차적인 관심을 보인다고 보고하였다. 이들 유아들이 좋아하는 주제는 남아의 경우 로봇, 비행기, 로켓, 자동차와 같은 기동적이고 상상적인 사물이었으며, 여아는 식물, 사람, 동물로 나타났다.

Kerlavage(1995)는 유아들의 미적인 이해는 인지적 변화에 의해 통제되며, 점진적이고 연속적으로 발달한다고 설명하고, 미적 특성을 지각하는 반응은 감각적 · 구체적 · 표현적 특성을 나타내는 시기를 거친다고 하였다.

① 감각적 시기(sensorial stage)

가장 어린 연령의 유아들로 상징에 대한 개념이 부족하기 때문에 추상적인 이미지에 대해 보다 긍정적으로 반응한다. 감각에 따라 주로 반응하므로 색과 패턴이 유아들의 미적 선호에 영향을 미치는 가장 중요한 요인이 된다.

② 구체적 시기(concrete stage)

상징에 대한 감각이 발달함에 따라 감각적인 특성보다는 주제에 더 의존하는 경향을 보인다. 색과 패턴은 그림을 선택하는 데 있어서 여전히 중요한 요인이지만, 색과 패턴에 따라 즉각적으로 반응하던 것으로부터 점차 묘사된 이미지의 사실성에 근거하여 선택을 하게 된다. 이 단계에서는 주제와 내용, 사실적인 방법으로 표현된 것, 이미지의 아름다움 등의 구체적인 정보에 근거하여 선호를 표현하고 판단한다.

③ **표현적 시기**(expressive stage)

추상적으로 사고하는 능력이 발달하기 시작하면서 미술 작품의 양식적인 특성을 지각하고 이해하여 반응하게 된다. 여전히 사실적인 이미지를 선호하는 경향은 있지만 은은한 색, 복잡한 구성, 표현적 메시지에 더 많은 관심을 갖게 된다. 또한 다른 사람의 관점에서 미술 작품을 평가할 수 있기 때문에 미술적 양식을 이해할 수 있는 능력이 발달한다. 이 시기에는 매체 사용에 따른 차이, 표현적 차이, 미술 양식이나 화가에 따른 다양한 차이 등을 인지하고 이해한다.

미적 특성을 지각하는 유아들의 반응은 주로 감각적인 특성에 기초하여 이루어진다고 볼 수 있다. 그러나 유아의 미적 지각은 주변 환경에 대한 다양한 감각적 경험과 함께 좋은 미술 작품을 제시하고 사려 깊은 성인 및 또래들과 토론할 수 있는 기회를 통해 더욱 발달될 수 있다. 교사가 작품의 미적 특성에 대해서 유아들과 논의하거나 미적 개념에 대해서 탐색하고, 색, 형, 질감 등과 관련된 미적 용어를 사용하며, 다양한 예술적 특성을 지닌 작품 및 심미적 환경을 제공하는 것도 유아의 표현 능력, 미적 관심, 시각적 지각 능력, 미적 개념 및 창의성을 증진시킨다(Feeney & Moravcik, 1987).

유아의 미적 지각의 발달에 있어 가장 중요한 점은 미적 지각의 발달을 도모하는 교사의 적절한 교수 전략 및 환경 구성에 의해 유아가 표현, 구도, 질감과 같은 미적인 측면에 보다 관심을 갖고 반응하게 된다는 것이다. 따라서 미적 지각의 발달을 위한 경험은 다음과 같은 점에 유의해야 한다.

① 유아의 발달적이고 지각적인 특성을 고려한다.

② 유아의 지식과 흥미에 근거한다.

③ 개인적인 관점에서 미술 작품과 연관 짓는 기회를 제공한다.

④ 유아의 일상생활의 한 부분으로써 친숙하게 예술 작품을 경험하고 느끼도록 한다.

⑤ 전체적이고 통합적인 방법으로 접근한다.

2) 미적 지각을 위한 감각적 경험의 제공

유아의 미적 지각은 시각, 미각, 청각, 후각, 촉각과 같은 감각적 경험을 통해 이루어지는 것으로, 느끼고 생각하는 과정을 포함한다.

빗방울 소리를 들을 때 유아들은 목욕탕에서 떨어지는 물소리나 문 두드리는 소리를 연상할 수도 있을 것이며, 이전의 즐거웠던 경험을 떠올리며 미소를 짓거나 자신들이 느낀 감정을 표현할 수도 있다. 주변 환경이나 사물을 통한 감각기관의 자극은 사고를 유발시키고, 사고 과정을 거쳐 인식이나 감정이 형성된다고 볼 수 있다(김정희, 1998).

유아의 감각적인 지각 능력은 아름다운 커튼의 색이나 무늬를 보면서 이야기하는 기회, 핑거 페인팅을 통해 손에 느껴지는 질감을 표현하는 것, 일상의 소리들에 귀를 기울여 듣는 등 교사와 유아가 함께 일상생활 속에서 감각적인 요소들을 찾고 다양한 감각적인 경험에 초점을 두어 이야기할 때 더욱 발달될 수 있다.

따라서 감각적 경험을 위한 환경을 제공하고, 시각, 촉각, 청각, 후각, 미각과 같은 기본적인 감각적 경험들이 다양한 표현 활동으로 연결되도록 하는 것은 유아들의 미적 지각 능력과 창의적인 표현 능력을 발달시키는 데 도움이 된다.

유아를 위한 감각적 경험의 예는 다음과 같다.

(1) 시각

- 시각적 탐색을 위한 자료 : 프리즘, 돋보기, 안전 거울, 렌즈, 현미경, 슬라이드, 망원경, 쌍안경, 색 셀로판지, 선글라스, 회중전등, OHP와 자료
- 과학 등 다른 영역과 연결하여 활동할 수 있다.

① 시각적으로 탐색하기

준비된 카드를 자유롭게 탐색한 후에 카드를 가지고 짝을 맞추거나 원하는 형태로 모양을 만드는 활동이다. 모양과 색에 따라 다양한 형태를 구성하게 되므로 반복되는 패턴을 이해하는 데 도움이 된다.

활동 초기에는 유아 개별로 탐색할 수 있으며 활동이 익숙해지면 다른 유아들과 함께 게임의 형태로 활동할 수 있다. 활동 영역은 조작 영역과 같이 카드를 펼쳐 놓을

수 있는 장소가 적절하다.

• 자료 : 10×10㎝ 정사각형 카드 1, 2, 3, 4 각 12개(2가지 대조적인 색 사용)

패턴 만들기

② **구멍으로 엿보기**

재미있는 그림이 있는 잡지나 사진 위에 2.5cm 정도의 둥근 구멍이 뚫린 틀을 올려놓는다. "서지의 작은 창문을 통해 무엇이 보이니?"와 같은 질문을 통해 보이는 것과 보이지 않는 것에 모두 주의를 기울여 살펴보고 어떤 것이 있는지 상상해 본다. 점점 구멍의 크기를 크게 할 수도 있으며, 여러 곳에 구멍을 뚫어 볼 수도 있다.

• 자료 : 잡지 또는 사진, 종이로 만든 틀

③ **무늬가 있는 것을 찾아요**

나뭇잎, 조각 천, 조개껍데기 등 무늬가 있는 자연물이나 물체들을 찾아 형태와 선, 무늬를 관찰하고 표현해 본다.

(2) 청각

- 청각적 탐색을 위한 자료 : 청진기, 리듬 악기, 뮤직박스, 종, 테이프와 녹음기, 소리상자
- 주변에서 들려오는 소리들을 듣는 것뿐 아니라 적극적인 듣기를 위한 자료를 준비한다.

① 소리상자

상자나 캔에 여러 가지 물체를 넣어 소리를 듣고 변별할 수 있는 소리상자를 만든다. 이때 같은 재료로 한 쌍이 되도록 만들면, 같은 소리끼리 짝지어 보는 게임을 할 수 있다.

- 자료 : 소금, 쌀, 톱밥, 끈 등을 넣은 상자나 캔

② 리듬 듣고 만든 선

소집단으로 유아들을 큰 전지 주위에 앉게 한 다음, 크레파스나 매직을 주고 음악을 듣고 리듬에 맞추어 선을 표현하게 한다. 트라이앵글, 큰북, 탬버린과 같이 서로 다른 느낌을 주는 리듬 악기를 제공하여 다양한 선, 형, 색으로 표현하도록 도울 수 있다. 리듬에 맞춰 손이나 신체를 움직여 볼 수도 있다.

- 자료 : 전지, 크레파스, 매직, 다양한 리듬악기, 빠르기와 리듬이 다른 노래(앞부분만 녹음된 것)

(3) 촉각

- 촉각적 탐색을 위한 자료 : 가죽, 코르크, 벨벳, 사포, 코듀로이와 같이 질감이 다양한 천과 자연물, 촉감 상자, 촉각판, 온도판, 무게판
- 여러 가지 사물의 촉감을 분류해 보거나 매끄러운 것에서 거칠한 것으로 순서 짓기를 하는 것 등이 포함된다.

① 나의 촉감 찾아보기

유아들에게 몸이나 옷 등 내 몸에 있는 여러 가지 다른 촉감에 대해 만져 보도록 한

다. 예를 들어, "부드러움"이란 단어를 말하면, 자신들의 신체에서 부드러운 부분인 머리나 피부 등을 만지고, "울퉁불퉁"이라고 하면 신발의 바닥면이나 머리띠의 울퉁불퉁하게 느껴지는 부분을 만지는 것이다. 교사와 함께 해보고 점차 유아들끼리 게임을 하면서 촉감을 찾아본다.

② 촉감 도미노

종이로 만든 카드에 각각 질감이나 짜임새가 다른 천들을 씌운다. 예를 들어 종이의 반은 코르크를 씌우고 반은 가죽을, 다른 종이의 반은 가죽을 씌우고 반은 벨벳을 씌우는 등으로 준비하는 것이다. 준비된 도미노 카드를 책상에 뒤집어 놓고 유아들 각자가 도미노 다섯 개를 가져다 자신들 앞에 놓는다.

첫 번째 게임하는 사람이 책상 가운데 하나의 도미노를 두면 다음 사람은 자신의 도미노 끝부분과 책상 가운데에 놓인 도미노의 끝부분을 만져 보고 비교해 본다. 똑같은 질감이면 자신의 도미노 옆에 두고 만약 같은 질감의 카드가 아니라면 다른 도미노 카드를 하나 가져온다. 다음 사람도 똑같은 방법으로 계속해 도미노가 모두 없어지는 사람이 나오면 게임은 끝이 난다.

- 자료 : 도미노 카드(벨벳, 가죽, 코르크, 부직포 등의 질감을 준비)

③ 보이지 않는 가방

구, 원기둥, 사각기둥, 원뿔, 사각뿔과 같은 기하도형을 두 개씩 천으로 된 가방(주머니)에 넣는다. 유아는 보지 않고 가방 안을 더듬어 같은 것끼리 찾는다. 또는 기하도형을 한 개씩 테이블 위에 두고 유아가 가방에서 동일한 모양을 가진 짝을 찾도록 할 수 있다. 활동 과정에서 유아들이 각 기하도형의 특징에 대해 이야기해 보도록 한다.

- 자료 : 천으로 된 가방, 여러 가지 기하도형 각 2개씩

(4) 후각

- 후각적 탐색을 위한 자료 : 장미, 국화, 카네이션과 같은 꽃잎, 접시, 솔방울, 향낭, 향료, 말린 오렌지 껍질, 향기 나는 비누, 포푸리, 향초와 향수 샘플, 다양한 냄새의 음식

• 유아들이 분명하게 구분할 수 있는 향을 준비한다.

① 색에서 나는 향기

시각과 후각을 함께 사용하는 것으로 물에 여러 가지 색의 물감을 섞어 색물을 만들 때, 향기가 나는 물질들을 함께 넣어 보는 것이다. '푸른 물'에는 페퍼민트 추출물을 넣고, '노란색 물'에는 레몬 추출물을, '빨간색 물'에는 계피 등을 넣어 볼 수 있다.

• 자료 : 속이 투명한 플라스틱 그릇, 물, 여러 색의 물감, 붓, 향기나는 물질

② 향기가 나는 병

비어 있는 양념통이나 필름통과 같이 뚜껑이 있는 용기를 몇 세트 준비하고, 같은 세트를 표시하기 위해 바닥에 색을 표시한다. 용기 안에 계피, 베이비파우더, 목욕용 젤, 커피, 톱밥, 레몬 껍질 등을 넣는다. 같은 향이 나는 것을 서로 짝지어 보고, 각각의 향기를 언어로 표현해 보도록 한다.

• 자료 : 필름통 등의 뚜껑 있는 용기, 계피, 베이비파우더, 목욕용 젤, 커피, 톱밥, 레몬 껍질 등의 향기가 나는 물질

(5) 미각

• 미각은 맛을 느끼는 감각으로 후각과 연결된다.
• 간식 시간이나 요리 활동과 연결하여 활동한다.

① 이런 맛이 나요

유아들은 자신의 숟가락을 이용하여 여러 가지 맛을 비교해 볼 수 있다. 달고, 맵고, 시고, 뜨겁고 차가운 것과 같이 기본적인 맛을 중심으로 변별해 본 후 보다 복잡한 맛으로 확장시킬 수 있다. 단맛이 나는 재료인 설탕물을 각 유아들의 숟가락에 떨어뜨려 맛을 본 후, 어떤 맛인지 표현해 보도록 격려하고, 다른 맛을 보기 위해서는 숟가락을 씻고 물을 마시도록 한다. 간단한 조각을 사용해서 맛을 볼 수도 있다.

• 자료 : 설탕물, 오렌지주스, 소금물, 초콜릿 시럽, 꿀, 식초 물, 계피 끓인 차, 당근 조각, 치즈 조각, 사과 조각, 바나나 조각, 초콜릿 칩, 계피 사탕

② **선, 형, 색으로 표현하는 맛**

단맛, 신맛, 매운맛, 시원한 맛 등 한 가지 맛이 주로 나는 간식을 먹고 난 후에 그 느낌을 선, 형, 색으로 표현해 본다. 맛의 느낌을 언어로 표현해 보고, 시각적으로도 표상해 보도록 격려한다.

3) 미적 지각 능력의 발달을 위한 교사의 역할

유아의 미적 지각 능력의 발달을 위해서는 유아에게 영향을 미치는 상황적인 요인들–교사의 역할이나 환경 구성, 상호작용과 같은 교수 방법 전체–에 관해 고려하는 것이 필요하다.

유아의 학습은 미술에 허용된 시간의 양, 미술 과제의 구조, 미술 교재의 조작적 복잡성, 미술에 참여하는 동안 유아의 동기화, 교사에 의해서 시작되는 언어적 상호작용과 같은 다양하고 성인 결정적인 요인에 의해서 영향을 받는다(Douglas & Schwartz, 1967; Sharp, 1976; Taunton, 1984). 따라서 유아가 미술 작품에 접할 때, 그리고 창조할 때 무엇을 지각하고 느끼는지를 안내하고 결정하는 교사의 적극적인 역할이 강조된다(Cole, 1985; Sharp, 1976).

다음은 유아의 미적 지각 능력의 발달을 돕기 위한 교사의 역할이다.

① 잘 정돈되어 있고 감각적인 환경 구성을 통해 일상생활 속에서 미적 경험이 이루어지도록 하고, 유아가 주변 환경을 탐색하고 느낄 수 있는 시간을 충분히 제공한다.

② 유아가 미적인 활동에 자발적으로 참여하는 순간을 확장시켜야 한다. 유아 스스로 발견하고 성장하는 즐거움뿐 아니라 교사와 유아가 호기심, 즐거움, 개인의 발견을 함께 공유하려는 의지가 중요하다.

③ 유아의 미적 지각과 반응을 격려할 뿐 아니라 교사 역시 미적인 특성에 대해 반응적이어야 한다. 교사는 언어적 상호작용 등을 통해 교사 자신의 내적인 미를 표출하며 교사의 옷차림이나 미에 대한 인식은 유아들에게 미적 모델로서의 역할을 한다는 것을 인식해야 한다.

④ 유아에게 여러 장르의 음악, 무용 등 다양한 예술의 형태를 경험할 수 있는 기회를 제공한다.

⑤ 지역사회의 예술가들을 초청하여 유아들에게 모델로 제시하고 유아들과 함께 견학할 수 있는 예술적 공간들을 소개한다.

⑥ 유아미술교육은 표현 활동을 중심으로 이루어져야 하므로 비언어적으로 이루어지는 것이 자연스럽다는 신념은 미술에 대해서 반성적으로 사고하고 언어적인 반응을 포함하는 방향으로 전환되어야 한다.

⑦ 미술품을 관찰하고 이야기하는 기회를 제공한다. 유아들은 의미 있는 맥락에서 미술에 대해 이야기 나누기를 할 필요가 있으며, 이것은 교사에 의해서 계획되고 격려될 수 있다. 유아들이 미술 작품을 볼 때, 자신이 본 것을 다른 사람들과 이야기하고 자신의 선호와 평가를 말하며, 다른 사람들의 관점을 언어적으로 설명하는 기회를 갖는 것은 미술에 대한 유아들의 흥미와 참여를 자극한다. 뿐만 아니라 미술에 대한 초보적인 이해와 작품 제작에 있어서도 창의적인 향상을 가져온다.

2. 표현 능력의 발달

표현은 외부의 것을 받아들여 다시 묘사해 보는 재현 과정으로서의 표현과 자신의 내적인 감정과 사고를 드러내고자 하는 욕구를 나타내는 표현을 포함한다. 그러므로 유아의 미술 표현은 유아들 각자가 독특한 방법으로 지각하고 느끼고 생각한 것을 분명하게 드러내는 활동이며, 지각, 탐색, 구별, 선택의 시각적 세계를 즐기는 과정을 의미한다(Herberholz & Hanson, 1995).

유아의 미술 표현은 성장에 따라서 많은 변화를 보여준다. 따라서 유아 표현의 발달 과정과 특징을 이해하는 것은, 미술 표현 활동에 담긴 유아 나름대로의 신중한 계획과 지각적이고 개념적인 발달, 의사소통 기술을 이해하고, 아울러 유아들에게 적절한 교수 전략을 수립하도록 돕는다.

미적 환경 조성을 위한 유의점

교실의 환경 구성 시에 미적인 요소에 유의하며 자연스러운 빛과 신선한 공기, 청결, 질서감이 느껴지도록 고려한다.

- **색** : 지나치게 화려한 색상은 예술 작품과 자연적인 아름다움을 인식하는 데 방해가 될 수 있다. 교실의 벽과 천장은 부드럽고 밝으며 중성적인 색상들을 선택한다. 한 영역이 너무 눈에 두드러지거나 다른 패턴을 사용하면 유아의 주의를 흩어지게 하거나 산만하게 하므로 유의하여 선택한다.
- **가구** : 유사한 가구는 함께 모아두는 것이 좋다. 가구의 색상은 자연적이고 중성적인 색상이 좋고 가구의 모양도 고려한다. 가구가 잘 정돈되어 있으면 유아의 관심은 선반 위의 학습자료에 가게 된다. 가구들을 선택할 때에는 금속성이나 플라스틱보다는 자연목을 선택하는 것이 더 좋다.
- **저장** : 한꺼번에 많은 자료를 게시하는 것보다 선반 위의 물품들을 교대로 배치한다. 물건으로 가득 차 있는 선반은 흥미를 끌지 못하고 유아들이 집중하기 어렵다. 바구니와 같은 정리를 돕는 저장 용기를 사용하고, 같은 종류의 것은 같은 바구니에 모으도록 한다. 만약 종이 상자를 사용한다면 겉면을 단순한 색상의 종이로 싸거나 페인트칠하여 전체적인 색의 조화와 질서감이 느껴지도록 고려한다.
- **장식** : 벽면과 같은 교실 내의 공간을 활용하여 유아의 미술 작품이나 예술가들의 훌륭한 미술 작품을 전시한다. 유아들과 성인들의 작품은 모두 유아의 눈높이에 맞춰 전시한다. 지나치게 화려하고 틀에 박힌 그림 등은 피하는 것이 좋다. 선반 위에 조각품이나 식물, 돌, 조개껍데기, 어항과 같은 자연물을 제공한다.
- **실외** : 자연의 연장이 되도록 계획하고 구성한다. 금속이나 플라스틱보다는 목재 같은 자연적인 재료들이 더 좋다. 실외 영역의 안정감과 정돈을 위해 자료들을 보관할 수 있는 적절한 창고를 제공한다. 실외 영역에 정원을 만들거나 작은 석조물 등으로 장식하여 유아들의 관심을 끌고 심미적인 느낌이 들도록 한다.

출처 : "A thing of beauty : Aesthetic development in young children." by S. Feeney and E. Moravcik, 1987, Young Children, 42(6), p. 11.

1) 유아의 미술 표현 이론

유아미술 표현의 과정에 대한 연구들은 유아들이 무엇을 표현하는지(내용), 어떠한 과정을 통해서 표현하는지(과정), 왜 그렇게 표현했는지(동기), 그리고 결과적으로 창조된 것이 무엇인지(결과)에 대하여 설명하고자 시도해 왔다. 연구자가 접근하는 관점에 따라서 유아의 미술 표현을 설명하는 이론들은 서로 다른 측면을 강조하게 되는데 대표적인 이론으로 다음과 같이 발달 이론, 정신분석 이론, 인지 이론, 그리고 지각 이론이 있다(이영자, 이기숙, 이정욱, 2009).

(1) 발달 이론

유아의 미술 표현을 설명하는 가장 보편적인 이론으로서 유아는 생득적으로 미술 표현 능력을 지니고 태어나며, 성장하면서 미술 표현 능력이 발달적 단계에 따라 자연적으로 전개되어 진다는 입장이다. 미술 표현의 발달단계는 유아의 전반적인 발달, 즉 인지적 · 정서적 · 신체적 · 지각적 발달과 조화를 이루며 전개된다고 본다.

발달적 이론에 따르면, 유아는 반드시 미술 표현의 각 단계를 거쳐야 하며, 한 단계를 완성한 후에야 다음 단계로 발전할 수 있다. Lowenfeld(1982)와 Kellogg(1969)로 대표되는 발달 이론가들은 자기표현으로서의 미술 표현은 가르쳐질 수 있는 것이 아니며, 외적인 교수행동이 유아가 한 단계에서 그 다음 단계로 발달하도록 도울 수는 없다고 주장한다. 따라서 직접적인 교수나 성인의 개입을 반대하였으며, 교사의 역할은 유아의 발달적인 요구와 수준에 적합한 미술 활동과 자료를 준비하고 제공하는 것이라고 본다.

(2) 정신분석 이론

인간이 의식하지 못하는 지적 활동인 무의식의 개념을 기본 토대로 하는 정신분석 이론은 유아의 미술 표현이 내면 깊숙한 곳으로부터 표출되는 것이라고 본다. 즉, 유아의 다양한 미술 표현 양식과 주제는 유아의 일반적 발달이나 개념 · 지식의 발달을 반영하기보다는 오히려 유아의 깊은 무의식의 감정, 정서적 상태, 인성을 나타내는 것이라고 생각한다. 따라서 이 이론은 유아의 정서적 · 심리적 발달과 미술과의 관련성을 가정한다.

유아는 자신에게 중요한 의미가 있는 사건, 물체, 사람, 또는 감정을 그림 속에서 과장되게 나타내거나 변형 또는 왜곡시켜서 표현한다. 예를 들어, 이를 닦는 모습을 그릴 때 칫솔을 들고 있는 팔을 과장되게 길게 그린다든지, 가족을 그린 그림에서 자신과 자주 다투는 오빠를 가장 작게 화면 한 귀퉁이에 그리는 것 같은 표현은 유아의 정서 상태를 잘 나타내준다. 유아들은 성장함에 따라 의식적인 사고가 무의식의 영향력을 억제하게 되고, 이에 따라 그림에 있어서도 보다 사실적으로 표현하게 된다.

정신분석 이론은 유아미술교육에 많은 영향을 주었으며, 교육 활동의 여러 부분에서 적용되고 있다(Seefeldt, 1987). 예를 들어, 풀물감 그림, 점토, 이젤 물감 그림은 유아가 내면적 감정과 정서를 자유롭게 표출시키도록 돕는 자료라는 생각에 근거하여 유아교육에서 즐겨 사용되고 있다.

이 닦기(만 5세, 남아)

(3) 인지 이론

유아미술의 인지 이론은 유아는 본 것을 그리는 것이 아니라 자신이 알고 있는 것을 그린다는 것으로 설명될 수 있다. 유아들은 눈앞에 있는 대상이 아니라 그 대상에 대해서 알고 있는 대로 그리기 때문에 임신한 엄마의 모습을 그리면서 엄마의 치마 속에 작은 아기를 그리는 것 같은 투시화적 표현이나 또는 눈에 보이지 않는 책상의 네 다리를 모두 그리는 전개도식 표현 등을 하게 된다.

인지 이론에 의하면, 유아의 미술 표현은 유아의 일반적인 발달 수준에 따르는 것이 아니라 개념 형성의 정도를 나타내는 것이다. 따라서 유아들은 자신이 알지 못하거나 개념화할 수 없는 것을 그림으로 표현할 수는 없다. 예를 들어, 비행기를 한 번도 보지 못하고 이에 대해서 아무런 개념도 없는 유아가 비행기를 그릴 수는 없다는 것이다. 또한 유아의 그림에서 쉽게 발견할 수 있는 왜곡된 형태와 크기, 부정확한 표현 그리고 혼란스러운 이미지 등은 자신을 둘러싸고 있는 주변 세계에 대한 유아의 지식과 이해의 부족에서 기인된 것이다. 유아가 성장하면서 보다 많은 경험을 하게 되고 주변 세계에 대한 이해와 개념이 더욱 증가하게 되면, 유아의 그림은 정확하고 세부적인 묘사, 복잡한 묘사, 사실적인 묘사 등이 증가하게 된다.

우리 엄마(만 5세, 여아)

(4) 지각 이론

유아들은 대상을 자신들이 느끼거나 아는 대로가 아니라 지각한 대로 그린다고 보는 입장이다. 지각한다는 것은 어떤 대상을 보고 카메라 렌즈에 맺힌 상과 같이 망막에 맺힌 상 자체만을 보는 것이 아니라 그 대상의 이미지를 마음속에 형상하는 것이므로 이전에 경험하여 알고 있는 것과 연결이 된다. 이런 점에서 볼 때 지각이 인지적인 측면과 완전히 분리되는 별개의 것이라고 할 수는 없다.

미술 표현을 할 때 유아는 자신이 지각한 3차원적 대상을 2차원적 화면에 구성하게 되며, 미술 표현의 내용 및 양식은 유아들의 지각 발달을 반영한다. Arnheim(1954)은 유아들이 처음에는 세분화되지 않은 전체로서 대상을 지각한 다음 점차적으로 세부적인 부분들을 지각하게 된다고 하였다. 따라서 유아들이 그리기를 할 때, 최소한의 선과 형태로 이루어지는 긁적거리기가 가장 먼저 나타나게 되고, 점차적으로 유아의 그림은 복잡성과 선명성이 증가해 간다. Arnheim에 따르면 유아가 대상을 지각하는 것은 대상의 구조를 지각하는 것이다. 예를 들면, 사람은 머리, 몸통, 팔 · 다리의 구조로 지각하고, 나무는 나뭇잎인 둥근 원형과 나무둥치로 지각한다.

Arnheim(1954)과 Golomb(1974)는 유아들의 두족인 표현은 유아들이 관찰을 통해서 지각한 것에 기초하며, 분화되지 않은 전체적인 지각을 반영하는 것이라고 본다. 두족인의 둥근 원형은 몸통이 생략된 것이 아니라 머리와 몸통 모두를 나타내는데, 이는 머리와 몸통이 아직 구별되지 않고 지각됨을 반영한다.

지각 이론은 지각이 신경생리학적 구조, 인성, 그리고 사전 학습에 의해서 영향을 받으며, 학습될 수 있고, 시각적 변별력 훈련을 통해서 증진될 수 있다고 본다.

위에서 살펴본 이론들은 유아가 무엇을, 왜, 어떻게 그리는가에 대해서 설명하고자 하였다. 교사들은 이러한 이론들을 통하여 유아의 미술에 대한 이해의 폭을 넓힐 수 있으며, 교사의 역할과 활동에 대한 시사점을 얻을 수 있다.

2) 유아의 평면 표현 능력의 발달

유아의 평면 표현 능력의 발달은 그리기를 통해 나타난다. 유아의 그리기는 작은 흔적으로부터 시작된다. 실험적으로 만들어 낸 작은 흔적들로부터 시작해서 도형으로, 유아의 경험을 포함하는 상징으로 변화되고 확대된다. 유아는 근육조절 능력의 발달과 인지 발달, 그리기에 대한 다양한 경험을 통해 점차 자신이 표현하고자 하는 것을 능숙하게 그리게 된다. 유아의 그리기 능력의 발달은 언어 발달 및 추론 능력의 발달, 사회적이고 문화적인 영향과 함께 이루어진다.

유아들의 미술 표현은 일정한 발달 순서에 따라 진전되지만, 하나의 발달단계에서 다음 단계로 진행되는 속도에 있어서는 개인차가 나타날 수도 있다. 따라서 성인이 유아들의 미술 표현 능력의 발달 과정과 이에 영향을 미치는 요인들을 이해하는 것은 유아들의 미술적 성장에 매우 중요하다. 유아의 그리기에 의한 평면 표현 능력의 발달은 긁적거리기 단계와 초기 표상 단계, 도식적 표상 단계로 나누어 설명할 수 있다.

(1) 긁적거리기

생후 약 15개월부터 시작되는 긁적거리기는 모든 문화권의 유아들의 그림에서 나타나는 자연적인 순서이며, 이후의 미술 표현에 매우 중요한 기초가 된다. Kellogg(1969)는 2세를 전후해서 유아가 20가지의 기본적인 긁적거리기를 할 수 있게 된다고 하였다. 이 20가지 긁적거리기는 유아미술 표현의 첫 번째 단계로서 유아미술의 기초가 되고, 유아들의 그림에 대한 자세하고 광범위한 설명을 제공하기 때문에 중요하다. 이들 기본적인 긁적거리기는 다양한 배치 형식과 연합해서 나타난다.

Kellogg(1969)와 Lowenfeld(1982)는 유아들의 긁적거리기 활동에 성인이 간섭하게 되면서 긁적거리기가 점점 사라지게 된다고 하였다. 특히 성인들이 유아가 전혀 의도하지 않은 명칭을 긁적거리기에 부여함에 따라서 유아의 긁적거리기 활동은 사라지게 된다.

Lowenfeld(1982)는 유아들의 긁적거리기를 다음과 같이 세 단계로 나누어서 설명하였다.

① 무분별한 긁적거리기

대개 1세 이후에 나타나기 시작해서 2세나 2세 반 때까지 지속되는 무분별한 긁적거리기는 유아가 특정한 목적 없이 손을 움직임에 따라서 그 자취가 화면 위에 나타나게 되는 것이다. 유아들은 무엇을 그리느냐에 관심을 두는 것이 아니라 긁적거리는 행위 자체에 흥미를 가지고 그린다. 이 시기의 유아들은 대상, 자신의 표현 의도, 시각적 형상과 전혀 상관없이 움직임과 그려지는 흔적이 있다는 자체를 즐긴다. 초기 긁적거리기는 매우 어설프고 불규칙한 선들로 구성되는데, 유아가 팔을 앞뒤로 움직이다가 우연하게 생긴 선이기 때문이다. 이같이 어설프고 불규칙한 선들은 곧 유아의 운동신경 조절이 자유롭지 않음을 말해 주는 것이다.

따라서 이 시기의 유아들에게 어떤 의미 있는 형태를 그리라고 요구하는 것은 적절하지 않다. 교사들은 이 시기의 유아들이 소근육 통제를 요구하는 과제를 해낼 수 있는 준비가 아직 되어 있지 않다는 것을 인식해야 한다. 또한, 유아들의 그림에 대해 상호작용할 때 유아들이 그린 형태나 행동과 관련지어 이야기를 하는 것이 좋다. "잘 그렸다.", "무엇을 그린 거니?"라고 이야기하기보다는 "서지가 그린 건 구불구불한 선이구나."와 같이 유아가 그린 것에 대해 주의를 기울일 수 있는 이야기를 하는 것이 중요하다.

무분별한 긁적거리기(23개월, 여아)

② 조절된 긁적거리기

무질서한 긁적거리기를 시작한 지 약 6개월이 지나면 유아는 자기의 손이나 팔의 움직임과 종이 위에 나타나는 흔적과의 관계를 깨닫기 시작한다. 즉, 마구 그린 무질서한 긁적거림에 일정한 흐름이 잡히고 규칙적인 반복이 나타나는 단계이다. 어느 정도 자신의 근육을 조절하고 통제하게 됨에 따라, 유아들은 자신의 근육의 움직임과 표시되는 흔적들 사이에 어떤 관련이 있음을 발견하게 된다.

유아들은 특정한 선이나 모양을 그리는 것에 대해서 생각할 수 있게 되고, 움직임을 다양하게 하려고 시도하게 된다. 유아들은 특별히 만족감을 주는 선이나 모양을 반복해서 그리려 하고, 그리기에 보다 오랜 시간을 보내게 된다. 이제 긁적거리기를 하는 유아들의 주된 관심은 근육운동적 쾌감과 움직임의 숙달에 있다. 긁적거리기는 좀 더 정교화되지만 아직까지는 유아가 그린 것과 그가 나타내고자 하는 사물의 시각적 표상 사이에는 관계가 별로 없다.

조절된 긁적거리기 단계의 유아들은 근육의 움직임이 정교해지므로 종이 안에 그리는 것이 가능해진다. 따라서 그림이 종이 안에 그려지고 있다는 것을 언어로 표현해 준다. 또한 유아가 그린 형태의 차이를 구체적으로 설명하고, 유아의 그리기 표현에서 향상된 측면에 대해 격려하는 것이 필요하다. "서지가 팔을 옆으로 움직였더니 이렇게 쭉 뻗은 노란 선이 그려졌구나.", "팔을 위, 아래로 움직였더니 이런 모양이 그려지는구나."와 같이 근육의 움직임과 종이 위에 나타난 흔적과의 관계에 대해서 생각할 수 있도록 상호작용한다.

조절된 긁적거리기(만 2세, 남아)

③ **이름을 붙이는 긁적거리기**(의도적 긁적거리기)

3세에서 3세 반 정도가 되면 대부분의 유아들은 "이건 엄마야.", "자동차야." 등과 같이 자기가 긁적거려 놓은 것에 이름을 붙이기 시작한다. 이전에는 단순한 움직임의 결과로 생긴 흔적에 만족했으나 이제는 이런 흔적들을 자신의 주변 세계와 연결시켜 이름을 붙여 본다. 유아들은 자신이 긁적거린 것에 대해 이름을 붙이는 시도를 통해 표현하려고 하는 자신의 의도를 나타낸다. 이것은 근육운동적 만족 또는 시각적 만족에 의해 긁적거리던 것이 이제는 자신이 그린 것과 주변 세계에 대한 이미지 사이에 관계가 있음을 발견하는 추상적 상징적인 사고로 바뀌게 된 것을 의미한다. 따라서 그림에 의미가 부여되며, 그림을 통한 의사소통이 가능해진다.

유아는 수없이 반복되는 긁적거리기를 통하여 선들이 반복되고 교차되며 이뤄지는 기본도형 형태를 그리기 시작하면서 이름 붙이는 긁적거리기 즉, 의미를 부여하는 그림을 그리게 된다. Kellogg(1969)는 유아 그림에서 나타나는 기본 도형을 사각형, 원, 삼각형, 십자, 대십자의 5가지 기하학적인 형태와 불규칙한 형태(일종의 다양한 폐곡선)를 합친 6가지로 분석하였다.

이 시기의 유아들이 긁적거리기를 할 때 어떤 의도가 있기는 하지만 긁적거리기를 끝냈을 때 그것이 어떤 모양이 되리라는 것을 미리 생각하는 것은 아니다. 즉, 그림

텔레토비의 나나(만 2세, 여아)

엄마(만 3세, 남아)

을 처음 그릴 때는 종이의 윗부분에 있는 것을 '나무'라고 했지만 다 그리고 나서는 '아가', '엄마'와 같이 다른 이름으로 바뀔 수도 있다. 유아가 긁적거린 것에 붙이는 이름과 의미는 때와 장소에 따라서 변한다. 따라서 교사는 유아들의 이야기를 잘 들어 주는 것이 중요하다. 또한 교사가 추측한 내용으로 이야기하는 것이 아니라 유아 자신이 이야기하는 내용과 관련지어 확장시켜야 한다.

유아들은 긁적거리기로부터 많은 즐거움을 얻으며, 이후 평면 표현 능력의 발달에 기초가 된다. 긁적거리기 단계에서 망설이는 유아에게는 교사가 유아와 함께 앉아서 활동하는 것이 도움이 된다. 유아가 긁적거리기 활동에 흥미를 가질 수 있도록 "크레파스를 움직이면 어떤 모양이 나타나는지 한 번 볼까?", "선생님의 손이 움직이면 어떻게 될 것 같니?", "우리 같이 한 번 해볼까?"와 같이 적절한 언어적 상호작용을 사용하는 것이 좋다.

(2) 초기 표상 단계

이름 붙이는 긁적거리기 단계에 이어서 유아는 긁적거린 선들이 점차적으로 사람, 동물, 사물의 어렴풋한 형체로 전개되는 표상적인 그리기를 시도하게 된다. 초기 표상 단계는 대체로 3세와 4세 사이에 나타나기 시작한다. 표상적인 그리기는 유아가 의도적으로 주변 환경에서 볼 수 있는 사람, 동 · 식물, 사물 등을 상징적으로 표현하고, 구체적인 형태가 나타나는 그림을 그리기 시작하는 시기이다. 표상적인 그리기 단계에 이르면 유아는 자신의 그림에 부여하는 의미를 상황에 따라서 매번 변화시키지 않는다. 예를 들어, '엄마'를 그린 그림은 엄마 앞에서나 또는 아빠 앞에 가서도 '엄마'라고 의미를 부여하게 된다.

표상 단계를 나타내는 유아들이 때때로 긁적거리기로 되돌아가는 경우도 있으나 발달의 방향은 나선형적인 과정을 거치면서 표상적 그리기가 주도적으로 나타나게 된다. 표상 단계의 유아들은 기본 도형 형태들을 서로 연합 또는 결합하거나, 선들과 연결하여 구체적인 형태를 그리게 된다. 표상 단계의 초기에 유아들이 그린 그림은 자신에게 의미 있는 사적인 상징과 디자인(personal symbol and design)으로 구성된다(Schirrmacher, 2002). 따라서 다른 사람들은 유아가 무엇을 나타내고자 한 것인지 인식하기가 쉽지 않다. 4, 5세경의 유아들은 점차적으로 다른 사람들이 보았을 때 쉽게 인식이 가능한 그림을 그리게 되고, 보다 상세하며 사실적인 그림을 그리는 것에 관심을 갖게 된다. 예를 들어, 엄마를 그릴 때는 긴 머리와 치마를 그리기 시작하고, 아빠는 짧은 머리와 수염을 그리게 된다.

유아들은 이제 주변의 제한된 사물에 대한 도식(schema)을 만들기 시작한다. 도식이란 유아가 대상에 대한 개념을 형성하면서 그 대상을 그릴 때 어떤 그림에서든 계속

도식의 형성(만 5세, 여아)

똑같은 상징을 사용하여 그리게 되는 것이며, 반복적인 그리기 활동을 통해서 자연스럽게 형성된다. 사람에 대한 도식, 꽃에 대한 도식, 나무에 대한 도식, 집에 대한 도식, 차에 대한 도식 등 유아들이 형성하는 표현 도식은 경험의 정서적인 내용에 따라 많은 차이가 생기게 된다. 또한 표현 도식의 수도 유아에 따라 차이가 있다.

표상적 그리기에서 유아들이 가장 즐겨 다루는 주제는 유아들의 생활에 가장 중요한 대상인 사람이다. 초기에 전형적으로 그리는 사람의 형태는 원으로 그려진 머리에서 곧바로 선 두 개가 뻗어 나와 다리가 되는 두족인 형태가 된다. 초기에 그려지는 두족인은 유아들이 이름을 붙여서 사람임을 말하기 전에는 쉽게 인식되기 어렵다. 유아들은 두족인에 또다시 두 개의 선을 그려서 팔을 나타내게 된다. 유아들은 눈, 입, 귀 등을 첨가하여 두족인을 보다 복잡하고 정교하게 그리게 되며, 점차적으로 둥근 머리에서 뻗어 나와 다리를 나타내는 두 개의 선을 이어서 몸통을 나타내게 된다. 몸통으로부터 팔과 다리를 나타내는 선들이 뻗어 나오는데, 이 몸통은 때때로 삼각형 형태 또는 원이나 타원 형태로 이루어지기도 한다.

이 시기는 유아들이 주변에서 경험했던 것들에 기초하여 도식을 형성해 가는 과정이므로 유아들의 그림은 대상에 대한 유아들의 개념이나 감정, 주변 환경에 대해 인식을 반영한다. 따라서 독특한 표현을 가진 각 유아들의 작품에 주의를 기울이고, 유아들에게 자신을 표현할 수 있는 기회를 제공하는 것이 중요하다.

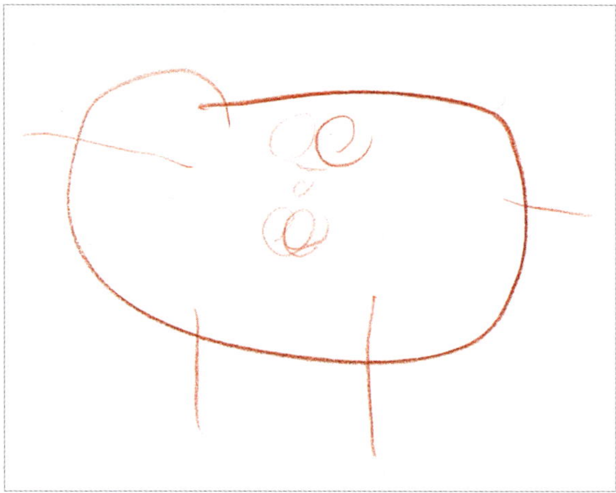

두족인(만 3세, 남아)

두족인(만 3세, 여아)

(3) 도식적 표상 단계

이 시기는 유아들이 보다 분명한 도식의 형태를 나타내며, 사실에 가깝게 표현하기 시작한다. 이 시기에는 공간에 대한 개념이 발달하면서 공간에 대한 도식적인 표현으로 기저선을 사용한다. 기저선은 땅이나 바닥, 아래쪽을 의미하는 선으로 유아들은 모든 사물을 기저선 위에 놓으며, 기저선과 동일한 의미의 하늘 선은 화면의 가장 위쪽에 그려서 하늘을 표현하는 데 사용된다.

공간을 표현하기 위해 일반적으로 사용하는 도식인 기저선 외에도 유아들은 전개도식 표현이나 투시적 표현, 공존화적 표현 등의 주관적인 방법을 통해 공간을 표현하기도 한다. 전개도식 표현은 기저선을 중심으로 사물을 수직으로 그림으로써 공간관계를 주관적으로 표현하는 것이다. 중앙에 길이나 강을 표현한 후 양쪽 편에 수직으로 나무, 집, 사람 등을 배치하여 표현하는 것과 같이 기저선을 중심으로 모든 사물을 수직적으로 배치하여 전개도를 그리는 것과 같이 표현하는 것이다.

투시화적 표현은 보이지 않는 부분을 마치 보이는 것처럼 한 화면 속에 표현하는 것으로, 시각적으로 동시에 지각되기 어려운 여러 관점들을 보여주기 위해 사용된다. 자동차를 그릴 때 자동차 밖에서 본 모습과 차 안에 있는 사람들의 모습을 한 화면 속에 표현하거나, 밖에서 본 건물 모습을 그리면서 내부에 있는 사람들의 모습도 함께 그리는 것이다.

시 · 공간의 동시적인 표현 방법은 다른 시간과 장소에서 일어난 일을 하나의 화면

기저선(만 5세, 여아)

두 개의 기저선(만 6세, 남아)

속에 동시에 나타내는 것이다. 견학 가기 전의 상황과 견학 가서 있었던 일 등을 하나의 그림 안에 표현하는 것과 같이 자신들에게 일어난 사건이나 경험들을 표현하는 과정에서 연속적인 동작이나 상황을 한 그림 속에 동시에 표현하는 것이다.

이 시기의 유아들은 도식적이고 상징적인 표현에서 벗어나기 위해 그림의 확대, 축소, 생략, 도식의 변화 등의 방법을 사용한다. 유아들은 자신의 정서적인 경험을 표현할 때, 자신에게 의미 있거나 중요한 대상은 크기를 확대하여 그리거나 과장하여 표현하거나 기본적인 도식을 변화시켜 표현한다. 반면에 중요하지 않거나 관심이 적은 대상인 경우에는 축소하여 작게 표현하거나 생략하는 경우가 많다. 이러한 과정에서 유아들은 틀에 박힌 양식과는 다른 자기 나름대로의 도식이나 표현의 특성을 나타내게 된다. 이 단계에서 중요한 것은 도식과 틀에 박힌 표현을 구분하도록 돕는 것이다. 도식은 융통성이 있고 변화와 이탈적인 표현이 많아 각 대상에 대한 표현이 유연하지만 틀에 박힌 표현은 항상 똑같은 일을 계속 반복하는 것이다(이규선, 김동영, 전성수, 1997). 따라서 교사는 표현 재료와 매체, 기법 등을 다양하게 사용하여 유아들이 표현대상이나 상황에 따라 적절하게 도식을 변화시킬 수 있도록 동기를 부여해야 한다.

투시적 표현(만 5세, 남아)

얼굴과 입의 과장된 표현(만 5세, 남아)

위에서 살펴본 유아의 미술 표현 발달에 대한 이해는 교사가 유아에 대한 적절한 기대 수준을 설정할 수 있도록 도우며, 발달에 적합한 미술 프로그램을 계획 · 실행할 수 있도록 한다.

3) 유아의 입체 표현 능력의 발달

유아들이 속해 있는 일상생활은 3차원의 세계이므로 찰흙, 밀가루 점토, 상자 등 다양한 표현 재료들을 통해 그들이 살고 있는 세계를 입체(3차원)로 표현하는 것은 유아들에게 익숙하고 즐거운 경험이 될 수 있다. 입체 표현 활동은 능동적인 탐색과 조작이 일어나는 다 감각적 경험이 가능한 활동이다. 유아들은 상자나 스티로폼 등과 같은 구성 자료들을 자르고, 붙이면서 형태를 구성하기도 하고, 찰흙이나 밀가루 점토, 놀이용 점토들을 굴리거나 말거나 주무르는 등의 과정을 통해 입체감 있는 표현을 경험하게 된다.

입체 표현의 종류는 매우 많고 그 표현 소재나 주제도 다양하지만, 여기에서는 유아들이 만지는 것에 따라 형태가 자유롭게 변하고, 반응적이며, 붙이거나 떼기, 파내기 등이 가능하고, 점착성과 촉감성이 뛰어나 유아들에게 매우 선호되는 재료인 찰흙을 중심으로 입체 표현의 발달단계를 살펴보고자 한다.

(1) 탐색 단계

찰흙을 가지고 놀고 즐기면서 평면의 형태로 대상을 구성하는 시기이다. 2세 정도의 유아들은 찰흙을 보고, 만지고, 냄새를 맡아보고, 찰흙을 다룰 때 나는 소리들을 듣는 등 다양한 감각을 이용하여 찰흙의 속성을 탐색한다. 초기에는 찰흙 자체에 관심이 있으므로 찰흙을 만져 보고 던져 보고 두드려 보는 등 자신들의 감각을 사용한 놀이를 중심으로 탐색이 이루어진다. 어떠한 의도 없이 찰흙이 주는 감촉을 즐기는 이 시기의 유아들은 평면 표현 발달의 무분별한 긁적거리기에서 나타나는 특징을 보여준다.

점차 유아들은 좀 더 체계적으로 찰흙을 다루게 되며, 손으로 비벼서 긴 형태의 뱀 모양을 만들거나 작은 공이나 케이크와 같은 단순한 형태들을 만들게 된다. 이 과정에서 유아들은 찰흙의 물리적인 속성에 대해 경험하게 된다. 우연히 만들어 낸 형태들을 반복하여 만들게 되는 이 시기의 행동들은 어느 정도 자신의 근육을 통제할 수 있음을 의미하며, 평면 표현 발달의 조절된 긁적거리기와 유사한 발달적 특성을 나타낸다.

이 시기에는 재료를 다루는 것에 따른 형태의 변화를 경험하고 그 재료가 주는 특성 자체를 즐기게 되면서 재료의 특성뿐 아니라 재료에 대한 흥미와 호기심을 가지게 된다. 따라서 재료의 특성을 충분하게 탐색할 수 있도록 하는 것이 중요하다.

(2) 상징 단계

3~4세 정도가 되면 유아들은 이전에 만들었던 뱀이나 공 등의 형태에 굴리거나 빚는 등의 과정을 결합하여 새로운 형태들을 만들어 낸다. 예를 들어, 동그란 작은 조각을 다른 형태 꼭대기에 올려 새로운 형태를 만들어 보는 등의 시도를 통해 점차적으로 결과물이 복잡해진다. 또한 이 시기에는 인물에 대한 입체 표현의 탐색이 시작되는데, 초기에는 납작하고 둥근 형태에 짧은 막대 모양을 놓거나 둥근 형태와 긴 형태가 결합되는 형태인 만다라가 나타나고 그 다음에 다리(또는 팔다리), 몸통, 목의 순으로 발달한다(이규선, 김동영, 전성수, 1997). 유아들의 입체 표현의 발달 과정에서 나타나는 이러한 순서는 유아들이 중요하다고 여기는 부분에 대한 지각을 반영하는 것이다. 그러나 아직까지 의도를 가지고 조직적으로 계획하여 만든 것보다는 우연한 행동의 결과로 나타난 것이 더 많다. 결과물들은 개인적인 의미를 가진 것들이므로 다른 사람들이 보았을 때, 그 형태를 인지할 수 없는 경우가 많다.

평면 표현의 이름을 붙이는 긁적거리기 단계와 유사한 특성을 보이는 이 시기의 유아들은 표현하는 과정에서 자신들이 만든 것에 대해 언어로 설명하기도 하고 이름을 붙이기도 한다. 따라서 교사는 유아들이 만든 것에 대해 관심을 가지고 상호작용하여 유아들의 흥미와 관심이 지속되도록 격려한다.

(3) 창조 단계

탐색기에 이어서 4~5세 정도의 유아들은 미리 무엇을 만들지 계획을 한 후 제작을 시도한다. 이 단계의 유아들은 자신들이 만들려고 하는 형태에 적절한 기술과 방법을 발견할 수 있게 되며, 결과물은 표현하고자 하는 실제물과 유사한 특징을 가지고 있어 다른 사람들도 무엇을 만들었는지 인지할 수 있다.

창조 단계에 있는 유아들은 주로 평면으로 표현하며 세부 표현에 관심이 많고, 눈 · 코 · 입 등을 표현할 때 작고 둥글며 납작한 찰흙 덩어리를 붙여 표현하는 상징 표현을 사용한다. 그러나 점차 평면적 표현에서 입체적 표현으로, 부분적인 것에 대한 표현에서 전체적인 표현으로, 상징적 표현에서 눈 · 코 · 입과 같은 형태를 새겨서 나타내는 사실적인 표현으로, 움직임이 적은 표현에서 움직임이 많은 표현으로 발달해 간다(이규선, 김동영, 전성수, 1997).

자신의 아이디어와 상상력을 바탕으로 창의적인 표현을 시도하는 시기이므로 관심 있는 것이나 흥미 있는 것은 크게 과장해서 만들고 관심이 없는 것에 대해서는 생략하거나 작게 만드는 특징을 보이기도 한다(염태진, 1998). 또한, 도구를 사용하는 데 흥미를 갖기 시작하면서 다양한 도구나 부속품들을 사용하여 세부적인 형태를 만드는 것에 관심이 많다.

이 시기에는 무엇을 만들 것인가에 대한 내용 선정에서부터 재료와 자료를 다루는 방법, 표현 기법 등에 있어 유아들의 독특한 창조성을 존중하며, 미숙하지만 새로운 방법으로 입체 표현을 시도하는 유아들의 노력을 격려해야 한다.

마치기

다음 활동을 준비해 함께 해봅시다.

[활동방법 1]

활동자료: 과일(조별로 준비), 주사위, 오감 기록카드

1. 5명씩 한 조를 만든다.
2. 감각 주사위를 만든다.
   주사위의 각 면에 눈, 코, 입, 귀, 손을 그리고, 마지막 한 면에 과일을 그린다.
3. 조원들이 돌아가며 주사위를 던진다.
4. 주사위에 나온 감각기관을 사용하여 과일을 체험하고, 그 결과를 오감 기록카드에 쓴다(시각, 청각, 후각, 촉각, 미각).
5. 각 조의 오감 기록카드 내용을 발표하여 공유한다.

[활동방법 2]

활동자료: 명화그림 카드(혹은 인터넷에서 찾은 명화 이미지) 20장,
다양한 음악

1. 4명씩 그룹을 만든다.
2. 명화그림 카드를 책상 위에 늘어놓는다.
3. 음악을 한 곡씩 들으며 4명이 각각 음악과 비슷한 느낌의 카드를 고른다.
4. 각 음악이 어떤 느낌이었는지 생각해 보고, 그림 카드를 선택한 이유에 대해 이야기해 본다.

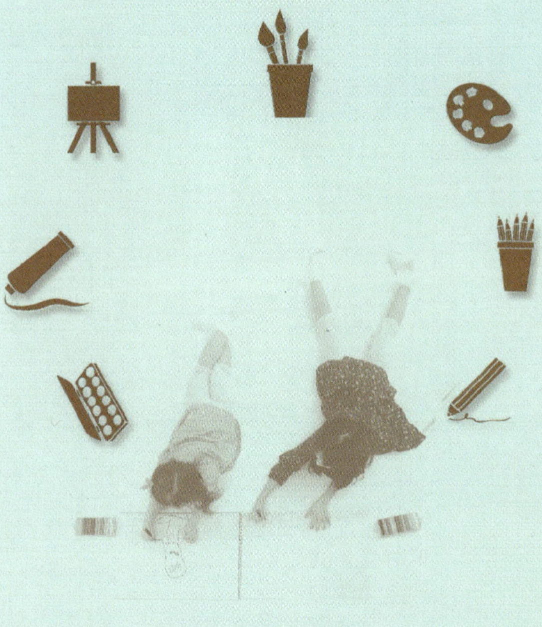

CHAPTER

4

유아미술교육의 내용

유아를 위한 미술적 경험들을 계획하고 조직하기 위해서는 유아가 어떤 내용들을 학습해야 하는지를 고려하여 교육 내용을 선정하는 것이 우선되어야 한다. 그러나 그동안 유아미술교육에서는 어떻게 가르치는가의 방법만 주로 거론되어 왔고 그 방법의 바탕이 되는 내용을 체계적으로 설명하는 것은 매우 미비하였다. 가르칠 '무엇(내용)'이 있어야만 '어떻게' 가르칠 것인가가 의미가 있다는 사실을 간과해 온 것이다.

이 장에서는 유아미술교육을 위한 교육 내용이 무엇인지를 구체적으로 살펴보고자 하다.

들어가기

● '창의적으로 표현하기'라는 말을 들었을 때 생각나는 단어는 무엇인가요? 여러분의 생각을 모아 마인드맵으로 그려 봅시다.

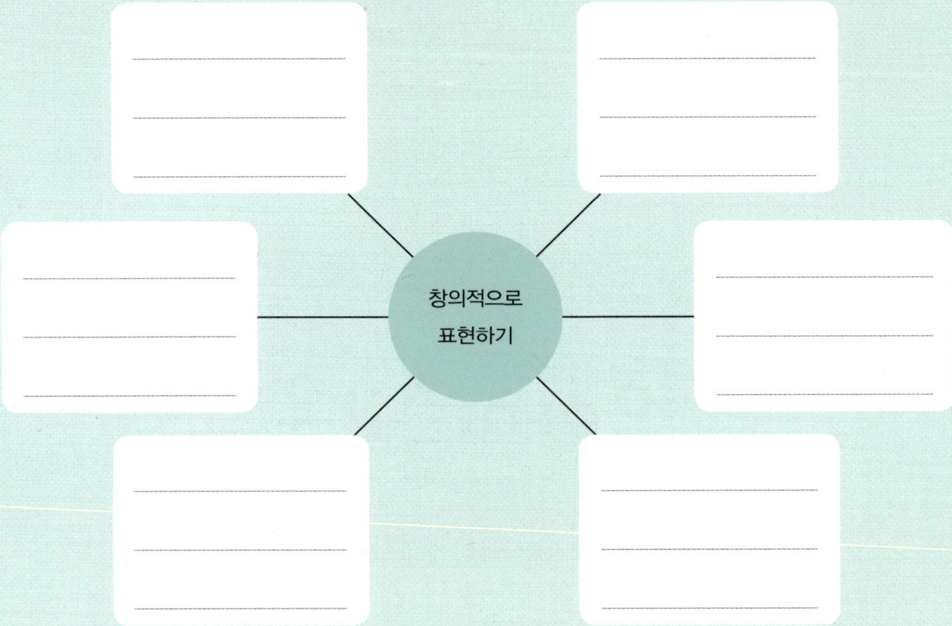

● 2019 개정 누리과정에서 '창의적으로 표현하기'는 아래와 같이 제시되어 있습니다. 우리가 생각한 것들이 아래의 교육과정 내용과 연결되는지 확인해 보고 어떻게 지도하면 좋을지 이야기를 나눠 봅시다.

내용범주	내용
창의적으로 표현하기	다양한 미술 재료와 도구로 자신의 생각과 느낌을 표현한다.

1. 미술교육의 동향과 유아미술교육

16세기를 지나 19세기까지의 미술교육은 산업혁명의 영향으로 대량생산이 가능하게 된 상품의 미적 기능을 담당하기 위한 디자이너나 미술가를 기르는 것에 주안점을 둔 표현기능 중심으로 이루어져 왔다. 따라서 반복 훈련에 의한 미술적 능력의 향상에 중점을 두었다. 20세기에 들어서면서 미술교육은 Cizek이나 Lowenfeld 등과 같이 개성과 창의성을 강조하는 자유로운 자기표현 중심의 제작활동을 강조하게 되었다. 즉 미술은 주변 세계에 대한 이해와 인간 내면의 감정이나 정서를 시각적 매체로 표현하는 것이라는 관점에서 창의성 위주의 표현 중심 미술교육이 실시되었다. 그러나 20세기 후반에 들어오면서 미술은 인간의 내면의 것을 시각적 · 공간적 · 조형적으로 표현하고 동시에 그것을 이해하며 감상하는 것이라는 관점으로 바뀌게 되었다. 이에 따라 미적 지각, 표현, 감상을 주요 요소로 하는 이해 중심의 미술교육이 강조되었다.

1960년대 후반 이후 제기된 여러 미술교육 방법을 통합하여 Getty 미술교육센터에서 1984년에 제시한 학문기초 미술교육(DBAE : Discipline Based Art Education)은 표현뿐만 아니라 이해 및 감상의 총체적인 미술교육을 주장한다. 이를 위해 DBAE의 교현내용은 미학, 작품 제작, 미술사, 미술비평의 네 가지 분야로 구성된다. 미학은 아름다움의 의미를 해석하고, 사물을 미적 측면에서 지각하고 이해하고 감상할 수 있는 것을 의미한다. 미술 일반의 원리적인 관계를 배움으로써 심미적 사고 과정을 통해서 작품의 특질을 인식하고 이에 대해 미적 반응을 할 수 있는 능력을 구축하고자 하는 것이다. 작품 제작은 자신의 사고, 감정, 시각적 이미지를 미술언어로 표현할 수 있도록 시각예술 매체를 사용하는 능력을 기른다. 미술사는 미술이 당시의 문화와 상호작용하면서 이루어짐을 이해하고, 문화적 · 역사적 맥락 속에서 미술을 이해하게 한다. 미술비평은 미술 작품의 가치에 대한 자신의 결정 및 선택을 타당화할 수 있도록 시각 형태의 특성을 분석 · 설명 · 판단할 수 있는 능력을 기르는 것이다. 미학, 작품제작, 미술사, 미술비평의 내용영역은 각각 분리되어서 다루어지는 내용이 아니며, 미술교육 속에서 함께 통합되어 연속적으로 다루어질 것이 강조된다.

그동안 대부분의 유아교사들은 유아의 창의적인 자기표현을 위해서는 성인의 개입이 없어야 한다며 방임에 가까운 무조건적인 표현 위주의 수업을 해왔다. 그러나 유아의 미술은 자연적인 성장이나 발달의 결과가 아니라 적극적인 탐색 및 탐구 과정의 결과라는 관점이 제시됨에 따라 성인의 지원이나 촉진이 강조되고 있다. 시각적인 이미지를 창출하고 타인이 만든 이미지를 해석할 수 있는 능력은 교육에 의해서 고양되거나 또는 소멸될 수 있다는 것이다.

Schirrmacher(2006)는 DBAE에서 제시한 미술교육의 내용 요소들이 유아미술교육을 단순 창작에만 그치지 않게 한다는 점에서 중요하다고 보았다. 그러나 DBAE와는 달리 유아미술교육 내용으로 감각적 경험, 미적 · 창의적 체험, 작품 제작, 그리고 다양한 미술 형식과 스타일의 소개라는 4가지 구성 요소를 제시하고 있다. 이는 DBAE가 만 5세 유치원부터 12학년까지를 위한 교육과정을 제시하고 있지만 어린 유아들에게 초점을 두고 있지 않으므로 Schirrmacher는 이 시기 유아들에게 중요한 감각적 경험을 주된 교육 내용으로 제시한 것이다.

미술 작품에 기초를 두고 미술과 문화를 이해하는 것을 중요시하던 DBAE는 그 실행을 거듭하면서 미술 자체에 대한 이해를 강조하는 것에서 벗어나 미술을 통해 우리 삶을 이해하는 방향으로 변화되어 가고 있다. 특히 사회문화적 환경과 맥락에서의 이미지의 영향력에 초점을 둔 시각문화 중심의 미술교육이 강조되며 미술교육의 영역은 더욱 확장되고 있다. 시각문화 중심의 미술교육이 유아교육에 주는 의미(김정선, 2006; 박유신, 2014; Duncum, 2012; Efland, 2005; Smith, 2005)는 첫째, 미술교육의 대상이 예술 작품으로서의 미술만이 아니라 광고, 애니메이션, 사진 등 미디어를 활용한 영상물과 퍼포먼스, 그림책, 시각적 표지판 등의 시각적 이미지, 일상에서 사용하는 사물이나 놀이와 같이 유아의 삶 전반으로 확장되어 간다는 점이다. 이것은 과거의 미술교육이 진지하게 고려하지 않았던 다양한 삶의 장으로 미술교육의 관심을 넓히려는 시도이다. 따라서 미적 지각, 감상, 작품 제작으로 이루어진 미술의 내용영역에 대한 이해를 포함하지만 유아의 일상경험과 밀접한 내용을 중심으로 다른 예술 영역과 관련된 시각문화에 대한 이해와 창작을 중요시한다. 시각문화가 강조하는 현대 미디어는 시각적이면서도 서사적이고, 다 감각적인 성격을 지니고 있기 때문에 유아에게 더욱 의미 있는 경험이 될 수 있다. 둘째, 시각문화 중심의 미술교육에서는 미술작품을 창작하거나 감상하는 것 모두 학습자의 경험과 문화에 기반을 두고 재구성된다고 본다. 이에 따르면 미술교육이란 학습자가 자신의 경험을 바탕으로 의미를 발전시켜나가는 활동 과정이므로 각 개인이 자신의 경험을 통해 획득하게 되는 개별적인 이해와 공동으로 형성하는 의미에 모두 관심을 갖는다. 따라서 유아가 자신을 둘러싼 시각문화에 대해 관심을 갖고 적극적으로 탐구하며, 자신과 또래의 삶의 문화를 반영할 수 있도록 돕는 것이 중요하다. 셋째, 이미지를 소통의 중심으로 바라보는 관점인 비주얼 리터러시(visual literacy: 시각적 문해력)를 강조한다. 비주얼 리터러시는 삶에서 이미지가 의미하는 바가 무엇인지를 중요시하여 시각적으로 생각하기, 시각적으로 읽기, 시각적으로 쓰기를 포함하여 시각적으로 의사소통하는 역량을 기르는 것이다. 장기적으로는 일상생활 속의 TV, 광고, 영화, 애니메이션, 만화 등에 대한 경험을 분석하는 것을 통해 개인의 경험과 가치, 사회적 태도를 형성하는데 기여하고자 한다. 유아기의 비주얼 리터러시 능력을 신장하기 위해서는 주변 세계에 대해 자기 나름대로 해석할 수 있는 기회를 제공하고, 시각적 감각뿐 아니라 공감각적 감각을 동시에 강조하는 시각문화에 관심을 가지도록 도울 필요가 있다.

시각문화 중심의 미술교육은 미술을 통해 우리 삶을 이해하는 것을 목적으로 하므로 유아미술교육에서 이에 대해 다루는 것은 중요하다. 그러나 의미해석 자체에 목적을 두어 시각적 이미지에 대한 언어적인 설명을 중심으로 접근하는 것은 유아들의 발달적 특성에 비추어 적합하지 않다. 유아에게 제시되는 시각문화 중심의 미술교육은 자신이 알고 있는 것을 어떻게 표현할 것인지, 그러한 시도가 자신의 환경과 주변 세계에 대한 인식을 어떻게 바꿀 수 있을지를 경험하게 하는 방식으로 이루어져야 한다. 따라서 유아가 자신의 아이디어를 말로 표현하고, 글로 쓰고, 시각적으로 표현하는 등 다양한 방식으로 표상하고 이에 대해 사고할 기회를 제공하는 것이 중요하다.

사회의 흐름, 교육과정과 미술의 최신 경향에 따라 창의적 표현 중심의 미술교육, DBAE, 시각문화 중심의 미술교육 등으로 미술교육에 대한 주요 관점은 변화해 왔다. 이는 미술교육을 통해 그 사회와 시대가 얻고자 하는 교육적 결과에 대한 관심의 차이에 기인한 것으로 볼 수 있다. 그러나 강조하는 바가 다름에도 불구하고 발달에 적합하며 질 높은 유아미술교육이란(Colbert & Taunton, 1992) 첫째, 유아들이 창의적 표현을 할 수 있는 기회를 많이 제공하며, 둘째, 미술을 접하고 미술에 대해서 이야기할 수 있도록 하고, 셋째, 일상생활 속에서 미술을 인지할 수 있게 하는 것이다. 미술교육에 대한 최근의 경향성에 비추어볼 때 유아미술교육이 창의적인 자기표현과 함께 우리 주변을 둘러싼 미술적 문화유산과 시각적 이미지에 많이 접하고 미적으로 반응할 수 있게 하는 내용으로 구성되어야 함을 제안할 수 있다.

2. 유아미술교육 내용체계의 이해

우리나라 유치원 교육과정은 미술교육의 흐름 및 초등미술교육과정과 연관성을 가지고 구성되어 왔다. 이에 따라 제6차 유치원 교육과정(교육부, 1998)에서는 감각적 경험, 미적 지각, 창의적 표현 활동, 미술적 유산, 미술 비평 및 미적 판단을 포괄하는 내용체계인 탐색, 표현, 감상으로 구분되었고, 2007년 개정 유치원 교육과정(교육인적자원부, 2007)에서는 '자연과 생활에서 아름다움 찾아보기', '예술적 표현 즐기기', '감상하기'로 각 영역의 특성은 유지하되 명칭이 변경되었다. 3~5세 연령별 누리과정(교육과학기술부, 보건복지부, 2013) 역시 내용체계의 구성은 6차 유치원 교육과정의 탐색, 표현, 감상을 근간으로 하되 표현생활 영역을 예술경험 영역으로 칭하고 각 내용범주별 명칭을 '아름다움 찾아보기', '예술적 표현하기', '예술 감상하기'로 구분하였다. 2019 개정 누리과정에서는 내용범주별 명칭을 '아름다움 찾아보기', '창의적으로 표현하기', '예술 감상하기'로 부분 개정하였으며, 내용에서도 부분적인 변화가 있었다. 구체적인 내용은 다음의 〈표 4-1〉에서 살펴볼 수 있다.

표 4-1 2007 개정 유치원 교육과정 표현생활 영역, 3-5세 연령별 누리과정 예술경험 영역, 2019 개정 누리과정 예술경험 영역의 비교

2007년 개정 유치원 교육과정	3~5세 연령별 누리과정	2019 개정 누리과정
'표현생활'은 풍부한 감성과 심미적 태도 및 창의적 표현력을 기르며 다양한 예술표현 방식을 존중하고 즐기는 태도를 기르기 위한 영역이다. 이 영역은 '자연과 생활에서 아름다움 찾아보기', '예술적 표현 즐기기', '감상하기'의 세 가지 내용으로 구성한다.	예술경험은 유아가 자연과 사물을 접하면서 느낄 수 있는 다양한 예술적 요소를 찾아보고 이를 창의적으로 표현하며, 아름다움에 관심을 가지고 예술 활동을 즐기고 추구할 수 있는 소양과 더불어 아름다움의 다양성을 이해하고 존중하는 역량을 기르기 위한 영역이다. 이 영역은 '아름다움 찾아보기', '예술적 표현하기', '예술 감상하기'로 구성된다.	예술경험 영역의 목표와 내용범주는 유아가 자연, 생활, 예술에서 아름다움을 느끼고, 음악, 움직임과 춤, 미술, 극놀이 등의 예술에서 자신의 느낌과 생각을 창의적으로 표현하는 과정을 즐기며, 다양한 예술 작품을 감상하며 다른 사람의 예술 표현을 존중하는 내용으로 구성하였다. 유아가 자연과 생활, 예술에서 아름다움을 느끼고 즐기는 경험을 반영하여 '아름다움 찾아보기'를 새롭게 편성하였다. '창의적으로 표현하기'에서는 유아가 자신의 느낌과 생각을 음악, 움직임과 춤, 미술, 극놀이 등을 통해 자유롭게 표현하는 과정을 즐기는 내용으로 구성하였다. '예술 감상하기'에서는 유아가 다양한 예술을 통해 상상하기를 즐기고, 우리나라 고유의 전통 예술에 친숙해지는 경험을 강조하였다.
'자연과 생활에서 아름다움 찾아보기'는 유아가 자연과 주변 환경에서 자연스럽게 접할 수 있는 소리나 음악, 움직임, 조형물에 관심을 기울이며 예술 활동의 기본이 되는 다양한 요소를 찾아보는 경험에 중점을 둔다.	'아름다움 찾아보기'는 자연 및 예술의 모든 영역을 아우르며 음악, 움직임 및 춤, 미술의 요소를 자유롭게 탐색하도록 하는 내용을 다룬다. 이를 통해 유아가 주변 환경 속에 잠재된 아름다움을 발견하고, 적극적으로 찾아보려는 태도를 형성하는 데 중점을 둔다.	'아름다움 찾아보기'는 유아가 자연과 생활에서 아름다움을 느끼며 예술적 요소에 관심을 가지고 찾아보는 내용이다.
'예술적 표현 즐기기'는 유아가 다양한 예술 활동에 참여하여 생각과 느낌을 자유롭게 표현하는 데 중점을 둔다. 또한 음악, 움직임과 춤, 조형 활동, 극놀이를 통합적으로 경험하며 예술 활동 과정을 즐기는 데 중점을 둔다.	'예술적 표현하기'는 다양한 예술 표현 방법을 통해 자신의 느낌과 생각을 표현하도록 하는 내용을 다룬다. 자신이 나타내고자 하는 바를 마음껏 펼칠 수 있을 때 잠재된 창의성과 표현력이 발휘되므로, 풍부한 재료 및 도구와 함께 편안하고 허용적인 환경을 제공하는 것이 무엇보다 중요하다.	'창의적으로 표현하기'는 유아가 노래를 즐겨 부르고, 간단한 소리와 리듬을 만들어 보며, 자유롭게 움직이며 춤추고, 다양한 미술 재료와 도구를 활용하여 표현하며, 경험과 이야기를 극놀이로 표현하는 내용이다.
'감상하기'는 유아나 다른 사람이 표현한 예술 작품 및 자연과 생활 속의 아름다움, 우리 전통 예술에 유아가 관심을 가지고 즐기도록 하는 데 중점을 둔다.	'예술 감상하기'는 자신과 다른 사람의 작품, 그리고 우리나라 전통 예술을 포함하여 다양한 종류의 예술을 감상하는 경험들로 구성되어 있다. 주변에서 친근하게 접할 수 있는 자연이나 사물, 예술 작품을 비롯하여 인류 보편의 감성을 담고 있는 다양한 문화의 작품들에도 관심을 가져 보는 기회를 제공한다.	'예술 감상하기'는 유아가 자신과 또래의 작품뿐만 아니라 다양한 예술을 감상하며 상상하기를 즐기고, 서로 다른 예술 표현을 존중하며, 우리 고유의 전통 예술에 친숙해지는 내용이다.

2007년 개정 유치원 교육과정	3~5세 연령별 누리과정	2019 개정 누리과정
표현생활 영역의 교육 활동에서는 특정한 예술의 개념이나 기능 습득보다는 생각과 느낌을 자유롭고 창의적으로 표현해보는 경험을 중심으로 한다. 직접 보고, 듣고, 만지고, 느껴보는 능동적인 활동 과정을 강조하고 유치원의 일과 중 자연스럽게 다양한 탐색 및 감상 활동의 기회를 제공하며, 대 · 소집단 활동과 자유선택 활동에서 골고루 경험하도록 통합적으로 다루도록 한다.	예술경험 영역에서는 만 3, 4, 5세 유아들에게 아름다움을 찾아보고, 그 아름다움을 표현하며, 자신의 창의적 표현을 즐기고 감상하도록 한다. 또한 다른 사람의 예술적 표현을 존중하고, 우리 문화에 내재된 아름다움을 찾아보며 느낌을 나눌 수 있도록 하는 경험에 중점을 둔다. 이 영역의 내용범주인 '아름다움 찾아보기', '예술적 표현하기', '예술 감상하기'는 서로 연계되고 순환되면서 유아의 예술경험을 새롭게 재구성한다는 특징이 있다. 따라서 인위적인 구분에 따라 별개의 독립된 활동으로 다루기보다 수시로 일상생활 속에서 다양한 예술 매체와의 친숙한 경험을 통해 아름다움을 찾고 표현하며 감상하는 활동이 순환되고 통합되도록 하는 것이 중요하다. 예술경험 영역은 다른 영역에 비해 개인의 자유로운 감성과 표현이 존중되는 영역인 만큼 집단 활동으로 이루어지는 경우에도 각 유아가 가진 느낌을 편안한 마음으로 자유롭게 표현하고 즐길 수 있도록 하는 허용적인 분위기 조성이 필요하다. 또한 아름다운 것을 유아가 예쁜 것으로만 인식하지 않도록 유의하도록 한다.	유아는 일상에서 아름다움과 경이감을 느끼고 즐기며 표현하는 풍부한 감성을 가진 존재이다. 예술경험 영역은 유아가 자연, 생활, 예술에서 아름다움을 찾아보고 느끼며, 다채롭고 창의적인 방법으로 자신의 경험, 생각, 느낌을 표현해 보고, 다양한 예술 표현을 존중하는 경험과 관련된 내용이다. 교사는 유아가 아름다움을 느끼고 즐기며 창의적으로 표현하는 과정을 통해 풍부한 감수성을 기르도록 돕는다. 또한 유아가 다양한 예술 감상을 통해 상상력을 키우고 예술 표현이 가지고 있는 고유의 가치를 존중하도록 지원할 수 있다.

2019 개정 누리과정 예술경험 영역은 '아름다움과 예술에 관심을 가지고 창의적 표현을 즐긴다.'는 것을 목표로 '아름다움 찾아보기', '창의적으로 표현하기', '예술 감상하기'의 내용으로 구성되어 있다(교육부 · 보건복지부, 2019).

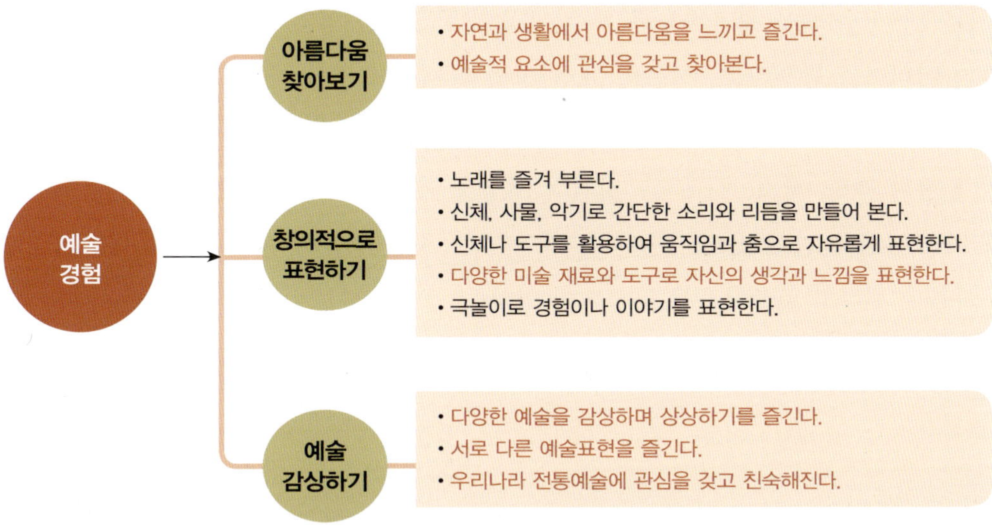

그림 4-1 2019 개정 누리과정 예술경험 영역의 내용

2019 개정 누리과정 예술경험 영역의 세 가지 내용범주는 〈3–5세 연령별 누리과정〉과 마찬가지로 초등 1~2학년 통합교과 교육과정 '즐거운 생활'의 기능인 '놀이하기', '표현하기', '감상하기'와 상호 연관된다. '놀이하기', '표현하기', '감상하기'의 성격은 다음의 〈표 4–2〉의 목표를 보면 분명해진다(이정욱, 임수진, 이금구, 박미라, 안진아, 2016).*

통합교과인 '즐거운 생활'의 특성상 여러 교과를 통합하여 목표를 제시하고 있으나, 자연과 주변 환경을 기반으로 감각적으로 탐색하고 놀이하며, 기본적인 표현 기능을 익히고, 심미적 감성을 형성하며 서로 소통하는 것을 강조함으로써 2019 개정 누리과정의 내용범주인 '아름다움 찾아보기', '창의적으로 표현하기', '예술 감상하기'와 유사한 성격임을 알 수 있다. 초등 3~6학년 '미술'과의 영역을 살펴보면 이와 같은 성격을 보다 명확하게 이해할 수 있다.

초등 3~6학년 '미술'은 '체험'과 '표현', '감상'으로 영역을 구성하고 있는데, '체험' 영역은 감각을 통해 자신과 주변 세계와의 관계를 이해하고 조화를 발견하고, 시각문화의 역할과 가치를 이해하고 참여하며, 미술과 타 분야를 관련지어 이해하는 한편

* 다음의 내용(p.89의 5줄–p.90의 28줄)은 본 저자들이 집필한 "유치원 누리과정 내실화를 위한 유아미술교육프로그램: 미술교육, 놀이를 담다(2016)"에 실린 것을 재구성한 것임

생활 속에서 미술을 활용하도록 하는 내용이다. '표현' 영역은 다양한 방식으로 주제나 아이디어를 탐색하고, 작품의 표현 방법과 제작 과정을 계획하며, 표현 과정에서 매체를 탐구하여 창의적으로 제작하도록 하는 내용이다. '감상' 영역에서는 미술 작품의 조형적 특징, 작가, 시대적 · 지역적 배경을 이해하고 해석하며, 다양한 비평 관점에 따라 작품을 판단 및 평가할 것을 제안한다. 또한 우리의 전통 미술과 다양한 미술 문화를 이해하고 존중하도록 구성되어 있다.

표 4-2 2019 개정 누리과정, 초등 1, 2학년 즐거운 생활, 초등 3~6학년 미술과 목표와 내용

	2019 개정 누리과정 예술경험 영역	초등 1~2학년 즐거운 생활	초등 3~6학년 미술과
목표	• 자연과 주변 환경에서 발견한 아름다움과 예술적 요소에 관심을 갖고 탐색한다. • 자신의 생각과 느낌을 음악, 움직임과 춤, 미술, 극놀이를 통해 창의적으로 표현하는 것을 즐긴다. • 자연과 다양한 예술 작품을 감상하며, 풍부한 감성과 심미적 태도를 기른다.	• 여러 가지 놀이와 표현 활동을 통해 감각을 발달시키고 건강한 신체를 기른다. • 활동에 참여하는 과정에서 기초적인 표현 기능을 익힌다. • 소리, 이미지, 움직임 등에 대한 심미적 감성 능력을 기르고, 창의 · 융합적으로 표현하면서 서로 소통하는 능력을 기른다.	• 자신과 주변 대상에서 미적 특징을 발견하고, 소통하며, 미술을 생활과 관련지을 수 있는 능력을 기른다. • 주제를 다양한 방식으로 탐색하고 자유롭게 작품을 제작하는 능력을 기른다. • 미술 작품의 특징과 배경을 탐색하고 이해하는 능력을 기른다. • 미술 활동에 흥미와 관심을 가지고 자발적으로 참여하는 태도를 기른다.
내용	[내용범주] 아름다움 찾아보기 창의적으로 표현하기 예술 감상하기	[기능] 놀이하기 표현하기 감상하기	[영역] 체험 표현 감상

미술교육에 있어 2019 개정 누리과정과 초등학교 교육과정은 공통적으로 미적인 탐색 과정과 다양한 방식의 표현, 심미적인 감상과 소통을 중심으로 내용을 구성하고 있다. 따라서 유아교육에서 이루어지는 미술교육은 이와 같은 내용체계에 근거하여 탐색, 표현, 감상으로 이루어지는 것이 바람직하다. 탐색은 감각적 · 직접적 경험을 통해 주변의 미적 특징을 지각하는 것이고, 표현은 시각적 · 공간적 · 조형적 형태로 창작하는 것이며, 감상은 표현된 작품이나 자연의 미적 가치를 느끼는 것이다.

미술교육에서 유아의 자유롭고 창의적인 표현 활동은 가장 주된 내용영역이 되어야 한다. 그러나 깊이 있고 의미가 있는 유아미술교육을 실시하기 위해서는 창의적 표현과 더불어 탐색과 감상 영역도 포함해야만 한다. 탐색, 표현, 감상의 내용영역들은 서로 독립적으로 분리되는 것이 아니라 서로가 연관되는 영역들로서 완전한 미술교육 프로그램이 되기 위해서는 이들 내용영역들이 통합되어야만 한다. 이들 내용영역에 포함되는 구체적인 교육 내용을 살펴보면 〈표 4-3〉과 같다.

표 4-3 유아미술교육 내용체계

내용영역	내용 요소
탐색	• 감각적 경험하기 • 자연과 주변 사물의 미적 요소 탐색하기 • 자신의 생각, 경험, 느낌 탐색하기 • 재료와 도구 탐색하기
표현	• 생각과 느낌, 상상을 시각적으로 표현하기 • 미적 요소와 원리를 경험하고 활용하기 • 재료와 기법, 과정을 이해하고 활용하기
감상	• 자연과 사물 감상하기 • 자신과 또래의 작품 감상하기 • 우리나라와 다른 나라 미술품 감상하기

1) 탐색

유아미술교육에서의 탐색은 감각적·직접적 경험을 통해 주변의 예술적 요소를 찾고 느끼며, 다양한 미술 재료, 매체와 도구들을 탐색하는 것을 의미한다(이영자, 이기숙, 이정욱, 2009).

2019 개정 누리과정(2019)에서는 유아가 자연과 사물에서 접하게 되는 다양한 미술적 요소에 대해 주의를 기울이고 반응하면서 아름다움을 느끼고, 그 아름다움을 만들어내는 미술적 요소들이 갖는 특징들을 발견하고 탐색할 수 있는 교육적 기회를 제공하는 것에 주안점을 두고 있다.

유아미술교육에 있어서 가장 기초적인 교육 내용은 감각을 통한 탐색 능력을 신장시키는 것이다. 유아는 보고 듣고 만지고 냄새 맡고 맛보는 등의 감각적 경험을 통하여 주변 세계를 지각하며, 특히 미술과 관련된 시각적 · 촉각적 특성의 이해 및 미적 요소의 탐색이 이루어진다. 감각기관을 활용하여 주변의 자극을 지각하는 것은 유아의 머릿속에 이미지를 형성시키는데 이는 곧 주변의 자극에 대해 느끼는 것, 생각하는 것이다. 그런데 미술교육에서의 탐색은 유아들이 기본적인 감각적 인식을 넘어 대상이 지닌 아름다움과 형태, 특성에 대해 지각하고 판단할 수 있도록 교육하는 것이다. 미술은 유아가 지닌 이미지를 조형언어를 사용하여 표현하는 것이기 때문이다. 미술 표현이 자신의 생각, 느낌을 볼 수 있는 형태로 다시 만들어 내는 것이라고 할 때, 이를 위해서는 주변의 여러 자극에 민감하게 반응하고 아름다움을 느낄 수 있는 것이 요구된다는 의미이다. 바람에 실려 오는 꽃향기를 맡고 느낄 줄 모르고, 햇빛에 눈부신 나뭇잎들의 다채로운 색깔이 주는 즐거움을 느낄 줄 모르면서 창의적인 표현을 하기는 어렵기 때문이다. 다음은 이러한 탐색 과정의 한 예(이정욱 외, 2007)이다.

교사는 유아들이 비 오는 날의 풍경을 여러 감각을 사용하여 탐색할 수 있도록 안내하였다. 유아들은 교실 창문에 맺힌 빗방울을 관찰하고, 비가 내릴 때 나는 소리를 듣고 신체를 활용하여 그 소리를 만들어 보았다. 또 손을 내밀어 비가 손에 닿을 때의 촉감을 느끼기도 하고, 동물들의 움직임을 떠올리며 빗물 위를 걸어 다니며 그 느낌을 표현하기도 하였다.

은기 : 교실 창문에도 비가 있어요.
교사 : 어떤 모양이니?
은기 : 길쭉해요. 동그라미 모양도 있어요.

교사 : 귀를 기울여 보자. 비가 내릴 때 어떤 소리가 나니?

정민 : '뚝뚝뚝뚝' 소리가 나요.

교사 : 비가 내릴 때 나는 소리를 내볼까?

교사 : 비가 손에 닿으면 어떤 느낌이 드니?

정은 : 차가워요.

명준 : 따가워요.

교사 : 빗물 위를 나비처럼 살살 걸어가 보자. 어떤 느낌이 드니?

은기 : 동그라미 모양이 생겨요. 점점 커져요.

교사 : 티라노사우루스처럼 첨벙첨벙 걸어가면 어떤 느낌이 들까?
한번 첨벙첨벙 걸어 볼까?

정민 : 물이 튀어요. 차가워요.

비 오는 날의 풍경을 여러 감각을 사용하여 탐색하며 느끼는 과정을 통해 유아들은 삶 안에 담겨있는 아름다움을 발견할 수 있게 된다. 또한 이것은 자신만의 창의적인 표현으로 자연스럽게 연결된다.

다음으로 미술 활동을 위한 유아의 탐색에는 표현 가능성에 대한 탐색이 포함된다. 표현 가능성 탐색이란 미술 활동에 필요한 표현 주제, 표현 기법, 표현 재료에 대해 그 다양한 가능성을 여러 가지 방법으로 탐색해 보는 것을 말한다(전성수, 이일우, 정옥란, 2001). 유아는 자연적인 호기심에 의해서 만져 보고 찢어 보고 두드려 보고 냄새 맡는 등 주변 세계에 대하여 열정적으로 탐색해 나간다. 탐색을 통해 재료의 특성을 충분히 알고, 어떻게 표현할 수 있는지의 기법을 알면 유아가 자신의 내적 세계 및 주변 세계를 자유롭고 자신감 있게 표현할 수 있게 된다. 또한 유아는 자신이 표현하고자 하는 대상을 탐색하고 경험하여 이에 대한 개념이 형성되었을 때 비로소 표현할 수 있게 된다. 표현은 자신의 감정, 경험한 세계들을 재해석하는 과정이므로 주변의 다양한 세계에 노출되고, 경험하고, 지각하고, 판단하면서 더욱 향상될 수 있다.

은기 : 비가 뚝뚝 떨어지기도 해요.
교사 : 뚝뚝 떨어지는 모습을 어떤 방법으로 표현할 수 있을까?
은기 : 붓을 톡톡 튀겨요.

교사 : 뾰족뾰족한 선이 있네.
태호 : 지지직 천둥 번개가 쳐요.

희우 : 빗방울이에요. 뚝뚝, 똑똑 떨어지고 있어요.

태연 : 종이를 길게 잘라붙여서 죽죽 비가 오는 걸로 할 거예요.

출처 : 탐색 · 표현 · 감상의 통합적 유아미술활동, pp. 72–82. 이정욱 외, 2007, 경기: 정민사.

유아의 열정적인 탐색의 질과 양은 교사들의 적절한 지도에 의해서 증진될 수 있다. 교사가 옆에서 관찰하고, 듣고, 느끼고, 냄새 맡고, 맛보도록 격려할 때 유아는 주변 환경의 특성에 보다 민감해진다. 교사는 유아들이 감각을 활성화할 수 있도록 다양한 감각적 탐색과 경험의 기회를 제공하고, 표현 가능성을 탐색하도록 지도해야 한다. 이 과정에서 유아들이 관찰한 것을 보다 숙달되게 기억해 내고, 선 · 색 · 형 · 질감 등의 미적 요소들을 보다 잘 이해하고 이야기하며 사용할 수 있도록 하는 것이 필요하다. 또한, 자연과 인간의 창조물 속에서 미적 요소들을 인식하고 구별할 수 있도록 도와야 한다.

다음의 〈표 4–4〉는 유아의 탐색을 촉진하는 교사의 지도 방법의 예시이다.

표 4-4 유아의 탐색을 촉진하는 교사의 지도 방법

- 점토 놀이를 하며 질감을 탐색하기
  - 손으로 점토를 만져 보자. 이것과 비슷한 촉감의 물건에는 무엇이 있을까?
- 손가락으로 나뭇잎의 선 느끼기
  - 눈을 감고 손가락으로 나뭇잎의 선을 느껴보자. 머릿속에 선이 그려지니?
- 꽃향기를 맡고 비슷한 이미지의 명화 카드 고르기
  - 꽃의 향기를 맡아보자. 무엇이 떠오르니? 비슷한 느낌의 명화카드를 골라볼까?
- 여러 가지 모양 틀로 주변 사물 바라보기
  - 네모난 틀로 하늘을 보자. 어떻게 보이니?
- 물감의 색 변화 탐색하기
  - 파란색 물감을 팔레트의 각 칸에 짜보자. 파란색 물감에 흰색 물감을 조금씩 섞어볼까? 색이 어떻게 달라지니?
- 붓의 여러 면으로 선 그리기
  - 붓의 끝부분으로 그리면 어떤 선이 나타날까? 붓의 납작한 부분으로는 어디를 칠하면 좋을까?

2) 표현

재료와 도구를 가지고 보고 느끼고 생각한 것을 자유롭게 표현하는 활동은 유아의 미술교육에 있어 가장 중심이 되어야 한다. 유아는 선 · 색 · 형 등의 미적 요소를 사용하여 자신의 경험과 생각과 느낌을 시각적으로 나타낸다. 예를 들어, 자신의 생각을 어떠한 형태와 색을 사용해서 표현할 것인가를 결정해야 하며, 이러한 과정에서 같은 점, 차이점, 크기, 질감, 색 등을 지각하게 되고 주변 세계에 대한 지각적 민감성을 발달시키게 된다(이영자, 이기숙, 이정욱, 2009). 2019 개정 누리과정(2019)에서는 미술 활동으로 표현하는 것은 자유로운 표현 기회를 제공할 뿐 아니라, 표현 과정에서 즐거움을 느끼며 만족감과 자신감을 경험하고 미적 감각 및 창의성을 발달시키는 데 중요한 가치가 있다고 하였다.

유아의 표현 활동은 자신이 경험한 것, 느낀 것, 자신에게 중요한 사람이나 대상들로부터 시작한다. 비행기를 한 번도 보지 못한 유아는 비행기가 무엇인지에 대한 개념 자체가 없으므로 그리거나 만들기가 어려운 것처럼 유아가 직접 경험하지 못한 것을 그리거나 만들기는 어렵다. 따라서 교사는 유아에게 개인적인 경험의 폭을 넓힐 수 있는 기회를 제공하고, 자신의 경험과 관련해서 표현 활동을 하도록 도와주어야

한다. 예를 들어 유아가 건물을 표현하려고 한다면, 작품을 만들기 전에 설계도를 그려보게 하거나 건물의 사진을 비교할 기회를 제공하는 것이 좋다. 창문과 문은 어떻게 생겼는지에 대해 자세하게 관찰할 기회도 제공해야 한다. 이 과정을 통해 유아들은 한 종류의 창문과 다른 창문, 그리고 굴뚝과 다른 집의 지붕의 차이점을 조사하고 모양과 색, 공간 구성에 있어 사물을 보는 방법에 대한 구체적인 정신적 이미지를 구축할 수 있게 된다. 이와 같은 방식으로 표현 활동이 진행될 때 유아는 자신이 내린 결정을 통해 모양과 색에 대한 인식을 확장시킨다. 건물 안에 표현한 창문과 문이 특별하고 개인적인 것으로 인식되는 것이다. 이와 함께 유아가 자신의 생각, 경험, 감정 등을 적절하고 효과적으로 표현하기 위해서는 여러 가지 방법들이 사용될 수 있음에 유의하여 유아의 독특한 자기표현을 위해 필요한 방법 및 기술들을 가르쳐야 한다. 다음의 〈표 4-5〉는 유아의 표현 활동을 지원하는 과정에서 교사가 할 수 있는 반성적 질문이다.

표 4-5 유아의 표현 활동 지원 과정에 대한 교사의 반성적 질문

유아의 표현 활동을 지원하는 과정에서 교사는 스스로에게 다음과 같은 질문을 할 수 있다.

- 미술 활동을 통해 유아의 표현을 어떻게 발전시킬 수 있을까?
- 유아가 주변 환경을 인식하도록 지원하는 방법에는 어떤 것이 있는가?
- 유아가 다양한 방법으로 실험하고 시도하도록 돕기 위해 무엇을 할 것인가?
- 표현 과정에서 유아가 자신의 감정을 표현하도록 돕기 위해 어떠한 방식으로 격려할 것인가?
- 유아가 선과 색, 질감 등의 미적 요소를 고려하여 표현하도록 돕기 위해 교사는 무엇을 할까?
- 유아들의 표현 기술과 표상 수준을 향상시키려면 무엇을 제공하는 것이 필요한가?

유아에게 표현 기법이나 매체 활용 방법을 안내할 때에는 교사의 생각을 강요하고 간섭하기보다는 유아가 편안한 마음으로 탐색하고 조작하고 관찰을 통해 표현할 수 있도록 허용적인 분위기를 만들어 주는 것이 중요하다. 이를 위해 교사는 미술 활동을 계획하여 실행하는 과정을 재평가하고, 유아가 미술기법을 활용하여 작품을 만들 때 최종 결과물에만 초점을 둘 것이 아니라 작품이 만들어지는 과정에 초점을 두고 유아와 이야기할 필요가 있다. 과정에 집중할 때 유아의 개성과 창의성은 중요한 요소가 될 수 있다. 유아를 둘러싼 환경이 따뜻하고 지지적이며 수용적일 때, 유아는

자유롭게 즐기면서 표현 활동을 하고 여러 종류의 미술 재료들을 사용할 수 있다. 다음의 〈표 4-6〉은 유아의 표현을 격려하는 교사의 상호작용이다.

표 4-6 유아의 표현을 격려하는 교사의 상호작용

- 작품의 미적 요소
  - 움직이는 사람처럼 보이려고 한쪽 팔은 위로, 다른 쪽 팔은 아래로 향하게 했구나.
  - 쭉 뻗은 선과 구불거리는 선을 같이 사용해 나무를 그리려고 노력하고 있구나.
- 재료와 도구의 창의적 활용
  - 물감 위를 포크로 긁어서 그리니 사자 갈기가 정말 날카로운 선처럼 보이는구나.
- 표현 과정에서의 노력
  - 숟가락을 이어 붙여 조각품을 만들다니 정말 새로운 생각이다.
  - 거북이 등이 울퉁불퉁하게 보이는구나. 어떻게 한 것인지 이야기해줄래?

일반적으로 유아교육 현장에서 실시되는 표현 활동은 그리기, 찢기 · 자르기 · 붙이기, 찍기(판화), 입체물 구성하기, 인형과 가면으로 분류되어 왔는데, 최근에는 디지털 미디어를 사용하여 시각적 이미지를 만드는 활동을 포함한다(Schirrmacher, 2014). 유아의 창의적인 표현 활동은 이들 평면 활동과 입체 활동 모두를 포함해야 한다(제7장 참조).

3) 감상

감상은 자연과 사물, 예술품, 자신 또는 또래의 작품 속에서 아름다움을 인식하고 이해하는 내용영역이다. 2019 개정 누리과정(2019)에서는 예술 감상을 통해 예술적 요소에 대한 감각을 발달시키고 이를 적극적으로 표현하는 과정에서 자신과 또래, 다른 성인의 예술 작품에 대해 흥미를 갖게 하는 것에 주안점을 두어야 한다고 하였다.

미술 감상은 유아와 가까운 생활 속에서 시작할 수 있다. 유아가 접하는 자연에서 미적 특징을 찾아보고, 어떤 것을 아름답게 느꼈으며, 왜 아름다운가를 생각해 보는 것에서 출발할 수 있다. 유아가 미술 작품이나 시각적 이미지에 대해 갖는 즉흥성, 감수성 같은 것이 학교교육과 더불어 소멸되어 가기 때문에 가급적 어린 나이에 다양한 작품이나 이미지에 접촉하는 것이 중요하다. 여러 장르의 작품을 자주 보며 친숙해지게 하고 감성을 키워 나가게 해야 한다.

명화가 있는 놀이터

유아는 미술 작품이나 시각적 이미지, 사물 등을 감상하면서 미술이 특정 시대와 장소, 사람들의 문화를 반영한다는 것을 알게 된다. 형태와 색채를 이용하여 우리의 생각과 감정을 표현하는 조형예술로써 미술은 모든 문화에서 필수적으로 나타나며, 그 시대의 문화를 기록하고 반영하기 때문에 다양하고 깊이 있는 문화적 가치들과 신념들을 직접적으로 제공하는 도구가 된다(이정욱, 박미라, 2002). 유아는 미술 작품을 통해 특정 시대 및 장소에서 살았던 사람들이 어떤 식으로 옷을 입었으며, 어떻게 살았는지, 또는 무엇을 좋아했었는지 등을 알 수 있다. 또한 미술 작품을 감상하며 미술가들의 다양한 표현 양식을 접할 수 있게 되고, 자신의 느낌과 생각을 표현하는 것에는 여러 가지 방법들이 있음을 인식하게 된다.

교실 내에 조각품이나 그림, 사진을 전시하거나 인터넷을 이용해 찾아보고 가까운 미술관이나 박물관을 방문함으로써 유아는 미술 작품과 긍정적이고 적절한 최초의 만남을 할 수 있다. Feeney와 Moravcik(1987)은 다양한 예술적 특성을 지닌 미술 작품들을 교실에 제시하여 유아들이 훌륭한 작품에 접할 수 있을 때 창의적인 표현 능력도 증가된다고 제안한다.

유아는 교사의 사려 깊은 지도에 의하여 여러 형태의 시각적 이미지나 미술 작품을 감상하고 이에 대해 느끼고 이해할 수 있다. 감상은 감각과 지각을 통해 미를 즐기고 작품의 미적 · 문화적 · 역사적 가치를 느끼고 판단하고 이해하는 내면화 과정이므로, 본질적으로 통합적인 특성을 지닌다(임정기, 이성도, 김황기, 2006; 한국미술교과교육학회, 2004). 따라서 유아의 작품 감상은 감상만을 단독으로 실시하기보다 일상생활 속에서의 경험, 느낌, 생각과 연결된 탐색 및 표현 활동과 함께 이루어질 때 효과적이다.

또한 유아의 반응을 촉진시킬 수 있는 적절한 교수 전략을 사용하여 자신들이 주의 깊게 본 것에 대해 이야기하고, 선호와 평가를 말하도록 한다면 유아들은 자신이 느끼고 지각한 것을 언어로 표현할 수 있고 미적 관심이 증가하고 미적 요소에 대한 언어적 반응도 증가한다(구현주, 2001; Cole, 1985; Schirrmacher, 2006). 그러나 대부분의 교실에서는 미술 작품이나 시각적 이미지를 보고 이에 대해 이야기를 나누고 싶어 하는 유아의 자연적인 흥미를 포착하지 못하고 놓치는 경우가 많다. 그 결과 유아는 미술을 통해서 지적 기능을 확대시키고 의미를 구성하며 미적 감수성을 향상시킬 수 있는 기회를 잃게 된다.

미술 작품이나 시각적 이미지에 대해 이야기하는 기회를 제공하는 일이 형식적인 절차와 방법에 따라 언어적인 반응을 이끌어내는 것을 의미하지는 않는다. 이것은 미술에 대해 느끼고, 생각한 것을 공유하는 과정이다. 따라서 미술의 의미, 미술 작품이나 광고 등의 시각적 이미지가 만들어진 맥락, 아름답다고 느끼는 것들에 대한 생각, 유아들에게 새로이 제공하는 매체나 미술 기법 등에 대해 이야기하는 것으로 시작할 수 있다(Adejumo, 2002). 감상을 처음 시작하거나 연령이 어린 유아들에게 작품 속의 인물이나 사물처럼 표현하도록 하거나, 수수께끼나 스무고개처럼 단서를 하나씩 추가하여 맞추는 방법 등 게임을 활용할 수도 있다.

다음은 유아들과 함께할 수 있는 감상 활동의 예시로 자화상에 대해 이야기하는 과정이다. 자신의 얼굴표정을 찍은 사진에 대한 감상, 자신과 친구들이 그린 그림에 대한 감상, 화가들이 그린 그림에 대한 감상으로 이루어졌으며, 감상 활동은 탐색과 표현 활동과 연결되어 이루어졌다.

그림을 넣지 않은 액자를 제공하고 유아들이 액자 안에 들어가 다양한 얼굴표정을 짓는 장면을 사진기로 담아 유아들의 사진을 보면서 서로 다른 얼굴 형태와 표정에 대해 이야기를 해본다.

- 슬퍼 보이는 얼굴은 누구 얼굴이니? 슬플 때 얼굴표정은 어떠니?
- 기쁠 때는 눈썹이 어떻게 될까?

– 아주 신이 난 것 같은 얼굴은 누구 얼굴이니? 무엇을 보고 알았니?

이 과정에서 '기쁠 때', '놀랐을 때', '슬플 때' 등 다양한 감정들이 나타나는 사진 속에서 각 유아들이 느낀 감정에 대해 구체적으로 이야기해 본다.

– 어떤 일 때문에 놀랐었니?

– 놀랐을 때 처음에는 기분이 어땠니?

– 계속해서 같은 기분이었니? 아니면 기분이 달라졌니?

유아들이 자신들의 얼굴표정을 찍은 사진에 대해 감상하는 과정에서 미적 요소나 감정에 대한 언어적 표현과 탐색이 함께 나타났으며, 다음 활동은 감상하고 탐색한 내용을 기초로 이를 어떻게 얼굴 표현과 연결시킬지에 초점을 두고 이어졌다. 유아들은 표현 과정에서 어떤 상황과 감정을 표현하려고 하는지를 서로 설명하며 그림으로 표현하였다.

교사는 유아들이 자신의 얼굴을 표현한 후 작가들의 초상화 작품을 제시하여 유아들의 경험에 비추어 미술 작품을 감상하고 해석하는 경험을 제공하였다.

– 그림 속에 있는 사람을 보니 제일 먼저 어떤 생각이 드니?

– 저 사람은 눈썹이 어떻게 생겼니?

– 어디를 보고 있니?

– 어떤 기분인 것 같니?

– 너희들이 생각하기에, 왜 저 사람은 자기를 저렇게 그렸을까?

– '초상화' 또는 '자화상'이라는 이야기를 들어 본 적이 있니?

– 사람들의 얼굴이나 모습을 그린 것을 '초상화'라고 하는데, 그중에서도 화가가 자기 모습을 그린 것을 '자화상'이라고 해.

– 잘 그렸다고 생각하니?

미술 작품이나 유아 주변의 사물, 자연물, 시각적 이미지에 대해 이야기하는 것은 '유아가 감상 대상에 대해 무엇을, 어떻게 느끼는가?'에 대답하는 과정으로 이해할 수 있다. 따라서 감상 대상을 주의 깊게 보고, 느끼며, 다른 이미지와 유사한 특성이나 다른 점을 발견하는 과정을 통해 유아가 지각한 선, 모양, 색, 질감, 공간 등의 미적 요소와 작품의 의미를 생각하고 표현하는 기회가 되도록 한다. 유아들과 감상 시에 유의할 점은 다음과 같다.

첫째, 유아 주변을 둘러싼 다양한 시각 이미지와 미술 작품에 대해 충분히 감상할 기회를 제공한다. 감상 과정에 단계가 있는 것이 아니므로 유아가 작품의 특성에 초점을 두어 감상하도록 상호작용하는 것이 좋다. 이를테면 선이나 모양 등 미적 요소가 강조되는 경우에는 작품 속에 드러나는 미적 특성을 중심으로 이야기해 본다. 그림을 전체적으로 보며 작품 안에서 발견한 물체나 사건을 유아의 경험과 연결 지어 보거나 화가의 관점을 유추하도록 할 수도 있다. 즉 유아들과 감상을 할 때에는 이야기 나누는 주제가 그림이라고 생각하며 유아의 반응에 맞추어 이야기를 진행하여 교사 지시적이거나 주입식의 활동이 되지 않도록 유의하는 것이 중요하다.

둘째, 유아가 자신의 느낌과 선호, 미적 판단을 다양한 방식으로 나타낼 기회를 제공한다. 예를 들어 작품 안에서 두드러지는 미적 요소를 몸으로 표현하기, 작품 속 인물에게 궁금한 점을 인터뷰를 하거나 작품 속 인물이 되어 보기, 그림 안 세상과 그림 밖의 세상을 연결하여 놀이하기 등 놀이와 체험을 활용하는 다양한 감상 형태를 활용하는 것이 좋다. 이러한 경험을 통해 유아는 미술 작품에 대한 감상을 즐기고, 각 작품의 미적 특성을 보다 구체적으로 느끼며 사고의 폭을 넓힐 수 있다.

셋째, 유아의 작품에 대해 감상할 기회를 충분히 제공한다. 유아가 표현 활동을 시작할 때부터 미술 영역의 벽면에 작품을 붙여두고 함께 감상하며 제작 과정을 공유하도록 할 수 있다. 유아들이 공동으로 전시 방법을 계획하도록 하여 전시와 감상을 연계할 기회를 제공하면 주변 환경과 자신들의 작품 사이의 관계에 관심을 갖고 주도적으로 미술 활동에 참여하는 계기가 될 수 있다.

넷째, 지역사회 소재의 미술관이나 박물관 등 문화예술기관을 방문하여 감상을 하는 경우 질적으로 훌륭한 작품을 직접 경험할 수 있으며, 유아가 문화적 유산의 가치에 대해 인식하는 계기가 된다.

유아의 작품 감상을 돕기 위해서는 미술관 방문 전에 교실에서 미리 감상할 기회를 제공하고, 미술관 관람 시에는 사전에 교실에서 감상한 작품을 중심으로 미적 요소 찾아보기, 마음에 드는 작품 토의하기, 작품에 대한 느낌을 신체로 표현하기 등을 통해 주의 깊게 감상할 기회를 제공한다.

다음은 유아들과 미술 작품에 대해 이야기할 때 활용 가능한 틀이다(Roy, Baker, & Hamilton, 2015).

표 4-7 유아들과 미술 작품에 대해 이야기하기

질문 요소	유아	교사
감각적 경험	무엇이 보이는지 묘사한다(보이는 것의 이름). 주변에 비슷하게 느껴지는 것이 있는지 주의 깊게 살펴보고 다시 이야기 나눈다. • 그림 속에서 본 것을 모두 이야기해 보자. 처음에는 잘 안 보였지만 자세히 보니 어떤 것이 보이니? • 그림 속에서 어떤 소리가 들리는 것 같은지 이야기해 볼까? • 그림 속에 네가 잘 모르는 것이 있니?	작품 속에 유아에게 친숙하지 않은 물체나 사람이 있으면 유아가 이해하도록 돕는다.
범주화 / 분류	작품 안에서 혹은 작품 사이에 비슷하거나 다른 점에 초점을 두고 생각해 보도록 한다. • 네가 보고 있는 것 중에 서로 관계가 있는 것처럼 보이는 것이 있니? • 이전에 본 적이 있는 것은 무엇이니? • 이것들은 모두 무엇일까? • 비슷한 무늬는 어떤 것이니?	중요한 사건이나 이야기, 상징이 있으면 소개한다.
미적 요소	색, 선, 형, 질감, 공간, 명암 등 작품에 나타난 미적 요소를 묘사해 본다. • 눈으로 이 선을 따라가 보자. 어떻게 움직이니? • 손가락으로 이 선이 어떻게 움직이는지 같이 움직여 볼까? • 빨간색 모양을 볼 때마다 손뼉을 쳐보자.	색을 통해 느껴지는 기분, 선이 주는 운동감, 그림 속에서 느껴지는 촉감 등 미적 요소에 대해 충분히 표현할 수 있도록 돕는다.
작품의 특성 (화가의 관점)	작품의 특징이나 화가의 관점에서 유추하고 해석해 본다. • 어떻게 이렇게 만들었을까? • 제목이 무엇인 것 같니? • 왜 이렇게 그렸을까? • 어떤 사람을 생각하며 그렸을까?	필요한 경우 화가의 배경이나 시대적 특징, 작품의 특성에 대해 소개한다.
개인적 반응	유아들이 모두 같은 방식으로 느끼는지, 서로 다르게 느끼는지 의견을 나눌 수 있도록 한다. • 어떤 기분이 드니? • 어떤 이야기를 하는 것 같니? • 이 작품을 다시 보고 싶니?	유아들이 그림에 대해 느낀 점이나 생각을 브레인스토밍해 보도록 할 수 있다.

출처: Teaching the arts: Early childhood and primary education(2nd ed.), pp. 250–251, by D. Roy, W. Baker, & A. Hamilton, 2015, Melbourne, Australia: Cambridge University Press.

다지기

<표 4-7>(p.105)의 질문요소를 참조로 아래의 작품을 감상해 봅시다. 이 작품들이 경매에 나온다면, 얼마에 낙찰될까요? 왜 그렇게 생각하는지 감상한 내용을 기초로 이야기해 봅시다.

레오나르도 다빈치, 모나리자,
1503년–1506년경으로 추정

예상 낙찰가 :

감상 :

마르셀 뒤샹,
L.H.O.O.Q., 수염 난 모나리자, 1919

예상 낙찰가 :

감상 :

마르셀 뒤샹, 샘, 1917

예상 낙찰가 :

감상 :

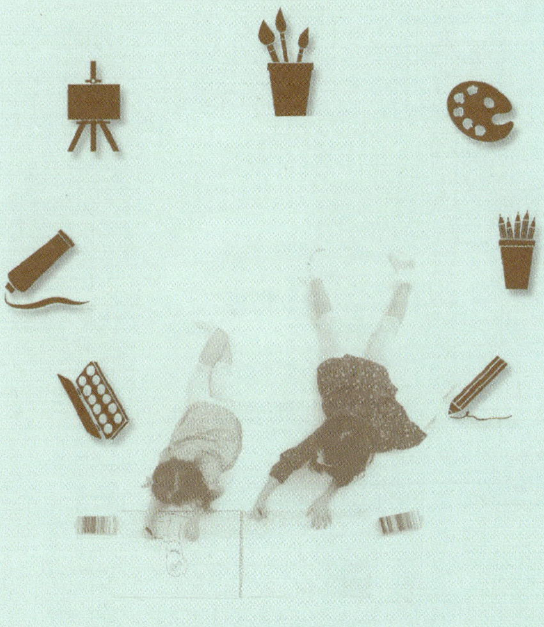

CHAPTER

5

유아미술교육의 통합적 접근

미술교육 내용을 전체적인 틀로 삼고 이에 기초하여 계획된 유아의 미술적 경험들은 유아교육과정 안에서 통합적으로 실행되어야 한다. 유아의 자연스러운 학습이 교과 영역으로 분리되는 것이 아니라 통합적으로 이루어지며, 미술 활동을 하면서 타 교과 영역의 주된 개념과 기능들이 함께 학습될 수 있으므로 미술교육과정의 운영은 통합적 접근이 요구된다. 유아미술교육의 통합적 접근은 미술교육 내용영역 간의 통합, 다른 교과 영역과의 통합, 그리고 주제중심의 통합을 생각해 볼 수 있다.

이 장에서는 어떻게 유아교육과정 내에서 미술을 통합할 수 있는지를 설명하고자 한다.

들어가기

● 쇼팽의 <빗방울 전주곡>을 들어 봅시다.

☞ 빗소리를 색으로 표현한다면 어떻게 표현할 수 있을까요?

☞ 빗방울 전주곡의 리듬을 선이나 점으로 표현한다면 어떻게 표현할 수 있을까요? 종이 위에 음악의 느낌을 점, 선, 면으로 표현해 봅시다.

● 인터넷으로 빗방울 전주곡과 어울리는 명화 그림을 찾아봅시다.

☞ 그림에 어떤 이야기가 담겨 있을 것 같은가요?

☞ 무엇을 보고 그렇게 생각했나요?

☞ 그림을 보며 이야기를 꾸며 볼까요?

예시

G. Caillebotte – L'Yerres, pluie / 1875 / Musée de Louvre (Salle des Rubens)

● 몸으로 빗소리를 표현한다면 어떻게 표현할 수 있을까요? 음악을 들으며 표현해 봅시다.

1. 미술교육 내용영역 간의 통합

유아미술교육의 내용영역은 탐색, 표현, 감상으로 구성되며, 이들 내용영역들은 모두 서로 관련되므로 각각 독립된 활동으로 분리되기보다는 통합적으로 제시되어야 한다.

유아의 미적 표현은 대상을 어떻게 지각하는가에 따라 달라지며, 유아는 감각적 탐색을 통해 대상을 지각하게 된다. 탐색을 통한 지각력의 발달은 미술 작품을 포함한 주변 환경의 미적 특질에 예민하게 반응할 수 있게 한다. 지각적 민감성은 또한 표현 활동 및 광범위한 미술 작품을 접하고 감상하는 과정을 통해서도 신장된다.

감상은 유아에게 대상을 지각하는 다양한 방법, 여러 가지 표현 양식 및 기법을 인식하게 하며, 이는 다시 유아의 표현에 영향을 미치게 된다. 여러 연구들(임수진, 1998; 임경애, 2000; Douglas & Schwartz, 1967)은 미술 작품의 감상이 미술에 대한 유아의 흥미와 참여를 자극할 뿐만 아니라 미술에 대한 이해를 발달하게 하며 창의적인 표현 능력을 발달시킨다고 제시하고 있다.

이와 같이 탐색, 표현 및 감상은 서로가 밀접하게 연관된다. 이수연(2002)은 탐색, 표현, 감상을 통합한 접근방법이 유아의 미적 반응 및 표현 능력에 긍정적인 영향을 미쳤음을 보고하면서 이들 내용영역 간의 통합적 접근을 강조하고 있다. 내용영역 간의 통합은 탐색한 후, 표현하고 감상하는 순서로만 전개되는 것은 아니다. 활동의 특성이나 주제에 따라 감상하고 탐색한 후 표현하기로 전개할 수도 있고, 탐색과 감상, 탐색과 표현 등이 함께 이루어질 수 있다. 다음은 탐색, 표현, 감상이 통합된 미술 활동의 예이다. 이 책의 제10장 활동 실제 편에 제시된 활동들은 모두 탐색, 표현, 감상이 통합적으로 이루어지도록 구성하였다.

탐색, 표현, 감상의 통합적 활동의 예

활 동 명 • 바퀴를 굴려요.

활동목표 • 움직임과 나타나는 흔적과의 관계를 이해한다.
• 바퀴의 움직임을 통해 선을 탐색한다.
• 새로운 형태의 미술 표현을 경험한다.

활동방법

| 탐색 |

• 세발자전거를 타면서 진흙 바닥에 생기는 바퀴 자취를 탐색한다.
  - 앞으로 계속 갈 때 어떤 선이 생기니?
  - 앞으로 가다가 오른쪽, 왼쪽, 다시 오른쪽으로 갈 때는 어떤 선이 만들어지는지 살펴보자. 비슷하게 생긴 선을 본 적이 있니?
  - 똑바로 쭉 갈 때와 이쪽저쪽으로 움직이면서 자전거를 탈 때 만들어지는 선은 어떻게 다르니?
  - 내가 지나간 자리 위로 다른 친구들이 지나갈 때 어떤 선이 만들어질까?
  - 물결 모양의 선을 만들려면 어떻게 움직이면 될까? (유의점 : 바닥이 젖은 상태일 때 선을 나타내는 자국이 분명하게 나타난다.)

자전거 바퀴 자국 탐색

• 바퀴를 이용해서 종이 위에 여러 가지 선을 만들 수 있는 방법을 탐색한다.
  - 장난감 자동차의 바퀴로 종이 위에 선을 만들려면 어떻게 할까?
  - 너희들이 만들고 싶은 선을 어떻게 만들 수 있을까?

| 표현과 감상 |

바퀴 굴려 선 만들기

- 재료 : 전지 여러 장, 접착용 테이프, 여러 종류의 자동차, 크고 작은 바퀴가 있는 놀잇감, 물감을 묻힐 수 있는 큰 쟁반, 포스터컬러 기본색, 음악(경쾌한 곡)
- 바퀴에 물감을 묻힌 후 전지 위에 바퀴를 굴려 본다.
- 찍혀 나오는 선의 모양을 탐색한다.
  - 바퀴를 굴리니까 뭐가 생겼니?
  - 어떤 모양이니?
- 바퀴의 모양과 개수가 다른 여러 놀잇감을 굴려 본다.
  - 음악을 들려주어 유아들이 즐겁게 움직일 수 있도록 한다.
  - 한 가지 색이 묻어 있는 바퀴에 다른 색의 물감을 묻힌 후 굴려 다양한 색의 선과 모양을 만들어 본다(유의점 : 바퀴 전체에 물감을 골고루 묻혀야 선의 형태가 잘 나온다. 자동차마다 다른 색의 물감을 묻혀 형태의 구분을 쉽게 한다).
- 충분히 활동이 진행된 후에 여러 색의 바퀴와 선들을 보면서 이야기 나눈다.
  - 어떤 선이 가장 마음에 드니?
  - 보니까 어떤 기분이 드니?
- 유아들이 마음에 드는 선을 따라 움직여 본다.
  - 쭉 뻗어 있는 길을 찾아서 움직여 보자.
  - 구불구불 지렁이처럼 생긴 길은 어디에 있을까?
  - 제일 마음에 드는 선을 따라 걸어가 보자.

마음에 드는 선 따라 움직이기

| 감상과 표현 |

- 자료 : 잭슨 폴락 〈작품 31〉, 1950
- 재료 : 두꺼운 전지 여러 장, 포스터 컬러, 붓, 물감을 풀 그릇, 테니스공
- 잭슨 폴락의 〈작품 31〉을 보면서 이야기를 나눈다.
  - 무엇이 보이니?
  - 선들이 어떤 색깔이니?
  - 가장 두꺼운 선은 어떤 것이니?
  - 이 화가는 그림을 그릴 때 어떤 기분이었을까?
  - 이 그림을 본 너희들의 느낌은 어떠니?
  - 이 그림에 제목을 붙인다면, 무엇으로 하면 좋을까?

잭슨 폴락 〈작품 31〉 감상

- 잭슨 폴락의 액션 페인팅 기법을 간단히 설명한다.
  - 이 그림은 어떻게 그렸을까?
  - 이 그림은 바닥에 그림 그릴 천을 펼쳐 놓고 그 위로 움직여 가면서 물감을 떨어뜨리거나 흘러내리게 해서 그림을 그렸단다. 움직일 때마다 떨어지거나 흘러내린 물감들이 여러 번 반복되어서 그림이 만들어졌단다.
  - 우리는 도화지를 펼쳐놓고 공을 움직여서 그림을 그려 보자.
- 테니스공을 굴려 여러 가지 선으로 그림을 그린다.
  - 실외놀이 영역 또는 교실의 넓은 영역에 전지를 여러 장 깐다.
  - 공을 담글 수 있는 크기의 그릇에 물감을 풀어 몇 가지 색을 만든다.
  - 테니스공을 물감 그릇에 넣어 색을 묻힌다.
  - 여러 명의 유아들과 함께 물감

테니스공으로 그린 선

묻은 테니스공을 여러 방향에서 굴려 전지 위에 다양한 선을 만든다.

- 테니스공에 털실을 감아 굴려 보면서 어떤 무늬가 나타나는지 살펴본다.

• 유아들이 만든 작품에 제목을 붙이고 이야기를 나눈다.

- 네가 만든 작품의 제목은 무엇이라고 붙였니? 왜 그렇게 붙였니?
- 여기서 가장 눈에 잘 보이는 선은 어떤 것이니?
- 꼬불꼬불한 선을 찾아보자.
- 자전거가 똑바로 쭉 갈 때 만들어진 선과 같은 선을 찾아보자.
- 춤추는 것처럼 보이는 선은 어떤 것이니?
- 기분이 좋아 보이는 선은 어떤 것이니? 왜 그렇게 생각했니?

2. 미술과 다른 교과와의 통합

다른 교과 간의 통합은 한 교과에서의 학습을 활용하여 다른 교과로 전이되도록 하는 방법이다. 교과 간의 통합은 모든 지식과 학습이 상호 연계되어 있음을 유아가 인식하게 한다.

미술과 다른 교과를 통합하는 방법은 두 가지로 생각할 수 있다(이정욱, 2003). 첫째, 미술이 다른 교과를 가르치기 위한 수단으로써 통합되는 것이다. 교사는 다른 교과 학습의 내용을 우선 고려하고 이를 가르치기 위해서 미술 활동을 구성하므로 미술이 다른 교과 학습을 위한 수단이 된다. 예를 들어, 유아의 숫자 학습을 돕기 위하여 '숫자를 이어서 그림 그리기' 활동을 하는 것이다. 또는 유아의 '순서 짓기' 학습을 위하여 도화지에 '나뭇잎을 크기 순서대로 배열하여 구성하기' 활동을 하는 것이다. 이러한 미술과 수학의 통합 방법은 유아교육 분야에서 많이 찾아볼 수 있다. 이는 미술의 다 감각적 측면이 유아의 발달 특성에 부합하며 유아에게 흥미를 불러일으키므로 동기유발이 쉽기 때문이다. 이 경우 미술 활동이 다른 교과 학습을 재미있게 할 수 있도록 하지만 미술이 다른 교과에 대해 부수적인 위치에 있게 되며, 미술적 내용에 대한 고려는 간과할 수 있다는 문제점이 있다.

또 다른 통합 방법은 미술과 다른 교과 간에 공유하거나 연계할 수 있는 내용을 찾고, 사고나 개념의 형성을 이끌어 주는 관계를 찾아 이를 중심으로 통합하는 것이다. 예를 들면, 미술과 과학은 모두 세밀한 관찰 기술을 요구한다. 또한 형태는 수학과 미술, 모두에서 중요한 학습 내용이 된다. 패턴은 미술, 음악, 수학, 과학, 문학에서 공통되게 중요한 학습 내용이다. 이와 같이 미술과 다른 교과에서 중복되는 개념이나 연계되는 내용을 중심으로 다른 교과와 통합이 실시되면 미술 자체의 특성에 대한 학습이 곧 다른 교과 내용의 학습을 명료하게 하고 증진시킬 수 있다. 이 경우에 미술과 다른 교과는 서로를 보완해 주는 대등한 입장에서 통합하게 된다. 지금까지 실시되어 온 연구들에 따르면, 공통된 인지적 요소를 지니고 있거나 또는 근간이 되는 추상적 구조를 공통적으로 지니고 있는 과제들에서 학습의 전이가 보다 잘 이루어진다 (Singley & Anderson, 1989).

미술과 다른 교과와의 통합은 미술에서의 학습을 풍성하게 함과 동시에 다른 교과를 학습할 수 있도록 해야 한다. 이는 미술이 단순히 다른 교과를 학습하기 위한 도구에만 그치지 않아야 한다는 것이다. 종이 접시를 사용하여 무당벌레를 만드는 활동의 경우, 선을 그어서 접시를 반으로 나눈 후에 양쪽 편에 각각 검은색 동그라미를 5개씩 붙이고 다리를 4개씩 붙이는 것을 생각해 보자. 교사는 이 활동이 미술과 수학을 통합한 활동이라고 생각한다. 미술 활동을 하면서 무당벌레의 점과 다리의 개수를 헤아리고 간단한 덧셈을 하는 수학적 개념 및 기술이 포함된다고 본다. 그러나 미술 학습이란 측면에서 보면, 이 활동은 유아에게 미술적 이해나 자기표현의 경험을 제공하지 못한다.

다음은 수학과 미술에서 공통되게 중요한 학습 영역인 '형태'를 중심으로 실시된 미술과 수학의 통합 활동의 예이다. 미술에서 형은 미적 요소 중의 하나이며, 수학에서 형에 대한 이해는 기하의 주된 내용영역 중의 하나이다. 미술과 수학은 모두가 형의 특성을 탐색하고 이를 표상할 방법을 찾는다.

미술과 수학의 통합적 활동의 예

활 동 명 • 조각보 만들기

활동목표 • 기본 도형(삼각형, 직사각형, 정사각형)을 인지하고 특징을 안다.
• 기본 도형을 활용하여 연속적인 패턴을 만들 수 있다.
• 형이 감정을 불러일으킴을 안다.

활동자료 우리나라 전통 보자기, 다양한 모양(정사각형, 삼각형, 직사각형)의 시트지, 여러 색의 종이(바탕판이 될 종이), 가위, 다용도 풀

활동방법

| 탐색과 감상 |

• 여러 기하도형과 다양한 색으로 구성된 우리나라의 전통 보자기를 보면서 이야기를 나눈다.
  - 이 보자기에는 어떤 모양이 있니? (이리저리 돌려보면서 여러 모양을 탐색한다.)
  - 이 모양과 이 모양은 어떻게 다르니?
  - 이 모양은 어떻게 만들어졌니? (예를 들면, 직각 삼각형 두 개가 합쳐져서 직사각형을 만든다.)
  - 이 보자기를 보니까 어떤 느낌이 드니?
  - (다른 보자기와 비교하면서) 이것과 이것을 볼 때 느낌이 어떠니? 왜 느낌이 다른 것 같으니? (혹은 같은 것 같니?)
  - 이 보자기가 마음에 드니? 어떤 점이 마음에 드니?

보자기를 탐색하는 모습

| 표현과 감상 |

유아 작품 : 조각보

- 다양한 모양의 시트지를 이용해서 예시된 보자기를 참고로 자기가 원하는 형태의 보자기를 만들어 본다.
  - 어떤 색의 도화지로 보자기 바탕을 하고 싶니?
  - 어떤 모양을 사용해서 보자기의 무늬를 만들고 싶니?
- 잘라놓은 시트지의 모양 대신 유아가 원하면 직접 모양을 잘라서 만들 수도 있음을 이야기한다.
- 만들어진 작품을 전시하고, 어떤 모양을 사용하여 무늬를 만들었는지, 보자기의 느낌이 어떤지 서로 비교해 본다.

3. 주제중심의 통합적 미술교육

주제중심의 통합적 미술교육은 유아의 흥미에 기초하여 교사와 유아가 함께 선정한 주제나 유아들이 계획한 주제에 대해 다양한 영역의 경험이 통합적으로 이루어질 수 있도록 미술교육을 실행하는 형태이다. 주제와 소주제에 대한 탐색에서 여러 경험 · 교과가 통합되므로 미술이 음악, 동작, 동극 등 다른 예술 분야와 연관될 뿐 아니라 수학, 과학, 언어, 사회 등 다른 영역의 경험과 연계될 수 있다. 또한 주제 탐색을 하는 과정에서 미술교육의 세 가지 내용 영역인 탐색, 표현, 감상이 통합될 수 있다.

주제중심 통합적 미술교육의 운영과정을 '거미' 주제의 예로 설명하면 다음과 같다.

그림 5-1 주제중심 미술교육의 운영과정

① 주제의 선정

주제는 교사가 선정할 수도 있고, 교사와 유아, 혹은 유아들이 선정할 수 있는데, 유아의 생활 및 이전 지식과 연관되고 여러 교과를 통합하여 놀이 · 탐구할 수 있는 적용범위가 넓은 주제를 선정한다. 예를 들어, '거미'는 유아들이 생활 속에서 항상 접하고 매우 흥미를 느끼는 대상으로, 여러 교과를 통합하여 탐구할 수 있어 적합한 주제가 된다. 또 다른 경우로 적용 범위가 넓은 것은 아니지만 '공룡'과 같이 유아들이 매우 흥미있어 하는 것을 주제로 선정해 프로젝트로 진행할 수 있다.

② 주제망 구성

주제에서 다룰 수 있는 소주제 또는 개념으로 주제망을 구성한다. '거미'에 대한 주제망은 〈그림 5-2〉와 같이 구성할 수 있다.

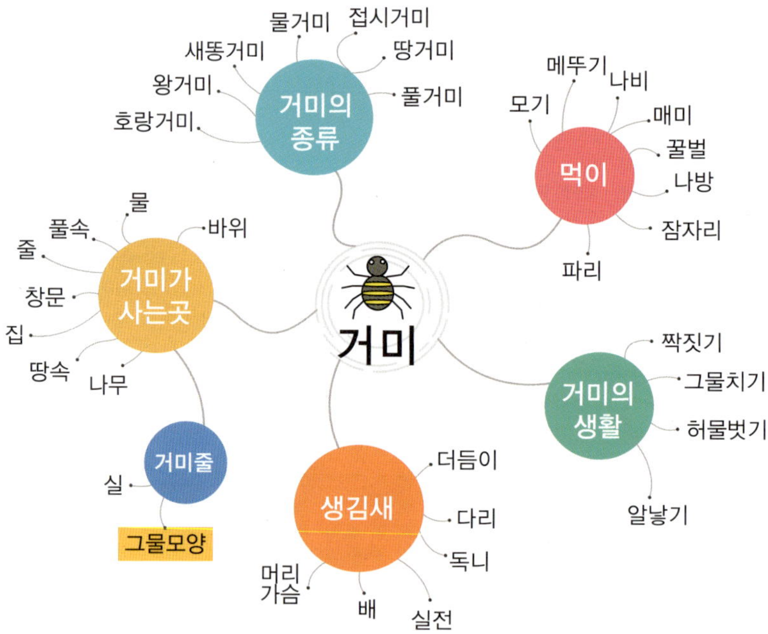

그림 5-2 '거미' 주제망

선정한 소주제나 개념 중에서 다양한 놀이와 미술 활동을 하는 것이 적절한 경우를 파악한다. 예를 들어 '거미' 주제는 거미가 사는 곳인 거미줄과 연결되는 개념인 '그물 모양'을 다룰 수 있다. 거미와 거미줄의 '그물 모양'은 여러 모양으로 이루어지므로, 유아들은 곡선과 직선, 선들이 모여 여러 형태를 구성하는 경험을 통해 모양에 대한 기초감각을 익힐 수 있다. 이때, 미술교육 내용에서 구체적으로 무엇을 탐구할 것인지 결정하면, 유아의 놀이를 지원하는 데 도움이 된다. 다음의 〈표 5-1〉은 미술교육 내용체계를 하나의 틀로 사용하여 탐구하는 예이다.

표 5-1 '그물 모양'을 중심으로 한 '거미' 주제와 미술교육 내용 연결

개념	미술교육 내용	
거미 그물에는 여러 모양이 있다. 거미는 형으로 구성된다.	탐색	– 감각적 탐색 : 시각 경험, 운동감각 경험 – 미적 요소 탐색: 거미와 거미줄의 선과 형 탐색 – 여러 가지 매체, 도구, 기법의 탐색 : 신문지(종이), 끈, 옷걸이, 모빌
	표현	– 선과 형을 경험하고 놀이에 활용하기 – 재료, 기법, 표현과정을 이해하고 놀이하기 : 신문지 거미줄 퍼포먼스, 옷걸이로 만드는 거미줄 모빌 – 자신의 생각과 느낌을 모양으로 표현하기 : 여러 재료로 거미줄 표현 – 다양한 거미 만들기 – 거미줄 놀이하기
	감상	– 자신과 또래의 작품 감상하고 거미줄 이름 짓기 – 다양한 미술작품 감상하기

③ 미술 활동

소주제나 개념 탐구에 관련되는 미술교육 내용이 파악되면 이를 기초하여 미술 활동들을 구성한다. 활동 시 전체 집단 활동과 소집단, 개별 활동 등 집단 형태도 함께 고려한다. 유아의 발달 수준, 사전 경험, 흥미 등에 기초하여 활동 수준, 활동 방법 등을 계획한다. 〈표 5-1〉의 '그물 모양' 개념과 관련된 미술 활동들을 다음과 같이 구성할 수 있다.

활 동 명 거미줄을 만들어요.

활동목표
- 선이 연결되어 형으로 이어지는 거미줄의 특징을 안다.
- 공간 안에 그물 모양을 연결하여 입체 구성을 할 수 있다.
- 그물 모양을 다양한 재료와 방법으로 표현할 수 있다.

활동방법

| 활동 1 _ 탐색 | 거미줄 탐색하기

- 거미에 대해 경험했거나 알고 있는 것에 대해 이야기를 나눈다.
  – 거미를 본 적이 있니? 어디서 보았니?

* 덕성여자대학교 교육대학원 이지선, 박주연 선생님이 실행한 활동을 재구성한 것입니다.

- 거미줄은 어떤 모양이니?

• 거미와 관련된 그림책을 읽고, 거미와 거미줄의 특징에 대해 알아본다.

• 실외 놀이터로 나가 그곳에 있는 거미줄을 찾아 관찰한다.
  - 거미줄의 모양이 너희가 생각했던 그 모양이니? 어떻게 다르니? 거미줄에는 한 가지 모양만 있니?
  - 거미줄을 만지면 어떤 느낌이 들까?
  - 입김을 불면 거미줄이 어떻게 될까?

• 유아들의 신체를 사용해 거미줄을 표현하는 방법에 대해 이야기 나눈다.
  - 우리 몸을 어떻게 움직이면 거미줄이 될까?

| 활동 2 _ 표현과 감상 | 신문지로 거미줄 만들기

• 재료 : 신문지, 가위, 풀, 셀로판테이프

• 거미줄을 만드는 방법에 대해 이야기해 본다.
  - 한 가닥으로 된 거미줄은 어떻게 만들 수 있을까?
  - 아주 크고 엉켜 있는 거미줄을 만들려면 어떻게 할까?

• 신문지를 길게 이어붙여 거미줄을 만들어 본다.
  - 신문지를 어떻게 만들면 길고도 복잡한 거미줄이 만들어질까?
  - 우리 교실 전체가 거미줄이 되려면 어떻게 이어붙이면 될까?

• 거미줄을 완성하면 유아들이 거미줄 안으로 들어가 거미, 나비, 잠자리 등의 역할을 맡아 놀이로 연결해 본다.
  - 이 안에 어떤 모양들이 숨어 있니?

| 활동 3 _ 표현 | 옷걸이로 거미줄 만들기

- 재료 : 옷걸이, 종이끈, 색실, 모루, 수수깡, 접착제, 단추나 병뚜껑
- 옷걸이를 활용하여 거미줄을 만드는 방법에 대해 이야기해 본다.
  - 어떻게 하면 삼각형을 닮은 옷걸이를 거미줄처럼 만들 수 있을까?
  - 옷걸이를 구부려 만들 수 있는 모양에는 무엇이 있을까?
- 교사는 유아들과 의논하여 거미줄을 만들 영역에 종이끈과 색실로 미리 거미줄을 만들어 놓는다.
- 유아들과 함께 거미줄의 그물 모양을 생각하며 옷걸이를 연결하여 입체 거미줄을 만든다.
- 유아들이 원하는 재료로 거미를 만들어 옷걸이 거미줄에 붙인다.
  - 어떤 모습의 거미를 만들어 보고 싶니?
  - 어떻게 만들면 옷걸이 거미줄에 잘 어울릴까?

| 활동 4 _ 감상 | 다양한 거미줄 감상하기

- 자료 : 함연주 〈거미줄〉 사진, 루이스 부르주아 〈마망〉, 〈스파이더〉 사진
- 함연주의 〈거미줄〉과 거미를 입체로 표상한 루이스 부르주아의 〈마망〉과 〈스파이더〉를 감상한다.
  - 무엇이 보이니? 너희들이 만든 거미줄과 어떤 점이 비슷하고, 또 어떤 점이 다른 것 같니?
  - 무엇이 보이니? 작품 속의 자세처럼 너희도 몸을 만들어 볼 수 있니? 혼자서 할 수 없으면 어떻게 하면 좋을까?

④ 주간교육계획과 실행

유아의 주변 여건, 흥미, 수준 등을 고려하여 어떤 소주제나 개념을 다루는 활동을 먼저 시작하고, 어떤 활동을 그 다음에 실시할지를 고려하여 주간교육계획에 반영한다. 주요 개념을 담은 '그물 모양'에 관한 미술 활동은 계획한 운영안에 따라 하루 일과 중에 이루어질 수도 있고, 유아의 아이디어와 놀이 전개과정에 따라 며칠 혹은 일주일 이상에 걸쳐 이루어질 수도 있다.

다음의 〈표 5-2〉는 '거미'를 주제로 전개한 주간교육계획안이다. 주간계획안에서 미술교육 내용과의 관계를 보여주기 위해 거미줄의 '그물 모양'과 관련된 대 · 소집단 활동 및 놀이를 하늘색으로 표시하였다. 역할놀이를 하며 거미집을 만드는 등 미술 활동과 연계하여 진행한 경우에는 주황색으로 표시하였다.

월요일에 바깥놀이 활동으로 거미줄 관찰을 계획하여 유아가 거미줄에 대해 탐색하도록 하였다. 바깥놀이 후 모여 거미줄에 대해 탐색한 경험을 회상하고 유아가 거미줄에 대한 미술 활동을 계획하도록 상호작용하였다. 다음날인 화요일과 수요일, 목요일의 자유놀이 시간에 원하는 유아를 중심으로 계획한 놀이를 실행하였다. 역할놀이 공간의 거미집 만들기와 연계하여 유아들이 신문지와 옷걸이와 같은 재료를 사용하여 거미줄을 만들고, 각 거미줄을 연결하여 만든 입체 형태의 결과물을 교실에 공동으로 설치하였다. 이 과정에서 유아들은 함께 만든 거미줄을 감상하며 거미가 되어 보는 신체표현 활동을 하였다. 목요일의 이야기 나누기 시간에는 거미줄이 설치되어 달라진 교실의 모습에 대해 이야기를 나누고 미술가가 표현한 작품을 감상함으로써 유아의 작품과 예술가의 작품을 감상하는 기회를 함께 제공하였다.

〈표 5-2〉의 적용 예시는 탐색과 표현, 감상의 통합적 미술 경험을 주간교육계획에 제시한 주제와 어떻게 연계하는지, 대 · 소집단 활동과 자유놀이 시간 동안 어떠한 형태로 미술 활동을 전개할 수 있는지에 대한 것이다. 본 예시는 월요일에 시작하여 며칠 동안 지속되는 미술 활동의 흐름을 보여주고 있으며, 유아의 흥미와 교사의 계획 정도에 따라 일주일 이상에 걸쳐 활동을 지속할 수 있다.

표 5-2 탐색, 표현, 감상이 연계된 '거미' 주제의 주간 교육 계획안(만 5세)

<table>
<tr><td colspan="2">시기</td><td colspan="5">5월 ○주</td></tr>
<tr><td colspan="2">주제</td><td colspan="5">거미</td></tr>
<tr><td colspan="2">목표</td><td colspan="5">• 거미가 사는 곳과 거미줄에 대해 관심을 갖고 알아본다.
• 거미의 그물 모양에 알아본 것을 다양한 방법으로 표현한다.
• 거미가 살아가는 방법에 관심을 갖는다.</td></tr>
<tr><td colspan="2">날짜/요일</td><td>8(월)</td><td>9(화)</td><td>10(수)</td><td>11(목)</td><td>12(금)</td></tr>
<tr><td colspan="2">소주제
활동</td><td colspan="3">거미가 사는 곳</td><td colspan="2">거미의 먹이와 생활</td></tr>
<tr><td rowspan="9">자유선택활동</td><td>쌓기놀이</td><td colspan="5">거미가 사는 마을 구성하기</td></tr>
<tr><td>역할놀이</td><td colspan="5">거미집 만들기</td></tr>
<tr><td>언어</td><td colspan="5">거미가 궁금해요 거미 책 만들기</td></tr>
<tr><td>수 · 조작</td><td colspan="5">거미줄 모양 패턴</td></tr>
<tr><td>과학</td><td>거미줄은 어디서 나올까</td><td colspan="4">거미줄의 모양</td></tr>
<tr><td rowspan="2">미술</td><td></td><td colspan="4">활동 2) 신문지로 거미줄 만들기(역할놀이와 연계)</td></tr>
<tr><td></td><td colspan="4">활동 3) 옷걸이로 거미줄 만들기(역할놀이와 연계)</td></tr>
<tr><td>음률</td><td colspan="5">'거미 아난시' 이야기로 리듬 만들기</td></tr>
</table>

대·소집단 활동	이야기 나누기	활동 1) 거미는 어디에서 살까요?		거미 이야기 소개하기	활동 4) 다양한 거미줄 감상하기 (미술 활동 결과 공유)	
	동화·동시·동극		동화) 거미 아난시		동화) 아주 바쁜 거미	동극) 아주 바쁜 거미
	음악	(노래) '거미가 줄을 타고'				
	신체		거미줄 놀이하기	거미가 되어 보아요		
	게임	내가 만약 거미라면				그물치기를 해요
바깥놀이 활동		거미줄을 찾아보아요.				

⑤ **환경 구성**

교실의 환경을 다양한 놀이 활동이 가능하도록 구성하여 유아가 주도적으로 활동할 수 있게 한다.

⑥ **실행 및 평가**

활동 형태나 유아의 수준에 따라 교사가 활동 영역에서 적절한 상호작용을 하면서 활동을 실행하고 평가한다.

주제중심의 통합적 미술교육을 실시할 때에는 소주제 또는 개념과 미술교육 내용 및 활동을 연결하는 과정에 유의할 필요가 있다. 주제망의 모든 소주제나 개념을 학습하는 데 미술 활동이 모두 연결될 수는 없다. 이들 소주제나 개념을 탐색하는 데 미술활동이 적합한 경우에만 연결한다. 미술 활동이 적합한 소주제 또는 개념을 파악한 후, 연계되는 미술교육의 내용을 결정하는 과정에서 미술 활동이 단순히 통합을 위한 통합이 되지 않게 도와준다. 자료집 등에서 관련 미술 활동을 선정하는 것에서 그치면, 그 활동을 통해 유아가 미술교육 측면에서는 무엇을 경험하고 알게 되는지 인식하지 못하는 경우가 많다. 또한 탐색, 표현, 감상의 내용 영역 간의 통합이 이루어지기 어렵다. 따라서 교수계획 단계에서 미술교육 내용을 인식하고 활동을 구성하는 것이 반드시 필요하다.

다지기

- 2~3명씩 짝을 지어 <봄 풍경>을 주제로 어떤 활동을 할 수 있을지 생각해 봅시다. 다른 영역의 활동과 통합하는 것도 좋고, 아름다움 찾아보기-창의적으로 표현하기-예술 감상하기의 미술교육 내용체계를 통합하여 작성할 수도 있습니다. 여러분의 아이디어를 확장할 수 있도록 책의 여러 활동, 2019 개정 누리과정 해설서 등을 참조하여 구성해 보세요.

CHAPTER 6

교사의 역할

유아는 본능적으로 자기표현의 욕구를 지니고 있어 가르치지 않아도 자발적으로 그리기를 시작하며, 성인의 개입이 유아가 자신의 생각을 창의적으로 표현하는 데 장애가 된다는 신념은 많은 유아교사들로 하여금 미술 지도에 있어서 방임적인 태도를 취하도록 하였다. 그러나 근래의 많은 연구들은 시각적 이미지를 사용할 수 있는 유아의 능력을 충분히 계발하기 위해서는 성인의 적절하고 적극적인 지도가 필수적이라고 지적한다(Kindler, 1995; Thompson, 1995). 유아에게 미술을 할 수 있는 재료, 도구, 공간 및 시간을 제공하는 것이 바로 성인이며, 어린 유아일수록 이러한 성인의 역할에 보다 의존적이기 때문이다.

이 장에서는 유아의 미술을 지도하는 교사의 역할을 모델/시범자의 역할, 동기유발자의 역할, 촉진자의 역할, 그리고 반응자의 역할로 구분하여 이러한 역할을 수행하는 데 도움이 되는 교수 전략을 살펴보고자 한다.

들어가기

● 세 명의 유아가 '햇님반 교실에 있는 것'을 주제로 그림을 그렸습니다. 그런데 한 명의 유아가 그린 그림을 다른 유아들이 따라 그려 그림들이 비슷해졌습니다. 햇님반 유아들처럼, 여러분 반 유아들이 '그림은 잘 그리는 친구를 따라 그리는 것'이라고 생각합니다. 유아들이 왜 이런 생각을 하게 되었을까요?

〈처음 그린 유아의 그림〉

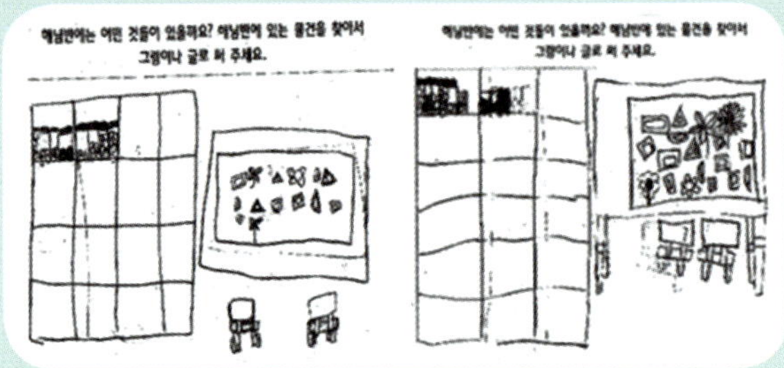

〈친구를 따라 그린 두 유아의 그림〉

● 유아가 자신의 생각과 느낌을 표현하는 것이 미술이며, 미술은 즐거운 경험이라고 느끼도록 도우려면 교사가 무엇을 하면 좋을까요? 유아의 미술 경험을 지원하는 교사의 역할을 생각해 봅시다.

1. 모델/시범자로서의 교사

유아에게 미술을 지도하기 위해 교사 자신이 반드시 그림을 잘 그려야 하는가? Cohen과 Gainer(1992)는 절대로 그렇지 않다고 답한다. 유아들과 함께 미술 활동하는 것을 즐기고, 미술을 배우고 익히는 과정에는 시간과 노력이 필요하다는 것의 모델을 보여주는 것이 보다 중요하다고 말한다. 교사는 유아에게 미술에 대한 자신감과 열의, 미술 재료와 도구의 사용, 그리고 미술 작업의 과정에 대한 모델을 제시할 수 있다.

1) 자신감과 열의

유아는 교사가 하는 것을 관찰하면서 배운다. "나는 미술에 소질이 없고 그림은 잘 그리지 못해."라고 말하는 자신감이 없는 교사를 보면서 유아가 미술을 즐기고 잘 하기는 어렵다. 유아는 자신이 모르는 것을 다 가르쳐 주는 선생님이 미술을 잘 하지 못한다면 미술은 아주 어려운 것이라고 생각하기 쉽다. Koster(2001)는 미술에 자신이 없는 교사라면 자신이 없다고 생각하게 된 근거를 찾아보는 것이 도움이 된다고 제언한다. 자신의 그림을 보고 친구들이 놀렸다든가, 사려 깊지 못한 교사의 부주의한 말, 자신의 작품이 인정받지 못했던 경험 등과 같이 미술에 대한 자신감을 저하시켰던 근거를 생각해 보면 때로는 자신의 미술적 잠재 능력에 대해 지금껏 지녀 왔던 부정적인 생각을 바꿀 수도 있다는 것이다. 또한 미술 관련 강좌를 수강하거나, 미술

워크숍에 참석하거나, 관련 서적을 읽고 공부하는 것도 미술에 대해 자신감이 없는 태도를 바꿀 수 있다.

미술에 대한 교사의 자신감 부족은 미술의 과정보다는 결과물에 중점을 둘 때 나타난다. 결과물이 어떠해야 하는지, 어떤 평가를 받는지에 중점을 두는 경우, 미술에 대해 자신감이 없어지게 된다. 그러나 유아의 미술 지도에서 중요한 것은 결과물보다 과정이다. 유아의 미술 활동은 종종 특정한 결과물을 산출하는 것 없이도 종료된다. 미술 활동의 과정 자체를 즐기는 것에 만족하는 유아는 완성된 결과물이 없을 수도 있기 때문이다. 예를 들어, 유아는 밀가루 점토를 가지고 무엇인가를 만들어 내는 것보다는 치대고 두드리고, 길게 밀어 보고, 뭉쳐 보고, 손가락으로 눌러 보는 등의 탐색으로 미술 활동을 끝낼 수도 있다. 결과보다 유아의 미술 활동 과정 자체를 중시하면 사물을 자세히, 다양한 시각에서 보고 새롭게 생각하도록 이끌 수 있다. 따라서 유아가 자신의 생각을 자유롭게 표현하는 것을 즐기도록 지도해야 한다. 이러한 과정 중심의 지도에 자신감이 부족한 유아교사는 별로 없을 것이다.

교사는 유아와 함께 미술 활동을 할 때 열의를 가지고 즐겁게 해야 한다. 아무런 흥미도 느끼지 못하면서 의무적으로, 또는 건성으로 미술 활동을 하는 교사의 지도 아래에서 유아들이 미술에 흥미를 느끼고 즐길 수는 없다. 교사의 열의는 유아에게 쉽게 전염이 된다. 열의를 가지고 몰두하는 교사를 보면서 유아도 역시 열심히, 그리고 즐겁게 미술을 하게 된다.

2) 미술 재료와 도구의 사용

미술 재료나 도구를 사용하고 있는 교사를 보는 것은 유아에게 매우 중요하다. 교사가 미술 영역에서 직접 여러 재료나 도구를 조작하는 모습은 유아들의 이목을 끌기 쉽고, 교사의 모습에 이끌려 유아들이 미술 영역으로 오게 한다. 또한 어떻게 양 손바닥으로 찰흙을 굴려서 공 모양을 만들 수 있는지를 말로 설명하는 것보다는 유아와 함께 찰흙을 가지고 놀면서 자연스럽게 교사가 공 모양을 만드는 과정을 보여주는 것이 유아에게 보다 도움이 된다.

3) 미술 작업의 과정

모델 · 시범자로서의 교사는 유아에게 모방할 결과물에 대한 모델을 보이는 것이 아니라 과정에 대한 모델을 보이는 것이 중요하다(Koster, 2001). 교사는 유아의 활동 진행 사항을 잘 관찰하고 유아의 보조에 맞추어 필요한 모델을 제공해야 한다. 유아가 재료를 탐색하기 시작하거나 또는 작품을 만들기 시작하는 단계에서는 교사가 모델을 제공하는 것에 매우 주의해야 한다. 대부분의 경우, 시작 단계에서는 유아가 무엇을 어떻게 할 것인지에 대한 확고한 생각이 없기 때문에 쉽게 다른 사람의 영향을 받게 되고, 다른 사람이 하는 것을 그대로 따라하기 쉽기 때문이다. 유아가 탐색을 시작하거나 작품을 시작할 때는 교사가 시범을 먼저 보이지 말고 일단 유아가 먼저 시작하도록 한 후, 유아와는 다른 방법으로 교사가 탐색을 하거나 작품을 시작한다.

교사가 작품을 만들 경우에는 유아보다 빨리 끝내지 말고, 진행 속도를 조절하여 유아가 작품을 완성하기 전에 교사가 완성한 작품을 모델로 보여주지 말아야 한다. 또한 유아가 만드는 것을 유심히 보고 유아의 수준과 비슷한 정도 또는 그보다 조금 더 잘하는 정도로 만들도록 한다. 교사는 유아가 할 수 있는 수준을 넘어선 기술이나 기법의 모델은 제공하지 않도록 주의한다. 이는 교사의 의도와는 달리 교사의 시범을 보면서 유아가 자신은 그렇게 할 수 없다는 사실에 좌절감을 느낄 수 있기 때문이다.

유아에게 새로운 기법이나 기술을 시범 보이는 것이 필요할 경우에는, 해당되는 과정의 부분만을 보여준다. 예를 들면, 화선지 염색하기를 할 경우에 교사는 간단한 설명과 함께 접은 화선지의 몇 부분만을 물감에 담근 후에 펴서 보여준다. 교사는 염색하기를 계속하여 완성된 작품을 보여줄 필요는 없다. 유아는 교사가 제시하는 결과물을 보면 그대로 따라서 하는 경향이 있음을 유의해야 한다.

2. 동기유발자로서의 교사

유아가 미술 활동을 하도록 이끄는 동기유발은 내적 · 외적 동기유발, 그리고 경험적 · 심리적 동기유발을 들 수 있다.

1) 내적 동기유발과 외적 동기유발

활동에 대한 동기유발은 내적 동기유발과 외적 동기유발로 구분된다. 내적 동기유발은 잘 하고자 하는 바람 또는 활동 자체의 즐거움과 같이 행위자의 내적 기준이나 목적에 의해 동기가 유발되는 것인 반면, 외적 동기유발은 상벌이나 성적과 같이 행위자의 외적 요인에 의해서 동기가 유발되는 것이다. 외적 동기유발에 의한 활동은 동기를 유발시켰던 외적 자극이 사라지면 더 이상 그 활동을 하지 않게 되므로 교사는 유아가 내적 동기유발에 의해서 미술을 하도록 해야 한다. 즉, 유아가 미술을 하는 것이 즐거워서 미술을 하도록 지도해야 한다. 미술은 본질적으로 놀이와 같이 내적으로 동기유발되는 활동이다. 교사가 유아의 흥미, 요구, 발달에 적합한 미술 지도를 한다면 미술은 좋아하지만 미술 수업은 싫어하는 유아가 생기지 않을 것이다.

2) 경험적 동기유발과 심리적 동기유발

유아가 자신의 생각, 느낌, 경험들을 시각 언어로 표현하도록 이끌기 위해서는 경험적 동기유발과 심리적 동기유발이 필요하다(Seefeldt, 1995). 유아가 아무것도 없는 진공 상태에서 창의적인 자기표현을 시작하는 것은 아니다. 유아가 여러 가지 사건, 물체, 사람에 대해서 생각하고 느낄 수 있는 개인적인 경험 없이, 이에 대해서 그리거나 만들어 보기는 어렵다. 일상생활 속에서 갖게 되는 여러 가지 경험들은 유아가 표현뿐만 아니라 미술에 반응하도록 동기유발시킨다(Hurwitz & Day, 2001). 미술 표현을 위한 경험적인 동기유발이란 유아가 생각하고 느끼고 상상할 수 있는 의미 있는 경험을 하는 것이다. 의미 있는 경험이란 유아가 빗속을 걷는 것과 같은 수동적인 요소에서 그치는 것이 아니라 손바닥에 빗방울이 떨어질 때의 느낌은 어떠했으며, 빗방울이 물웅덩이에 떨어질 때 무엇을 볼 수 있는지와 같이 빗속을 걷는 경험에 대해 지적으로 사고를 하는 능동적 요소를 포함한다(Seefeldt, 1995). 교사는 유아에게 자신의 일상적인 경험들에 대해 숙고하고 반성적으로 사고할 기회를 제공하여 의미 있는 경험을 형성하도록 한다.

심리적인 동기유발은 유아가 미술 활동 과정에서 나타나는 어려움이나 모험을 감수할 수 있도록 심리적으로 안정되고 편안하게 느끼는 것이다. 유아는 자신과 자신의 아이디어, 감정, 그리고 자신이 만든 작품이 인정받고 존중될 때 심리적으로 안정감과 편안함을 느끼게 되고, 자유롭게 창의적인 표현을 할 수 있게 된다. 유아가 시각적 이미지를 사용하여 자유롭게 표현하기 위해서는 재료를 가지고 탐색 및 경험을 하며 성장할 수 있는 충분한 기회와 시간이 필요하다. 미술 재료를 마음껏 주무르고 만지고 놀이하는 경험은 유아가 재료의 특성을 이해할 수 있게 한다. 특히 동일한 재료를 반복적으로 사용할 수 있는 기회를 가질 때 유아의 재료 사용 기술이 발달하며, 이를 기초로 보다 창의적인 표현을 할 수 있게 된다. 유아가 충분히 탐색과 경험을 즐기도록 기다려 주지 못하고 빨리 무언가를 그리거나 만들어야 한다는 심리적 압박감을 느끼게 하는 것은 미술을 하고 싶어하는 유아의 동기유발을 저해한다.

따라서 교사는 유아들이 다양한 경험을 통하여 개인적인 경험의 폭을 넓힐 수 있는 기회를 제공하고, 자유롭게 자신을 표현할 수 있도록 심리적인 편안함과 안정감을 제공해야 한다.

3. 촉진자로서의 교사

교사는 유아들의 미적 발달을 격려하고 촉진하기 위해 다음과 같은 여러 가지 교수전략을 사용할 수 있다.

1) 미술 활동의 정기적인 제공

교사는 유아교육기관에서 유아에게 미술을 할 수 있는 시간과 공간을 제공하는 중요한 사람이다. 촉진자로서의 교사는 유아가 심미감을 발달시키고 창의적인 자기표현을 할 수 있는 많은 길을 제공해야 한다. 이를 위해 교사는 유아가 매일 미술 활동을 할 수 있도록 교육과정을 계획 및 실행해야 한다.

2) 발달 수준에 적합한 미술 활동의 제공

활동이 유아의 발달 수준에 적합한가는 연령의 일반적인 발달 특성과 개인의 발달 특성이라는 두 가지 차원을 고려해야 한다. 3세아 또는 5세아와 같은 일정한 연령 수준의 유아들에게서 기대되는 일반적인 발달 특성은 교사가 교수 활동을 준비·계획하는 데 있어서 주된 틀이 된다. 이러한 주된 틀 안에서 교사는 또한 유아들이 가지는 독특성과 개인차라는 측면을 고려해야 한다.

유아의 연령에 따른 발달 특성을 고려하였을 때 적합한 미술 활동은 다음과 같다(Koster, 2001).

① 걸음마기 유아(18개월~2세)

이 시기 유아에게 적합한 미술 활동은 특정한 결과물을 만들도록 강조하는 것이 아니라 미술 재료들을 탐색하고 조작하는 것이다. 정해진 사용 방법을 따라야 하는 것이 아닌 단순하고 직접적인 미술 재료들이 적합하다. 물체를 입에 잘 넣기 때문에 재료들은 입에 넣었을 경우에도 안전해야 한다. 자기조절(self-regulatory) 기술이 제한되어 있기 때문에 유아가 탐색할 때는 반드시 옆에 교사가 있어서 지도해야 한다. 일반적으로 10분 미만 정도로 주의집중 시간이 짧으며, 단순한 자료를 탐색할 수 있다.

② 3세 유아

3세 유아에게는 소근육 조작을 요구하는 보다 다양한 재료들을 제공할 수 있다. 실제 사물에 대한 표상을 기대하지 말아야 하며, 결과물보다는 과정이 중시되어야 한다. 미술 재료를 유아 주도적이며 창의적으로, 표현적인 방법으로 사용하도록 격려할 수 있다. 자기 조절력이 증가하며, 소집단에서 나란히 앉아서 작업할 수 있다. 유아의 옆에 교사가 함께 있는 것이 여전히 필요하지만 때때로 잠시 자리를 비우고 유아가 혼자서 활동을 하도록 할 수 있다. 주의집중 시간이 증가하며, 혼자서 10분 또는 그 이상의 시간 동안 작업을 할 수 있다.

③ 4, 5세 유아

이 시기의 유아는 다양한 미술 재료들을 사용하여 개별적으로 또는 집단으로 광범위한 탐색을 할 수 있다. 손목과 손을 사용하는 능력이 발달하며, 그리기 도구를 제대로 잡고 사용할 수 있다. 3명에서 6명 정도의 소집단으로 함께 작업할 수 있으며, 미술 재료들을 함께 나누어 쓸 수 있다. 또한 미술 감상 활동을 할 준비가 되어 있다. 시각적 상징(graphic symbols)의 사용 능력이 발달함에 따라 유아는 미술을 통하여 자신의 생각을 표현하거나 다른 교과 영역에서 학습한 것을 표현할 수 있다. 교사가 가끔씩만 돌봐주면 유아가 혼자서 미술 재료들을 사용하고 작업할 수 있다. 유아가 스스로 선택한 미술 활동에 30분 또는 그 이상의 시간 동안 집중할 수 있다.

3) 개방적인 미술 활동의 제공

개방적인 미술 활동이란 결과물이 어떤 모습이어야 한다고 사전에 미리 정해진 것이 아니라 유아의 미적 의사결정에 따라 다양한 결과가 나타날 수 있는 활동을 뜻한다. 따라서 유아에게 실험과 상상을 허용하고 성공감을 제공한다. 개방적 미술 활동은 유아 스스로 무엇을 할 것인지, 어떻게 할 것인지, 어떤 결과를 가져올 것인지를 선택하도록 하여 자신의 세계를 창의적으로 표현하도록 한다. 반면에 색칠하기, 미리 만들어진 견본을 대고 그리기, 단계별로 교사가 제시하는 모델을 보고 그대로 따라 하기는 진정한 의미의 미술 활동이라고 보기 어려우며, 유아들의 사고를 억제한다. 유아들은 패턴에 의존하게 되고, 자신의 아이디어와 미적 표현이 교사에 의해 가치 있는 것으로 받아들여지지 않음을 알게 된다.

4) 다양한 매체와 방법을 통한 새로운 미적 가능성의 탐색

유아들은 다양한 도구, 방법과 매체를 사용해서 새로운 미적 가능성을 발견할 수 있다. 예를 들어, 크레용과 그림물감을 함께 사용해 본다거나 종이 오려 붙이기와 함께 크레용으로 색칠하기를 하는 등의 서로 다른 매체를 혼합해서 사용해 보고 실험해 볼 수 있다. 물감으로 그림을 그릴 때도 여러 종류의 붓뿐만 아니라 칫솔이나 깃털 등과 같이 다른 도구들을 사용할 수 있다. 또한 그림물감의 튜브를 종이 위에서 직접 짜서 그려 보기, 입으로 불어서 나타내보기 등 다양한 방법을 탐색하고 실험해 보면서 새로운 미적 가능성을 발견할 수 있다.

5) 좋은 미술 작품에 접할 기회의 제공

미술은 중요한 문화적 자원이며 인간의 생활과 감정을 이해할 수 있는 수단이다. 좋은 미술 작품과의 만남은 유아가 생활 속에서 주변의 아름다움을 지각하고 느끼며, 미적인 것을 이해하도록 이끈다. 미술 작품의 복사본, 명화 엽서, 슬라이드 필름, 비디오, 미술 관련 책, 인터넷의 미술관 사이트들은 유아가 교실 내에서 훌륭한 미술 작품에 접할 수 있게 한다. 유아들의 관람이 허용되는 미술관, 박물관의 견학도 유아가 미술 작품을 볼 수 있는 좋은 기회가 된다. 미술관에서 유아를 대상으로 제공하는 미술교육 프로그램과 연계하여 유아들이 정기적으로 미술에 접할 수 있게 하는 것도 좋은 방법이다. 또한 지역사회의 미술가, 미술을 전공하는 학부모들을 초빙하여 본인들의 작품을 소개하고 작품 제작의 과정을 간략하게 보여주도록 할 수 있다.

6) 자신의 작품에 대해 이야기할 수 있는 기회의 제공

다른 유아들에게 유아가 만든 작품을 설명하거나 작품에 대해서 이야기를 할 수 있는 기회를 제공한다. 귀가 전에 다 함께 모여서 활동 평가를 할 때, 자신이 만든 미술 작품을 보여주면서 작품에 관해 이야기할 수 있다. 또는 자유놀이 시간 중에 소그룹 활동으로 원하는 유아들에 한해서 자신이 만든 작품을 가지고 와서 보여주며 이야기 나누도록 할 수도 있다. 교사는 이러한 이야기 나누기 시간에 한두 명의 유아가 독점하지 않고 참여한 모든 유아들이 골고루 말할 수 있는 기회를 가지도록 도와주어야 한다.

7) 유아 작품의 전시

교사가 유아가 만든 미술작품을 전시해주면 유아는 자신의 작품에 대해 자부심을 느끼고 긍지를 가지게 된다. 이러한 자부심은 유아가 자신의 표현력에 대해서 자신감을 갖게 도와줄 수 있다. 또한 전시된 다른 유아들의 작품을 보면서 미적 감수성과 표현력이 발달될 수 있다.

교사는 미술 활동 영역의 일정한 공간을 유아들의 작품 전시 공간으로 확보해야 한다. 평면 활동은 벽면을 사용해서 붙이거나 천장에 매달아서 작품을 전시할 수 있다. 입체 활동은 책상 위를 사용하거나 바닥을 사용해서 전시할 수 있다. 작품 전시에 이용할 수 있는 벽면이 충분하지 못한 경우에는 긴 직육면체형의 미술 전시탑을 만들어 사면을 사용해서 유아들의 작품을 전시할 수 있다. 유아들의 작품을 전시할 때는 유아들의 눈높이에 맞추어서 작품을 배치해야 하고, 교사가 봐서 잘된 작품만이 아니라 모든 유아들의 작품이 골고루 전시될 기회를 가져야만 한다.

4. 반응자로서의 교사

교사는 유아의 미술 활동에 언어적으로 또는 비언어적으로 반응할 수 있다. 유아의 미적 발달을 촉진하기 위해 교사가 할 수 있는 언어적 및 비언어적 반응은 다음과 같다(Koster, 2001; Schirrmacher, 2006).

1) 비언어적 반응

교사가 유아에게 보이는 대표적인 비언어적 반응으로 표정 및 몸짓, 그리고 적극적 경청을 들 수 있다.

① 표정 및 몸짓

교사는 얼굴의 표정 및 몸짓을 통하여 유아의 미술 활동에 대한 자신의 생각을 전달한다. 미술 활동 중인 유아를 보면서 웃는 얼굴, 눈 맞춤, 유아를 쳐다보며 고개를 끄덕여 주는 것 등과 같은 비언어적 반응은 유아를 인정하고 수용해 준다는 긍정적인 의미를 전달한다. 주변을 잔뜩 어지럽히면서 활동에 열중하고 있는 유아를 팔짱을 끼고 찌푸린 얼굴로 내려다보고 있으면 못마땅하게 생각한다는 의미를 전달한다. 유아는 교사의 이러한 비언어적 반응에 민감하다. 교사의 비언어적 반응은 언어적 반응과 일치해야 한다. 풀물감 그리기를 하는 유아에게 "재미있는 방법으로 그리고 있구나." 라고 말은 하지만 주위가 지저분해지는 것이 싫어서 얼굴은 인상을 잔뜩 쓰고 있다면 교사가 하는 말은 아무 의미가 없게 된다.

② 적극적 경청

유아가 자신이 하고 있는 미술 활동에 대해 말할 때 적극적으로 들어 주는 것도 중요한 비언어적 반응이다. 작품에 대해 언어적으로 반응해 주기 전에 일단 유아의 의도와 생각을 적극적 경청을 통해 파악하는 것이 필요하며, 교사가 유아의 이야기를 잘 들어주는 것은 유아에게 관심을 가지고 배려하고 있다는 것을 전달할 수 있다.

2) 언어적 반응

유아는 교사가 무심코 던진 말 한마디에 뜻하지 않게 상처를 받을 수도 있고, 또는 격려받을 수도 있다. 사려 깊은 교사는 유아가 자신에 대해 긍정적인 감정을 지닐 수 있도록, 그리고 유아의 사고 과정을 확장시켜 주고 미술이 보다 의미 있는 것이 될 수 있도록 언어적 반응을 할 수 있다. 교사가 유아의 작품에 대하여 반응할 때 다음과 같은 점을 유의해야 한다.

① 칭찬을 남용하지 않는다

무조건적으로 막연하게 '잘했다.', '멋있다.' 등의 칭찬을 남용하는 것은 유아에게 성공감을 느끼게 하지 못하고 미술 활동을 격려하지도 못한다. 유아는 교사의 무조건적인 칭찬을 형식적인 입에 발린 소리 정도로 인식하게 되고, 교사가 자신의 작품을 관심을 가지고 주의 깊게 보지 않는다고 느낀다. 또한 칭찬 속에 내재된 가치 판단적인 측면은 유아에게 미술 활동의 결과물은 반드시 성인이 만족할 만한 결과가 나와야만 한다는 생각을 갖게 하며, 칭찬을 듣지 못하는 결과물은 좋은 것이 아니라는 생각을 갖게 한다. 따라서 교사의 보상에 과도하게 의존하게 되며, 유아의 미술적 발전 및 미술적 자아상에 부정적인 영향을 주게 된다.

② **유아가 잘하고 있는 것을 정확하게 말해 준다.**

막연하고 일반적인 칭찬이 아니라 유아가 활동 과정에서 보인 노력, 사용한 방법이나 기술, 문제해결 과정을 말해 준다. 예를 들면, "멋있다. 진짜 인어공주 같이 그렸구나."라는 칭찬보다 "인어공주의 다리가 물고기 꼬리 같이 보이도록 그렸구나. 이렇게 물결 모양으로 많이 그리니까 물고기 비늘 같이 보이네." 와 같이 구체적으로 나타나 결과를 중심으로 말해 줄 수 있다.

③ **유아의 작품 속에 나타난 미적 요소, 감각적 특성에 대해 말한다.**

작품 속에서 사용된 미적 요소를 중심으로 하는 대화는 유아들의 미적 인식과 미적 잠재력의 발달에 도움을 줄 수 있다. Hardiman과 Zernich(1981)는 유아들과 다루기 적절한 미적 요소들은 선, 색, 형, 양감, 패턴, 공간, 질감이라고 제안한다. 교사는 유아가 작품 속에서 미적 요소를 어떻게 사용하고 있는지를 말해 줄 수 있다. 예를 들면, "서영이는 굵은 선과 가는 선을 함께 그렸구나.", "노란색 동그라미를 많이 사용해서 꽃을 그렸구나."와 같이 반응할 수 있다. 또한 교사는 사용된 미적 요소가 불러일으키는 감정에 대해 대화할 수도 있다. 예를 들면, "커다랗게 그려진 노란색 태양을 보니까 선생님이 따뜻해지는 느낌이구나." 또는 "위와 아래로 그려진 이 선들을 보니 선생님이 막 움직이는 느낌이 드는구나."와 같이 이야기할 수 있다.

④ **유아의 미술 표현 발달 수준을 고려하여 대화한다.**

긁적거리기 단계에 속한 유아의 그림을 보고 "이게 무엇이니?"와 같은 반응은 적절하지 못하다. 이 단계 유아는 감각운동적인 움직임 자체의 탐색과 즐거움이 미술 표현의 주된 목적일 수 있다. 따라서 "손을 아래, 위로 움직이고 있구나." 또는 "크레파스를 꾹 눌러서 그으니까 굵은 선이 생겼네."와 같이 유아의 움직임을 중심으로 반응하는 것이 보다 적절하다. 사물의 구체적인 형태가 나타나기 시작하는 초기 표상적 그림 단계에서는 유아의 작품 속에 들어 있는 미적 요소, 작품의 주제나 유아의 관심사를 중심으로 대화할 수 있다.

⑤ 미적 표현을 격려하는 질문을 한다.

교사는 유아의 작품을 보고 “이게 무엇이니?”라는 질문에 국한되지 않도록 한다. “어떻게 색종이들을 울퉁불퉁하게 만들었어?”와 같이 사용한 기법을 설명하도록 요구하는 질문 또는 미적 요소에 중점을 둔 질문을 할 수 있다. 교사는 또한 유아의 이야기를 귀 기울여 듣고 유아가 자신의 생각을 보다 구체화시킬 수 있도록 돕는 질문을 할 수 있다. 예를 들어, 유아가 그림을 그리면서 “이건 엄마야.”라고 한다면, 교사는 “엄마가 키가 크시니? 머리 모양은 어때? 긴 머리니 아니면 짧은 머리야?”와 같이 질문하여 엄마의 모습을 보다 구체화시킬 수 있도록 한다. 교사의 질문은 너무 길고 장황하지 않아야 한다.

교사가 적절한 시점에서 유아의 미술에 대해 언어적 반응을 하는 것은 필요하다. 그러나 항상 질문하고 언어적 상호작용을 해야만 하는 것은 아니다. 유아가 미술 활동하는 것을 관심을 가지고 보아주는 것만으로도 충분할 때도 있다. 또한 유아는 자발적으로 자신의 그림에 대해 이야기하기를 즐기므로 “나무와 새를 그렸네.”, “이건 엄마를 그린 거니?”와 같이 성인의 입장에서 무엇을 발견하려 하지 말고 유아가 스스로 설명하도록 기다리는 것도 필요하다.

다지기

● **나는 유아들과 어떤 미술 활동을 하는 교사가 되고 싶은가요? 빈칸에 적어 봅시다. 이유도 함께 정리해 보세요.**

- 유아교사가 되면 나는 유아들과 미술 활동을 할 때 ______________ 한 교사가 되었으면 좋겠어. 왜냐하면.......

- 유아교사가 되면 나는 유아들과 미술 활동을 할 때 ______________ 한 교사가 되었으면 좋겠어. 왜냐하면.......

- 유아교사가 되면 나는 유아들과 미술 활동을 할 때 ______________ 한 교사가 되었으면 좋겠어. 왜냐하면.......

CHAPTER 7

교수 전략

유아들의 미술적 능력을 충분히 계발하기 위해서는 교사의 적절하고 적극적인 지도가 필수적이다. 유아들의 미술 활동 과정에서 요구되는 교사의 기본적인 역할은 활동의 종류에 관계없이 유사하지만, 구체적인 교수 전략은 활동 유형별로 차이가 있을 수 있다.

이 장에서는 유아들의 미술 활동을 지도하는 데 필요한 교수 전략들을 활동 유형별로 살펴보고, 미술 활동을 할 때 유아들 간의 협력을 도울 수 있는 지도 방법을 살펴보고자 한다. 또한 지역사회 문화예술기관에 대한 유아교육기관의 참여가 증가함에 따라 미술관의 전시와 연계하여 지도하는 방법을 제안하고자 한다.

들어가기

신사임당의 '초충도'를 재해석한 이이남의 작품(Glass and Bugs in Miniature, 2009, by Lee, Lee Nam)을 찾아봅시다. 마치 살아있는 것처럼 움직이는 조각을 만든 새로운 테오 얀센(STRANDBEEST EVOLUTION 2017, 2017, by Theo Jansen)의 작품도 함께 보세요.

전 신사임당필 초충도/국립중앙박물관(https://www.museum.go.kr/site/main/relic/search/view?relicId=2061)

여러분이 <초충도>를 주제로 표현을 한다면 어떤 재료를 사용해서, 어떤 방식으로 표현할 수 있을지 2~3명씩 짝을 지어 함께 생각해 봅시다. 그리기, 찢기·자르기·붙이기, 찍기, 입체물 구성하기, 디지털 미디어 활용하기 등 다양한 방식을 의논한 뒤 아래에 기록해 보세요.

여러분이 생각한 표현 방법을 다른 조와 서로 이야기해 봅시다.

1. 미술 활동 유형별 지도 방법

창의적인 표현 활동은 평면 활동과 입체 활동 모두를 포함해야 한다. 또한 최근 들어 시각적 이미지의 범주가 넓어지고 있으므로 이에 대한 내용을 첨가할 필요가 있다. 이에 따라 유아교육 현장에서 실시될 수 있는 표현 활동은 그리기, 찢기 · 자르기 · 붙이기, 판화(찍기), 입체물 구성하기, 디지털 미디어 활용하기 활동으로 분류할 수 있다(Herberholz & Hanson, 1995; Shirrmacher, 2014). 이들 활동 유형에 따른 기본적인 지도 방법은 다음과 같다.

1) 그리기

유아에게 있어 최초의 조형 활동은 주변에서 쉽게 구할 수 있는 도구를 가지고 벽이나 마룻바닥, 또는 땅 등에 무엇인가 긁적거리는 행위로부터 시작된다. 이것이 선묘화(drawing)의 시작이며 선묘화에 몰두하게 될 무렵, 색깔을 이용한 채색화(painting)의 욕구를 가지게 된다. 유아의 그리기 활동은 가장 기본적인 미술 활동이며, 다른 활동을 위한 기초 과정으로 활용될 수도 있다.

① 유아들의 그리기 활동에 적절한 재료는 크레파스(크레용), 사인펜, 파스텔, 분필, 연필 등으로 종이의 크기나 표현하고자 하는 형태의 크기 및 특성에 따라 적절한 재료를 선택하여 사용하도록 지도한다. 예를 들어, 세밀한 부분을 표현할 때는 크레파스보다는 색연필이 보다 적합하고, 부드럽게 넓은 면을 칠할 때에는

파스텔이나 크레파스, 물감 등이 적합하다.

② 유아들이 주로 사용하는 색 이외에 다른 색깔의 크레파스(크레용), 다른 종류의 종이를 줌으로써 그리기에 변화를 주도록 한다. 이때 '모든 종류의 빨간색, 모든 종류의 파란색'과 같이 동일한 색을 크레파스(크레용), 색연필, 사인펜이나 매직 등의 다양한 재료에서 찾아 재료의 차이를 탐색해 보도록 한다.

③ 유아들에게 물감 활동을 제공할 때에는 붓, 물감, 물감 담는 용기 등과 함께 옷에 물감이 묻지 않도록 앞치마를 준비하고, 종이 타월, 스펀지 등을 가까이에 두어 물감을 쉽게 처리할 수 있도록 한다.

④ 유아들의 물감에 대한 탐색을 돕고 붓을 적절하게 사용하여 표현하도록 지도하기 위해서는 다음과 같은 점에 유의하는 것이 좋다(Herberholz & Hanson, 1995).

- 붓을 쥘 때에 손가락으로 금속 부분의 위쪽을 잡도록 한다.
- 붓을 문지르기보다는 붓의 끝이나 옆면을 이용하여 굵고 가는 선을 자연스럽게 표현하도록 한다.
- 넓은 면을 칠할 때에는 크고 납작한 붓을 사용하고, 세밀한 부분이나 색칠한 부분 바로 옆을 칠할 때에는 작고 둥글게 모아지는 붓을 사용한다.
- 필요한 경우, 그림을 그리기 전에 분필을 이용해서 밑그림을 그릴 수 있다.
- 물감을 칠할 때에는 넓은 부분을 먼저 칠하고, 물감 위에 색을 덧칠할 때에는 물감이 마른 후에 가볍게 칠한다.
- 무늬를 그려 넣거나 세부적인 부분을 첨가하여 그릴 때에는 바탕 물감을 완전하게 칠하여 마른 후에 하는 것이 좋다.
- 흰색을 섞으면 밝아지고, 검은색을 섞으면 어두워지고 보색을 섞으면 색이 탁해지는 등 색을 혼합하면서 경험하게 되는 색의 변화는 다른 종이에 미리 실험해 본 후 적용하는 것이 좋다.
- 물감이 섞이는 것을 피하기 위해서는 다른 색을 붓에 칠하기 전에 붓을 물에 헹구어 내는 것이 좋다.
- 붓은 항상 따뜻한 물로 깨끗하게 씻어서 붓통에 보관한다.

⑤ 주제에 대하여 표현할 때, 모든 유아들이 정해진 한 가지 재료를 사용하기보다는 크레파스와 종이, 크레파스와 모래 종이, 아크릴 물감과 비닐 등 몇 가지 재

료 중에서 표현하고 싶은 재료를 선택하게 하는 것이 바람직하다.

⑥ 유아들이 서로 다른 재료를 혼합하여 표현해 볼 수 있도록 한다. 예를 들어, 사람을 표현할 때 파스텔과 포스터 컬러를 섞어서 표현해 보거나, 모래와 아크릴 물감을 섞어 표현해 보는 등 혼합 재료를 사용하는 경험은 유아들이 창의적인 표현을 시도하는 데 도움이 된다.

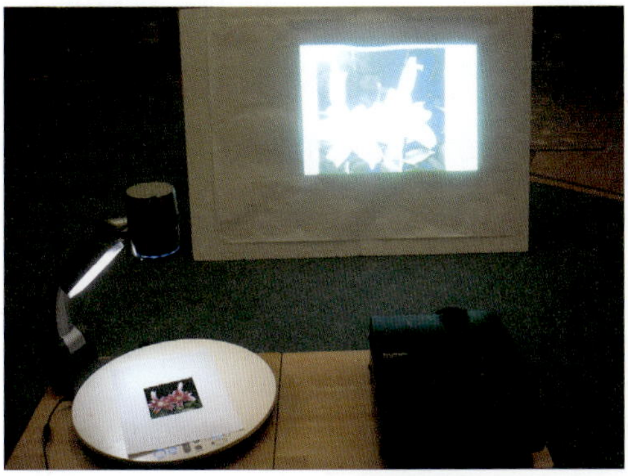

실물 화상기에 투영된 꽃 사진을 따라 크게 꽃 형태를 그린 후
다양한 매체(오일파스텔, 파스텔, 아크릴 물감 등)로 나누어 그리기

2) 찢기, 자르기, 붙이기

유아는 찢기, 자르기, 붙이기 활동을 함으로써 눈과 손의 협응력과 손가락 조절을 할 수 있는 능력을 기르게 되고, 이러한 과정을 통하여 모양, 크기, 비율에 대한 개념을 발달시킬 수 있다. 교사는 유아가 자유롭게 찢기, 자르기를 할 수 있도록 낡은 잡

지나 신문지, 광고지, 전화번호부 책 등을 준비해 준다. 또한 처음 시작하는 자르기 경험이 실패나 좌절이 되지 않도록 좋은 가위를 준비해 주어야 한다.

① 연령이 어린 유아들에게 찢기 경험은 시각적 지각 능력과 신체의 운동 기술을 발달시키기 좋은 활동이다. 연령이 어린 유아들에게는 잘 찢어지는 얇은 종이를 제공하고, 특정한 모양으로 찢기보다는 종이를 반으로 찢기, 끝에서부터 길게 찢기, 작게 찢기, 크게 찢기, 자유롭게 찢기 등으로 경험하도록 하는 것이 좋다.

② 유아들이 가위를 처음 접할 때에는 밀가루 반죽과 같이 잘 잘리는 재질의 재료를 사용하여 가위를 사용하는 방법에 대해 충분히 경험할 수 있도록 한다.

③ 종이를 자르기 시작할 때 유아들은 처음에는 성인이 알아보지 못하는 형태로 자르다가 점차적으로 사실적인 형태로 자르기 시작한다. 따라서 특정한 형태를 자르도록 하기보다는 자유롭게 잘라 보도록 하고, 유아들이 자르는 과정 자체에 즐거움을 느낄 수 있도록 충분히 격려한다.

④ 유아들이 가위를 사용하여 자르는 것에 익숙해지면 한 번에 잘라낼 수 있는 크기의 종이를 사용하여 끝에서부터 길게 직선으로 자르기, 곡선으로 자르기 등을 연습해 볼 수 있도록 한다. 교사는 종이를 접은 후 잘라서 대칭적인 형태를 만드는 방법 등 가위를 사용하는 기술의 모델을 보여줄 수 있다.

⑤ 교사는 유아들이 만들어낸 여러 형태의 특성(직선, 곡선, 지그재그선, 큰 모양, 작은 모양, 동그라미, 네모, 세모 등)에 대해서 탐색하고 이야기해 볼 수 있는 경험을 제공한다.

⑥ 유아들이 찢거나 자른 조각들은 손으로 만져 보고, 불어 보고, 두드려 보고, 구겨 보고, 발로 밟아 보는 등 감각적으로 경험해 보도록 하는 것이 좋다.

⑦ 찢거나 자른 조각들을 처음부터 풀로 붙여 보도록 하기보다는 책상 위에 자유롭게 놓아 보거나 지퍼백 등 속이 비치는 봉투에 모아 보는 것에서 시작하여 점차 종이 위에 조각들을 배열하여 원하는 형태를 구성해 볼 수 있도록 한다.

⑧ 유아들이 기본적인 자르기 기술을 습득하면 교사는 다양한 종류의 재료로 찢거나 자르는 경험을 일상적으로 제공하고, 이러한 조각들을 사용하여 콜라주 활동을 할 수 있다.

색 한지 찢어 유리창에 붙이기

모양을 자르고 붙이기(직선과 곡선)

도형 콜라주 – 신체 움직임 표현하기

3) 판화

대부분의 유아들은 일상생활 속에서 다양한 판화를 경험한다. 진흙 위로 걸어 다닌 유아의 신발은 마른 바닥 위에 신발 바닥의 무늬를 찍어내고, 물감이 묻은 손으로 종이나 벽을 만지면 손자국이 남는다. 이처럼 판화는 유아들이 일상생활에서 쉽게 경험하는 것에서부터 고무판, 나무, 금속, 돌 등과 같은 물체에 형상을 그려 판을 만든 후, 잉크나 물감 등을 칠하여 종이나 천 등에 찍어내는 것과 같이 매우 다양하다.

유아들은 판화를 통해 자기 자신을 표현할 수 있을 뿐 아니라 다양한 물체가 지닌 표면 질감과 모양의 차이를 경험해 볼 수 있는 좋은 기회가 된다.

① 유아들에게 판화를 소개할 때 손바닥 찍기나 무늬 베껴내기 등 일상생활에서 흔히 경험하게 되는 판화나 도장, 카드, 포장지, 벽지, 옷의 무늬 등 판화를 활용한 일상의 사물들에 대해 생각해 보게 하는 것은 판화를 이해하고 제작하는 데 도움이 된다.

② 유아들의 경험이나 소근육 발달을 고려하여 손바닥이나 물체의 무늬 찍어내기, 동전이나 나뭇잎 무늬 베껴내기, 데칼코마니, 풀물감 그리고 찍어내기, 마블링 물감 떨어뜨리고 찍어내기 등과 같은 활동에서부터 공판의 틀을 사용하는 판화 활동까지 활동의 기회를 적절하게 제공해야 한다. 이를 위해 교사는 판화 활동의 종류와 특성을 이해하는 것이 필요하다.

③ 판화는 재료나 판을 만드는 방법, 찍어내는 방법 등에 따라 여러 가지로 분류할 수 있는데, 일반적으로 볼록판화, 오목판화, 평판화, 공판화로 구분할 수 있다.

- 볼록판화 : 판의 볼록 부분에 물감이 묻혀져서 찍혀 나오는 것으로 선명하고 강한 느낌을 준다. 고무판, 목판, 야채판, 석고판, 찰흙판, 종이판, 금속판 등이 있다.
- 오목판화 : 판의 오목한 부분에 넣은 물감이 묻어 나와 찍힌다. 섬세한 표현에 알맞고 부드러움과 높은 기교를 살릴 수 있다. 프레스기로 강한 압력을 주어 찍는다. 동판, 아연판, 드라이포인트, 메조틴트, 아쿼틴드 등이 있다.
- 평판화 : 올록볼록한 것이 없이 평판 위에 물감을 칠한 뒤 기름의 배수성을 이용한 것이다. 평판에는 석판, 아연판, 모노타이프(한 장 찍기), 데칼코마니, 마블링 등이 있는데, 석판은 대규모의 시설이 필요하기 때문에 유리나 비닐장판 조각 등을 이용하여 간이 석판을 할 수 있다.
- 공판화 : 판에 구멍을 내고 그 구멍으로 잉크를 밀어 넣어 아래에 받친 종이에

판의 구멍 모양대로 찍혀 나오게 된다. 종이공판, 등사판, 날염판(옷감 염색), 실크스크린, 스텐실 등이 있다.

종이공판

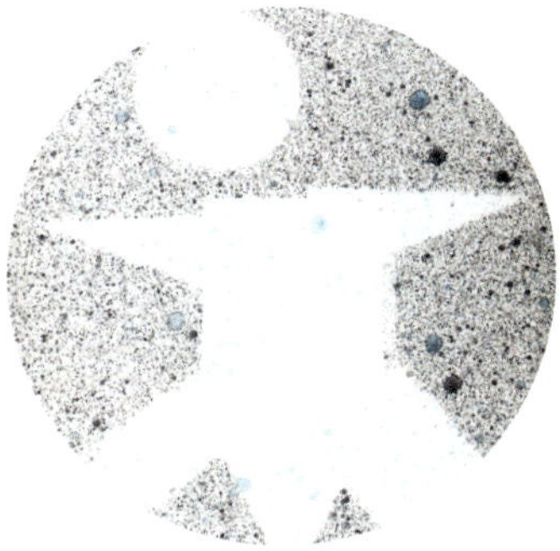

스텐실

④ 판화를 소개할 때 책상 위에 판화의 종류에 따라 필요한 도구들(찍을 수 있는 종이, 롤러, 잉크판, 판화용 잉크, 칫솔이나 스펀지, 물감이나 포스터, 붓, 팔레트, 물통 등)을 준비해 둔다. 유아들에게 친숙하지 않은 도구들이 있다면, 도구를 사용하는 방법에 대해 탐색하고, 설명하는 것이 필요하다.

⑤ 판화 활동을 할 때에는 포스터 컬러를 진한 농도로 준비해 주는 것이 좋고, 물감을 붓으로 칠하거나 작은 고무 롤러로 밀어주는 등 여러 가지 방법으로 물감을 칠하여 찍어낼 수 있도록 한다. 롤러를 쓸 경우에는 네모난 작은 쟁반에 물감을 푸는 것이 좋고, 붓을 사용할 때는 크고 넓적한 붓(4~5cm 정도)을 쓰는 것이 좋다.

⑥ 판화를 시작하기 전에 어떤 모양이 만들어질 것인지 생각해 보도록 한다. 유아들이 판화 활동을 경험한 후, 찍어낸 판화의 형태, 찍어낸 방법 등에 대해 서로 이야기를 나누는 것이 필요하다. 또한 다양한 판화 작품을 보면서 일반적인 그리기와의 차이, 판화의 좋은 점에 대해 생각해 보는 기회를 제공하는 것이 좋다.

4) 입체물 구성하기

유아들이 활동하고 생활하는 주변 세계는 3차원적 공간으로 이루어져 있으므로 입체 재료를 사용하여 사물의 형태를 만들고 구성하는 것은 자연스러운 일이다. 유아들은 점토, 신문, 상자, 테이프, 접착제, 나뭇조각과 같은 다양한 재료를 사용하여 3차원 형태를 구성해 보면서 물체가 내포하고 있는 여러 개념들을 발견하게 되고, 물체의 성질을 이용하여 창의적으로 결합하여 표현할 수 있게 된다. 뿐만 아니라 물감이나 크레파스 등 평면적인 재료를 사용해 자신의 생각을 쉽게 표현하지 못하는 유아들도 입체 재료를 사용하여 디자인하고, 만들고, 구성해 보면서 자신들이 가진 아이디어와 느낌을 재미있게 표현하는 기회가 될 수 있다.

입체 활동은 형식에 따라 완전한 3차원적 형태를 갖추고 있는 환조, 회화의 고유한 속성인 평면성과 조각 특유의 입체가 결합된 부조, 움직이는 조각으로 시간의 경과와 함께 입체 형태의 변화를 느끼게 하는 모빌, 오브제[1], 아상블라주(assemblage)[2]로 나누어진다. 사용하는 재료에 의해서는 목조, 금속조(청동, 철, 스테인리스 스틸, 알루미늄 등), 석조, 도조, 테라코타[3] 등으로 분류되며, 표현 기법에 따라 점토, 흙, 석고, 시멘트 등의 재료를 빚거나 붙여가면서 형태를 만드는 소조와 나무, 돌, 금속 등의 단단한 재료를 이용하여 특정한 형태가 되도록 깎고, 다듬고, 새겨서 형태를 만드는 조각이 있다.

여기서는 유아들과 함께 활동할 수 있는 3차원 입체 활동으로 점토를 이용한 형태 만들기, 폐품이나 주변 물체를 이용한 입체 형태 구성하기, 모빌 만들기, 설치미술을 소개한다.

(1) 점토를 이용한 형태 만들기

① 유아들은 점토(찰흙, 밀가루 점토, 고무찰흙)를 가지고 두드리고, 굴리고, 자르고,

1) 오브제 : 뒤샹이 기성품 변기를 「샘」이라는 이름으로 전시한 것과 같이 '물체' 자체가 예술 작품이라고 생각하는 것이다. 미술의 재료, 형식, 기능을 확대하는 역할을 하였다.

2) 아상블라주 : 폐품이나 일용품을 비롯하여 여러 물체들을 한데 모아 미술 작품을 제작하는 기법 및 그 작품을 의미한다.

3) 테라코타 : 점토를 구워서 만든 상이나 토기 등 일반적으로 초벌구이만 한 상태로 점토를 건조시켜 유약을 바르지 않고 만든 조각 작품 및 그 소재를 의미한다.

뭉쳐 보고, 도구로 찍어 보는 등의 탐색 과정을 거쳐 점차적으로 형태를 표현할 수 있게 된다. 따라서 처음부터 구체적인 형태를 만들도록 하기보다는 재료의 특성을 탐색할 수 있는 충분한 시간을 주고, 점토를 가지고 탐색하는 과정 자체를 즐길 수 있도록 한다.

② 점토가 너무 굳어 딱딱해지거나 너무 묽으면 유아들이 다루기 어려우므로, 점토를 사용한 후에는 항상 젖은 헝겊으로 덮어 뚜껑 있는 플라스틱 통에 보관할 수 있도록 지도한다.

③ 점토마다 재료의 특성에 조금씩 차이가 있으므로 밀가루 점토, 찰흙, 고무 찰흙, 지점토 등 여러 종류의 점토를 제공하여 탐색해 보도록 한다.

④ 항아리, 동물, 사람 등 점토를 이용하여 만든 여러 종류의 작품을 감상하게 하면 유아들의 관심을 유발할 수 있고, 다양한 형태를 경험할 수 있다.

⑤ 점토판이나 점토 주걱, 점토용 칼, 밀대, 점토 표면에 자국을 낼 수 있는 여러 가지 용구, 점토끼리 연결하거나 표면에 꽂을 수 있는 재료, 장식용 재료 등 부속 자료를 함께 제공하여 다양한 방법으로 표현할 수 있도록 한다.

⑥ 유아들이 개별로 형태를 만드는 것에 익숙해지면, 밀가루 반죽이나 청자토 등을 이용하여 공동으로 벽화를 만들어 볼 수 있다. 점토를 사용한 벽화 작업을 할 때에는, 밀가루 반죽이나 청자토 등을 베니어판에 붙이고 롤러로 밀어 평평하게 만든 다음에 벽화의 주제에 따라 형태를 만들어 붙이거나 찰흙칼 등을 이용하여 새겨서 형태를 만들 수 있다.

점토로 얼굴 만들기

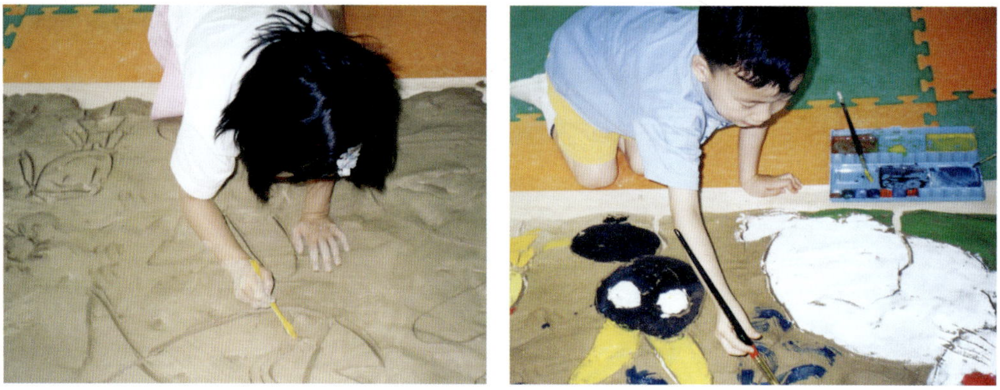

점토를 이용해 공동으로 벽화 만들기

(2) 폐품이나 주변 물체를 이용한 입체 형태 구성하기

① 일상용품이나 폐품 등 여러 물체를 한데 모아 구조물을 조립하거나 구성하는 아상블라주(assemblage) 기법을 활용하여 형태를 구성해 본다.

② 나무토막, 상자, 스티로폼, 야채와 과일, 재활용품 등 다양한 크기와 형태, 질감의 재료를 제공하고, 표현 활동을 하기 전에 각 재료의 특성에 대해 충분히 탐색할 수 있는 기회를 제공한다. 이때 다양한 사고를 촉진할 수 있는 질문을 하여 유아들이 여러 재료들을 사용하는 기술들을 발견하고, 창의적으로 표현할 수 있도록 돕는다.

③ 입체 재료를 사용하여 표현할 때 표현하고 싶은 주제와 재료의 특성이 어울리는지 살펴보고, 한 가지 방법이 아니라 여러 방법으로 재료를 사용해 볼 수 있도록 격려한다.

④ 일반적으로 사용되는 재료 외에 색다른 자료나 기존의 구성물을 변화시킬 수 있는 재료들을 첨가해 주는 것은 유아들이 보다 다양한 표현을 할 수 있게 한다.

⑤ 입체 재료를 이용한 구성 외에 종이와 같은 평면 재료를 말거나 구겨서 부피감이 느껴지도록 구성하거나, 평면 재료와 입체 재료를 함께 사용하여 구성해 볼 수 있는 기회를 제공한다.

⑥ 여러 종류의 동물, 기차, 비행기, 잠수함, 자동차 등의 교통기관, 성곽, 집 등 유아들이 개별 또는 공동으로 구성한 작품들을 사용하여 놀이할 수 있도록 한다.

입체 재료를 이용한 구성 활동

(3) 모빌 만들기

① 모빌은 유아들이 아주 어린 시기부터 경험한 것으로 미술 작품의 한 종류라기보다는 놀잇감으로서 더 익숙하다. 따라서 모빌 작품을 감상한 후, 다르게 느껴지는 점(평면 작품과의 차이점, 움직이는 특성 등)과 선 · 형 · 색으로 이루어진 입체 구성물로서의 아름다움, 우리 주변에서 모빌과 비슷한 느낌이 드는 것(예를 들어, 절에 있는 풍경, 나뭇잎이 흔들리는 모습 등)에 대해 이야기해 보는 것이 필요하다.

② 모빌은 흔히 '움직이는 조각'으로 불린다. 철사나 실, 낚싯줄 등에 가볍고 얇은 물체들을 연결하여 전체의 형태를 구성하는 것으로 바람에 의해 움직이면서 계속해서 형태가 변한다. 따라서 유아들이 모빌의 이러한 특성을 잘 살려서 표현할 수 있도록 지도해야 한다.

③ 모빌을 만들 때에는 무게와 균형을 잘 잡아서 움직임의 아름다움을 느낄 수 있도록 연결하는 것이 매우 중요하다. 모빌에 유아들이 구성한 형태를 매달 때에는 아랫부분부터 차례로 매달아 윗부분으로 연결해 가도록 지도한다.

모빌 만들기– 옷걸이를 연결하여 만든 거미와 거미줄

(4) 설치미술

설치미술은 공간에 물체를 설치하거나 구성하는 것을 포함하는 미술 영역으로 물체와 공간 전체가 예술 작품으로 구성된다. 설치미술은 표현 양식이 다양하여 그림, 조각, 물체, 문자, 미디어 등 여러 매체를 활용하여 구성되므로 시각적 체험만이 아니라 소리, 냄새 등 다양한 감각을 경험할 수 있게 된다. 또한 매체나 물체뿐 아니라 공간이 중요한 요소이므로 놀이 공간이나 유치원 내의 도서관 모퉁이와 같은 특정 공간에 작품을 설치할 수 있다. 작품을 구성할 때에는 자신의 주변 공간과 사물을 충분히 탐색하게 되고, 작품을 설치한 후에는 관객인 유아의 적극적인 참여 혹은 체험의 경험을 강조한다. 따라서 설치미술은 다각적인 경험을 제공하는 놀이로 접근하는 것이 가능하다. 유아들과 설치미술을 시도할 때의 유의할 점은 다음과 같다.

① 유치원 내의 공간 특성을 활용하여 활동이 이루어지도록 한다. 예를 들어 졸업을 하며 유치원에서 지낸 유아들의 기억을 담아 구성한 '기린반의 소중한 기억상자'를 설치하기 위해 무엇을 해야 할지, 어디에 설치할지, 기존의 공간과 새로 구성한 공간은 어떤 점에서 차이가 있는지 등을 생각하며 유아들이 새로운 공간의 의미를 만들어낼 수 있도록 한다. 이때 주변 환경의 특징이나 아름다움을 충분히 인식하고 표현할 수 있도록 상호작용하는 것이 필요하다.

기린반의 소중한 기억상자

하늘을 나는 거꾸로 우산

② 주변에서 발견할 수 있는 여러 물체를 활용하며 다양한 감각적 경험을 할 수 있도록 한다. 기존 미술 활동에 사용한 재료 외에 큰 천, 끈, 비닐, 풀, 흙을 사용하거나 빛과 소리, 물과 바람, 움직임, 향기 등을 표현매체로 활용할 수 있다. 따라서 교사는 주변 사물을 어떻게 사용할지 충분히 생각하며 구성하도록 지도한다.

③ 작품을 제작하는 과정에서는 유아가 능동적인 구성자로 참여하고, 작품을 제작한 후에는 적극적인 관람자로 참여하면서 미술 작품을 즐겁게 경험할 수 있는 기회가 되도록 한다. 따라서 유아의 아이디어를 충분히 반영하고, 다양한 실험이 이루어지도록 격려한다.

④ 설치미술을 경험하는 과정에서 유아 상호 간에 협력과 공유가 충분히 일어날 수 있도록 한다. 설치미술은 작품의 성격상 개별 활동보다는 공동 활동의 형태로 이루어지게 된다. 따라서 어떠한 주제로, 어디에, 무엇을, 어떻게 구성할지 함께 의논하며 적극적으로 참여할 수 있도록 지도한다.

5) 디지털 미디어 활용하기

디지털 카메라, 컴퓨터 등의 미디어를 사용하는 활동을 유아에게 소개하는 것은 기존에 유아미술에서 다루어온 평면 및 입체 활동에 더해 새로운 매체를 사용하여 표현 가능성을 확장하는 것으로 이해하는 것이 좋다(Shirrmacher, 2006). 디지털을 활용한 예술은 문자뿐 아니라 그림, 소리 등 여러 요소가 혼합되어 사용된다. 정해진 방식이 아니라 감상자가 스스로 경험하면서 방향을 설정할 수 있으며 감상자가 작품의 형태를 변형할 수 있다. 특히 시각적 측면에 초점을 둔 전통적인 미술과 달리 청각, 촉각, 시각이 한데 어우러져 있어 유아들은 디지털 기술에 기반을 둔 미디어를 통해 탐색하고, 실험하고, 문제를 해결하고, 창의적으로 생각하고, 새로운 것을 창조하는 경험을 할 수 있다. 유아는 사진을 찍고, 컴퓨터를 사용하여 기존의 이미지를 변형하고, 간단한 동영상을 만들어 보는 과정을 통해 각 이미지가 주는 의미를 해석하며, 여러 이미지 중에서 자신이 필요한 것을 선택하여 변형하거나 창조하는 경험을 하게 된다. 이것은 유아가 자신의 주변에서 볼 수 있는 다양한 시각적 이미지에 관심을 가지고 자신만의 의미를 담아 시각적인 표상을 만드는 데 도움이 된다(이정욱 외, 2007). 디지털 미디어 활용하기에는 컴퓨터, 휴대폰, 태블릿 PC 등 디지털 미디어 기기나 프로그램에 대한 경험과 사진, 만화, 애니메이션, 광고 등 디지털 미디어를 기반으로 만들어지는 이미지와 동영상에 대한 경험을 모두 포함한다.

디지털 미디어를 활용한 표현은 첫째, 소프트웨어로 컴퓨터 화면을 종이처럼 사용하여 선과 모양을 그리고 색을 칠하는 것, 둘째, 인터넷을 통해 기존의 이미지를 탐색하여 자신이 원하는 형태로 변형시키는 것, 셋째, 디지털 카메라를 사용하여 직접 사진이나 동영상을 찍는 것으로 구분할 수 있다(이영자, 이기숙, 이정욱, 2009; Barnes, 2015). 미디어를 사용하는 기술을 연습하는 데 초점을 두기보다는 유아가 자연스럽게 여러 미디어를 경험하는 가운데 그 특성을 비교하고 상황에 따라 적합한 결정을 내릴 수 있도록 하는 과정이 보다 중요하다. 유아와 할 수 있는 기본적인 방법들을 소개하면 다음과 같다.

(1) 그리기 프로그램 및 소프트웨어 활용하기

① 그리기 프로그램을 통해 유아들은 컴퓨터 화면을 종이로, 마우스를 붓으로 사용하여 선과 모양을 그리고 색을 칠하는 활동을 할 수 있다. 그림을 그리고 지우는 것, 그림 위에 다시 덧칠하는 것 등이 편리하므로 그리기에 대한 부담 없이 자유롭게 표현하는 것이 가능하고, 화면 속 빈 공간에 일어나는 변화를 보고 스스로

조절할 수 있다.

② 즉각적인 색상 변경, 패턴 만들기, 대칭, '잘라내기 및 붙여넣기', '붓'의 크기 변경하기, '모양', '스탬프' 또는 '물 효과'와 같이 버튼을 클릭하는 방식은 유아들이 즐겨 사용할 수 있는 방법이다. 화면을 가로질러 선을 그리는 법을 배울 수도 있다. 교사는 유아가 디지털 기술을 활용하여 미술 활동에 참여하도록 돕기 위해 미리 필요한 경험을 계획해야 한다. 그리고 활동 과정에서 '브러시'의 크기를 설정하거나 파일을 저장하는 방법, 기존 파일의 업로드 방법에 대해 탐색할 기회를 제공하고, 적절한 수준의 도움을 제공해야 한다.

③ 그리기 프로그램으로 이미지를 만든 후에 컬러 프린터로 인쇄하여 기존의 활동과 연계할 수 있다. 예를 들어 인쇄물 위에 연필이나 크레용을 활용하여 다른 이미지를 추가하거나 이미지를 잘라내어 종이에 재구성하는 것과 같은 활동을 소개한다.

- 화면에서 이미지를 구성한 후 세 장을 컬러로 출력한다.
- 세 장 중 한 장은 그대로 전시한다.
- 인쇄물 중 한 장에는 색연필을 활용하여 이미지를 덧붙인다.
- 남은 한 장은 이미지를 자르고 오려 콜라주하여 그림 액자나 축하 카드를 만드는 데 사용한다.
- 화면에서 구성한 이미지를 다양한 활동에 활용한다.

④ 간단한 방법으로 이미지와 글, 소리, 애니메이션 효과 등이 결합된 작품을 만들도록 프로그램 된 소프트웨어나 스톱모션 앱, 'windows live movie maker' 등을 활용하여 디지털 카메라로 연속하여 찍은 사진을 동영상으로 구성하도록 하면 그림책이나 애니메이션과 같은 영상을 만들 수 있다. 이러한 소프트웨어는 이미지와 이야기를 결합하는 다양한 방식을 유아들이 경험하도록 돕는다.

⑤ 동영상 제작 프로그램을 활용할 때에는 교사가 사용 방법을 순서표로 만들어 제시하고 과정을 하나씩 탐색하도록 안내하여 유아가 프로그램에 친숙해지도록 지도한다.

움직이는 동화 만들기

[사전 활동]

- 같은 내용의 책과 비디오 동화를 감상한다. 유아들과 어떤 점이 같고 다른지에 대해 이야기 나눈다. 교사는 유아들이 책, 비디오와 같은 매체의 특성을 탐색할 수 있도록 돕는다(예: 에릭 칼의 '배고픈 애벌레'의 책, 비디오 동화 https://www.youtube.com/watch?v=r-Up2Cd3etg).
- 움직이는 동화를 만든다면 어떤 내용으로 만들고 싶은지 유아들과 이야기 나눈 뒤, 유아들과 함께 이야기를 구성한다.

[움직이는 동화 제작 방법]

감상

- 스톱모션 애니메이션(stop motion animation) 기법을 활용한 동영상을 감상한다. 교사는 유아들이 잘 이해할 수 있는 자료를 선정한다.

탐색

- 스톱모션 애니메이션 기법을 소개한다. 유아들의 이해를 돕기 위해 그림 자료를 보여 간단하게 설명을 한 다음 유아들과 함께 직접 탐색해 본다.
- 디지털 카메라 사용방법과 주의할 점을 이야기한 후 스톱모션 애니메이션 기법을 탐색할 사진을 찍는다.
- 스톱모션 애니메이션 제작에 필요한 프로그램(windows live movie maker)을 소개한 후 직접 탐색해 본다.

표현

- 스톱모션 애니메이션 기법을 활용한 동화를 만들 유아들과 함께 자신들이 구성한 이야기를 회상하며 등장인물과 배경을 만든다.
- (이야기를 기초로) 유아들이 만든 배경과 등장인물로 어떻게 움직이는 동화를 만들지 의논한다.
- 유아들이 의논한 이야기로 스토리보드를 만든다.
- 유아들이 구성한 스토리보드에 따라 등장인물을 조금씩 움직여 사진으로 찍는다.
- 사진기 화면을 통해 유아들이 찍은 사진을 확인하며 적절하게 표현되었는지 이야기를 나눈다.
- 함께 의논하며 스토리보드에 맞춰 다시 사진을 찍는다.
- 유아들이 찍은 사진을 컴퓨터에 옮긴 후, "windows live movie maker" 프로그램이나 앱으로 사진을 이어 동화를 만든다.

- 각 프로그램의 기능을 활용하여 배경음악, 소리 등을 녹음 · 삽입하여 완성한다.

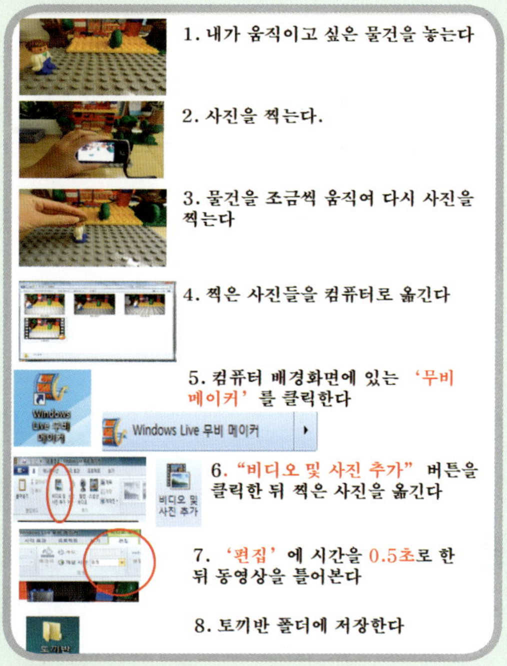

[사후 활동]

- 미술 영역에 디지털 카메라, 노트북 등을 계속 제공하여 스톱모션 애니메이션 기법에 친숙해지도록 한다.
- 다양한 물건(레고, 유아들이 만든 작품이나 그림, 인형, 이야기 꾸미기 자료 등)을 제공하여 스톱모션 애니메이션 기법을 활용한 이야기를 만들어 볼 수 있도록 하고, 작품이 완성되면 함께 감상한다.

* 덕성여자대학교 부속유치원 동풀잎 선생님이 실행한 활동을 재구성한 것입니다.

(2) 인터넷 활용하기

① 인터넷은 미술 활동에 유용한 자료를 제공한다. 유아는 웹 페이지의 텍스트를 쉽게 읽을 수 없어 검색이 제한적이지만 주의 깊게 계획하면 미술에 대해 다양한 정보를 탐색할 수 있다. 예를 들어 엽서 등 인쇄물로 된 마티스의 작품을 감상한 후 인터넷으로 마티스와 그의 작품에 대한 정보를 찾아보고 이를 활동과 연계할 수 있다.

② 유아는 인터넷 검색이나 웹 갤러리를 통해 다양한 작품을 경험할 뿐 아니라 뷰파인더를 통해 작품의 일부를 자세하게 확대하거나 회전해 볼 수 있다.

(3) 디지털 카메라와 이미지 활용하기

① 유아가 주변 환경을 탐색하며 자신이 원하는 사물과 상황을 사진으로 찍는 경험은 새로운 관점에서 사물을 바라볼 기회를 제공한다. 디지털 카메라는 메모리에 많은 이미지를 저장할 수 있고 인터넷에 이미지를 저장하여 다른 장치와 동기화하는 것도 용이하므로 쉽게 활용할 수 있다.

② 사용에 친숙한 디지털 카메라뿐 아니라 폴라로이드 카메라, 필름 카메라 등을 사용하여 사진을 찍어보도록 한다.

사진 찍어 그림책 만들기

③ 카메라로 이미지를 표현할 때에는 주변 환경을 눈으로 보는 것과 렌즈를 통해 보는 것을 비교하거나 대상을 찍는 거리를 달리하거나 다양한 각도와 방향에서 찍으며 살펴보는 등의 탐색 경험을 충분히 제공하고, 이러한 방법을 통해 만들어진 이미지 사이의 차이점에 대해 생각해 보도록 하는 것이 중요하다.

유아가 점토로 만든 동물을 활용하여 원근 왜곡하여 사진 찍기
(숲속에 있는 동물들)

④ 책이나 잡지 등에서 찾아낸 이미지를 스캔해서 활용할 수 있으며, 유아들이 그린 작품을 스캔해서 유아들과 함께 포트폴리오를 만들 수도 있다. 디지털 미디어를 사용하여 만든 이미지와 기존에 친숙하게 사용해 온 그리기 · 만들기 재료들을 결합하는 것은 유아들이 보다 창의적으로 생각하도록 돕는다.

⑤ 사진 이미지를 출력하여 작품을 제작할 때에는 여러 장을 출력한 후 잘라내어 붙여넣기, 바둑판으로 배열하기, 뒤집어 다시 채색한 후 스캔하기 등의 방법을 활용할 수 있다.

⑥ 유아가 컴퓨터로 이미지를 변형하고 싶어하면 교사가 사용하는 '포토샵'이나 '포토스케이프' 등의 프로그램으로 도움을 준다. 포토스케이프는 사진 분할, 화면 캡처, 색상 도출, 이어 붙이기가 가능하므로 콜라주 형태로 이미지를 합성, 분할, 재배치할 수 있다. 이와 같은 프로그램은 '취소' 버튼을 사용할 수 있기 때문에 보다 자유롭게 다양한 변화를 시도할 수 있다는 장점이 있다. 다양한 사진을 포토스케이프로 편집하기, 편집한 이미지를 모아 재구성하기, 포토스케이프로 콜라주하기 등을 시도해볼 수 있다.

⑦ 사진을 변형한 경우에는 처음에 찍은 원본 사진 속 이미지와 일부를 변경한 이미지를 비교하여 이야기할 기회를 제공한다. 이러한 경험은 유아가 이미지를 읽고 이해하는 데 도움을 줄 수 있다.

유아의 얼굴 사진을 출력하여 재구성하기

사진을 오려 붙여 책 만들기

사진 모아 포토월 만들기

2. 미술 협동작업의 지도 방법

미술 협동작업이란 두 명 이상의 유아들이 함께 미술작업을 하여 공동 작품을 만드는 것을 뜻한다. 미술 협동작업이 잘 고안되어 실시된다면, 연령과 작품 제작 기술의 수준이 서로 다른 유아들이 함께 작업하여 혼자서 만드는 작품과는 다른 독특한 작품을 만들게 된다.

다양한 생각과 수준을 지닌 유아들이 함께 협력하여 미술 작품을 만들면서 미술에 대한 이해가 확장될 뿐만 아니라 의사교환 능력 및 중요한 사회적 기술이 발달한다. 함께 작업을 하면서 동료의 존재를 인식하게 되고, 자신과 생각이 다른 유아와 의견을 조절하면서 협의 기술이 발달하게 되며, 자료를 나누어 쓰고 차례에 따른 자신의 순서를 기다릴 수 있는 능력, 도움을 주고받으며 함께 일하는 협동 기술이 발달한다. 유아는 또한 다른 사람들과 함께 작업하는 것이 즐거운 일임을 알게 된다. 미술 협동작업에서 중요한 것은 잘 만들어진 결과물이 아니라 여럿이 함께하는 집단 경험이다.

미술 협동작업에서 교사의 역할은 유아의 집단 경험이 노래, 웃음, 흥분과 같은 재미가 포함되는 즐거운 경험이 되도록 활동을 구성하는 것이다(Koster, 2001). 또한, 교사는 유아들이 공동 작업에 적극적으로 참여하여 각자가 기여할 수 있도록 격려해야 한다.

1) 미술 협동작업의 형태

미술 협동작업은 다음의 형태로 실시할 수 있다.

(1) 개인 작품 합하여 완성하기

유아의 개별 작품이 합쳐져서 전체 작품으로 완성된다. 예를 들면, 유아가 각자 원하는 동물을 만든 후에 이를 모아서 동물원을 만든다. 또는 유아가 각자 타일에 자신이 원하는 그림을 그린 후에 이들이 그린 타일 그림을 모아서 배열하여 전체 작품을 만들 수 있다. 이런 과정에서 교사는 유아들이 개별 작품을 어떻게 배열하여 공동 작품으로 구성할 것인지, 공동 작품으로 완성하기 위해 개별 작품이 수정이나 첨가될 부분은 없는가를 토의하도록 지도한다.

핸디코트 위에 그리기

(2) 역할 분담하여 완성하기

공동으로 제작할 작품을 결정하고, 역할을 분담하여 공동 작품을 완성한다. 예를 들면, 여러 명의 유아들이 의논하여 함께 우리 몸을 만들기로 결정한 후 역할을 분담하여 팔다리 부분, 몸 부분 등으로 나누어서 만든다. 분담하여 만든 부분들을 모아서 종합한 후에 세부적으로 꾸민다. 교사는 협동 작업을 위한 계획에서부터 작업 진행의 전 과정에서 유아들이 토의를 거쳐 문제해결을 하도록 지도한다.

역할 분담하여 완성하기 : 우리 몸 만들기

2) 연령별 미술 협동작업 지도 방법

미술 협동작업을 지도하는 교사는 유아의 연령에 따른 일반적인 발달 특성을 고려해야 한다. Koster(2001)는 유아의 연령에 따른 지도 방법을 다음과 같이 제시하고 있다.

(1) 18개월~2세 유아

이 시기의 유아는 자기 중심적이어서 잘 지켜보고 있는 교사의 옆에서 혼자 자유롭게 탐색할 수 있는 상황이 가장 적절하다. 혼자 놀이를 주로 하지만 점차 다른 유아의 옆에서 상호작용 없이 같은 놀잇감을 가지고 노는 병행놀이를 시작한다. 유아의 사회적 성장을 도모하기 위해서 교사는 같은 책상에서 2~3명의 유아가 함께 앉아 미술 활동을 할 수 있는 기회를 제공한다. 충분한 공간을 확보하여 각 유아가 서로를 방해하지 않고 충분히 몸을 움직일 수 있도록 한다.

유아는 옆에 있는 유아의 행동에 관심을 갖고, 다른 유아의 행동을 따라서 한다. 예를 들어, 옆에 있는 유아가 밀가루 점토를 두드리면, 자기도 따라서 밀가루 점토를 두드린다. 그러므로 교사는 동일한 재료와 도구를 충분히 준비해 주어야 한다.

(2) 3, 4세 유아

3, 4세 유아는 여러 종류의 미술 활동들을 공동으로 할 수 있다. 함께 작업하는 것을 재미있어 하지만 아직까지는 자신이 만든 부분에만 흥미를 느끼고, 전체 작품이 아니라 자신이 만든 부분만을 보는 경향이 있다. 따라서 공동의 협의 과정을 거쳐서 주제를 선정하고 작품 전체를 생각하는 프로젝트를 전개하기는 어렵다. 3, 4세 유아는 '개인 작품 합하여 완성하기' 같이 각자가 개별적인 역할을 하는 공동 활동을 가장 잘할 수 있다. 교사는 유아가 자신의 조그만 작품이 다른 친구의 작품과 조화되어 더 큰 작품으로 구성될 수 있음을 인식하도록, 그리고 다른 친구의 작품에 관심을 가지도록 지도한다.

(3) 5세 이상

각자가 기여한 부분들이 합쳐져서 하나의 큰 전체를 이룰 수 있다는 것을 인지한다.

개인의 목표가 아닌 공동의 목표 달성을 위한 활동을 수행할 수 있고 사전 계획을 할 수 있다.

교사는 3~5명의 소집단으로 구성된 유아에게 공동 목표를 달성할 수 있는 미술 활동을 제공한다. 처음에는 빈 상자 칠하기와 같이 간단한 활동에서 시작하여 점차 포스터 만들기, 공룡 만들기와 같이 복잡한 활동으로 진행한다. 교사는 전체 학급 유아가 참여하는 공동 작업의 기회를 제공할 수도 있다. 유아들이 공동 작업을 하기 전에 사전 계획 시간을 갖고 무엇을 만들 것이며 어떻게 역할을 분담할지 논의하도록 지도한다.

3. 미술관 전시 연계 지도 방법

과거에는 유아의 발달적 미성숙과 집중력 부족 등을 이유로 유아가 미술 감상을 하는 것은 어렵다는 인식과 미술관은 전시 작품의 안전한 보존을 위해 "만지지 마시오."의 규칙이 적용되는 곳이므로 구체적 · 감각적 탐색이 주가 되어야 하는 유아에게 친화적이지 않은 공간이라는 인식이 지배적이었다. 그러나 근래에 들어 유아들의 발달에 적합한 내용과 제시 방법으로 질 높은 미술 작품을 감상할 기회가 제공되어야 한다는 주장이 부각되고 있다(Eckhoff, 2008). 어린 시기부터 미술 작품을 감상하면서 자신의 경험이나 느낌과 관련지어 보는 연습을 지속적으로 한다면 이미지를 독창적으로 읽고 사용할 수 있는 능력을 지닌 성인으로 성장할 수 있을 것이다.

유아가 질 높은 미술 작품을 감상할 수 있는 가장 좋은 방법은 미술관을 방문하여 전시를 관람하는 것이다. 유아는 미술관에서 작품을 직접 보면서 작품이 주는 생동감을 체험하고 미적 감수성을 기를 수 있다. 유아는 미술관에서 느꼈던 미적인 안목과 예술적인 요소 등을 생활 속에서 찾아보고 미적인 가치를 느낄 수 있다(손명희, 2009). 또한 생애 초기에 학습한 문화 활동은 전 생애를 걸쳐 개인의 문화 활동의 내용과 성향에 지속적으로 영향을 미친다는 지속이론(continuity theory, 윤소영 · 신아름 · 신효원, 2011)에 의하면, 어려서부터 미술관 전시 관람을 경험해 온 유아는 장기적으로 미술 소비자로서 미술관의 고정 방문객이 될 수 있다. 이는 미술관이 내 생활과 동떨어진 특별한 문화로 '혼자, 저기에' 존재하는 것이 아니라 내 삶의 일부가 되게 한다.

1991년 「박물관 및 미술관 진흥법」이 제정된 이래로 삶의 질 향상에 따른 문화향유 욕구의 증가 및 여가 기회의 확대, 미술관에 대한 정책 강화 및 지원 확대, 교육 패러다임의 변화 등으로 인해 교육과 활동, 문화적 향유를 강조하는 미술관이 증가하고 있다(윤태석, 2015). 특히 어린이미술관은 1995년 삼성어린이박물관이 최초로 설립된 이후, 1997년 국립현대미술관에 어린이미술관이 설립되면서 유아부터 초등학교 어린이를 대상으로 한 미술교육, 어린이미술관 프로그램 개발이 활발히 진행되기 시작하였다. 2000년대에 와서는 헬로우 미술관, 상상톡톡 미술관, 경기도 어린이미술관 꿈틀 등과 같이 어린이 전용 미술관이 설립되었고, 어린이미술관이 아니라도 여러 국립 및 사립 미술관에서 어린이를 대상으로 전시연계 교육 프로그램들을 운영하고 있다. 뿐만 아니라 학교연계 프로그램으로 학교에 찾아가서 작품을 감상하고 연계된 체험 활동을 진행하는 '찾아가는 미술관교육' 등도 운영되고 있다. 그러나 학교연계 프로그램은 초 · 중등학교를 대상으로 실시하고 있어 미술관과 유아교육기관과의 연계는 찾아보기 어렵다.

한편 미술관의 증가에 따라 유아와 함께 전시 관람을 할 수 있는 기회도 늘고 있지만 유아교사들은 도서관이나 동 · 식물원 등의 문화시설에 비해 미술관 관람에 대한 요구는 낮은 것으로 나타났다(이윤진, 이전원, 구자연, 2013). 또한 유아교사들은 미술관 전시 관람을 현장학습(견학)으로 계획하고 실시하는데 유아의 수준에 맞는 미술관이나 박물관을 찾기 어렵기 때문에 어린이미술관이나 유아체험미술 프로그램으로 한정하여 방문하는 경향이 있다. 이는 유아를 대상으로 특화한 미술관이 아닌 경우, 교사 자신이 어떻게 유아의 전시 관람을 지원할 수 있는지를 잘 모르기 때문이라 할 수 있다. 그러나 최근에는 유아교육기관이 어떻게 미술관과 연계하여 미술교육을 할 수 있는지에 대한 연구들(손명희, 2009; 이정욱 외, 2016)도 실시되고 있어 교사들에게 유용한 정보를 제공하고 있다.

미술관과 연계한 미술 활동은 전시 관람 전 단계, 관람 단계, 관람 후 단계로 구분하여 다음과 같은 지도 방법을 활용할 수 있다.

1) 관람 전 단계

첫째, 교사는 유아가 흥미를 보이는 주제나 소재와 연관된 미술 전시, 교실에서의 교육 활동을 심화 · 확장할 수 있는 미술 전시를 중심으로 관람할 전시를 선택한다.

둘째, 미술 전시 관람을 '대가의 작품' 중심으로 한정하기보다는 유아의 생활과 연계되는 작품에 중점을 두는 것이 필요하다.

셋째, 미술관이나 박물관 외에도 지역 내 미술대학 학생들의 작품 전시, 지역 문화센터의 작품 전시 등을 관람할 수 있다.

넷째, 교사가 전시회에 사전답사를 하여 감상할 작품을 선정한다. 관람 동선을 고려하여 감상할 작품은 5~6개 정도로 선정한다. 너무 많은 작품의 감상은 유아의 흥미와 주의력을 저하시킬 수 있다.

다섯째, 교실에서 미술관 관람과 연계되는 사전 활동을 한다. 이때 방문할 미술관과 감상할 작품에 대해 간단히 소개한다. 또한 미술관에서의 주의사항에 대해 이야기 나눈다.

2) 관람 단계

첫째, 유아의 전시 관람은 놀이 및 토의를 포함하여 진행한다.

둘째, 미술 작품을 감상할 때 놀이를 포함하여 유아가 즐거운 마음으로 자발적이고 적극적으로 작품을 탐색하고 감상할 수 있게 한다. 예를 들어, 유아는 사전 활동에서 만든 여러 가지 색깔카드 10장씩을 가지고 전시 관람을 한다. 작품을 감상하면서 자신이 가진 색깔카드와 같은 색을 작품 속에서 찾으면 해당 색깔카드를 작품 밑에 내려놓는 놀이를 한다.

셋째, 작품을 주의 깊게 보고 유아의 생각과 느낌에 대해 이야기한다. 작품에서 나타난 대상이나 미적 요소, 자신의 느낌 등을 중심으로 이야기할 기회를 갖는다. 필요하면 언어 표현 외에 신체 움직임 등의 다른 방법으로도 표현할 수 있다. 공부하는 시간이 아니라 즐겁고 쾌적하게 작품을 감상하고 자유롭게 표현하는 것이 중요하다.

야외 미술관에서 입체 작품을 감상하는 유아들

3) 관람 후 단계

첫째, 미술 전시와 연계한 표현 활동을 실시한다. 이는 유아의 감상 경험을 표현 활동으로 확인하는 과정이며 자신의 예술경험을 구체화하는 것이다.

둘째, 관람 후에 학급 교실로 돌아와서 사후 활동으로 진행할 수 있다. 감상 작품의 특징이나 기법, 또는 유아의 느낌이나 해석 등에 주목하며 표현 활동을 진행한다.

다음의 사례는 국립현대미술관의 야외조각 전시와 연계하여 실시한 활동이다.

활 동 명 움직이는 몸을 만들어요.

활동목표
- 입체 작품을 탐색하고 작품의 특징을 몸으로 표현한다.
- 매체를 사용하여 사물의 움직임을 표현한다.
- 미술관에 전시된 작품을 감상하며 작품을 즐기는 태도를 기른다.

관람 전 활동

| 감상 |

- 국립현대미술관의 야외 조각 작품 사진을 미리 제시하여 미술관에 가서 감상할 작품에 대해 알아본다.
  - 이 작품은 무엇을 나타낸 작품일까?

- 이 작품은 무엇으로 만들었을까?
- 이 작품은 왜 바깥에 있을까?
- 조각이란 무엇일까? 나무나 돌, 흙, 쇠붙이 같은 재료를 가지고 우리의 실제 모습이나 주변의 물건처럼 만져지는 모양을 만든 것을 조각이라고 해.
- 미술관에 가서 여러 조각 작품을 보고 오기로 하자.

• 국립현대미술관의 실외 조각 사진을 보고 이름 짓기 놀이를 해본다.
- 이 작품은 어떻게 생겼니? 무슨 색깔이니? 어떤 모습을 하고 있니?
- 이 작품의 이름을 지어준다면 어떤 이름이 어울릴까?
- 미술관에 가서 작품의 진짜 이름이 무엇인지 알아보고, 우리가 만든 이름과 비교해 보자.

• 조각공원에서 작품을 관람할 때 지켜야 할 약속과 주의사항에 대해 이야기 나눈다.
- 조각공원에 가서 작품을 볼 때 지켜야 할 약속에는 어떤 것이 있을까?
- 작품을 망가트리지 않고 잘 감상하려면 어떻게 해야 할까?

미술관 관람 활동

| 감상 |

• 자료 : 국립현대미술관 실외 조각품
• 유아들과 교실에서 사진으로 보고 이름을 붙였던 조각품이 어디에 있는지 찾아본다.
• 조각품을 감상하며 형과 공간에 대한 요소에 대해 살펴본다.
- 미술관 바깥에 작품이 있으니 어떤 느낌이 드니?
- 작품을 사진으로 보았을 때와 직접 보았을 때 어떤 점이 다르니?
- 앞(뒤, 옆)에서 볼 때 어떻게 보이니?
- 멀리서(가까이) 보았을 때 어떤 느낌이 들었니?
- 작품을 만져 보니 어떠니?
- 우리가 생각했던 이 작품의 이름은 무엇이었니? 작가가 붙여준 이름은 무엇이니?
- 〈노래하는 사람〉이 지금 노래를 부르고 있다면 어떤 노래일 것 같니? 왜 그렇게 생각하니?

• 유아의 몸으로 작품을 표현해 본다.
  – 작품들은 어떤 모습(자세)으로 있니?
  – 너희들 몸을 저 조각품처럼 만들어 볼 수 있니? 어떻게 몸을 움직여야 저 작품처럼 될 수 있을까? (혼자 만들기)
  – 친구와 함께 조각품이 되어 보려면, 우리 몸을 어떻게 움직여야 할까? (둘이 만들기)
  – 가장 쉽게 표현할 수 있었던 작품은 무엇이니? 가장 재미있었던 작품은 무엇이니?

몸으로 표현한 조각품

• 미술관의 실외 공간에서 감상한 작품에 대해 이야기를 나누고, 유치원에서도 조각품을 만들어 보기로 한다.
  – 미술관의 바깥 공간에서 작품을 감상해보니 기분이 어떠하였니?
  – 우리도 유치원에서 여러 가지 조각품을 만들어 보기로 하자.

관람 후 활동

| 탐색 |

• 자료 : 철사, 모루, 이쑤시개, 리본, 나무젓가락, 찰흙, 점토, 스티로폼, 우유갑, 박스, 돌 등의 재료
• 미술관에서 보았던 조각품 사진과 유아들이 몸으로 작품을 표현한 사진을 감상하며 미술관에서의 경험을 회상한다.

- 가장 기억나는 작품은 무엇이니?
- 몸으로 작품을 표현했을 때, 가장 재미있게 표현할 수 있었던 작품은 어떤 것이었니?

• 교실에서 입체 작품을 만들기 위해 필요한 것에 대해 이야기 나눈다.
- 미술관에서 본 작품처럼 우리가 표현한 재미있는 동작을 작품으로 만들려면 무엇이 필요할까?
- 어떤 재료를 사용할 수 있을까?

• 유아들이 동작으로 표현한 것을 입체 형태로 표현하기 위해 필요한 매체를 탐색해 본다.
- (선 형태의 철사, 모루, 이쑤시개, 리본, 나무젓가락 등을 탐색하며) 이 재료를 만져보니 어떠니?
- 구부러지는 재료에는 어떤 것들이 있니? 어떤 모양으로 구부러지는지 살펴보자.
- 딱딱하고 단단한 느낌을 주는 것은 무엇이니? 이 재료들을 합하면 어떤 모양이 나올까?
- (형의 요소를 지닌 찰흙, 점토, 스티로폼, 우유갑, 박스, 돌 등의 재료를 탐색하며) 이 재료들은 아까 만져본 것들과 어떻게 다르니?
- 비슷한 느낌이 드는 것끼리 모아볼까?
- 우리 몸을 만들려면 어떤 것이 좋을까?
- 구부러지는 팔을 만들려면 어떤 재료를 사용하면 좋을까?

• 유아들의 표현하고 싶은 동작을 생각하며 거울을 보며 몸을 움직여 본다.
- 거울 앞에서 우리의 몸을 움직여 보자.
- 조각으로 만들어 보고 싶은 재미있는 동작에는 어떤 것이 있니?
- 이 동작을 조각으로 만들려면 어떤 재료가 필요할까?

| 표현 1 |

• 자료 : 찰흙, 두꺼운 도화지, 연필, 클립, 이쑤시개, 나무젓가락, 철사

• 신체의 움직임을 찰흙으로 나타내려면 어떻게 해야 할지 생각해 본다.
- 움직이는 것처럼 보이려면 어떤 점을 생각해야 할까?

- 찰흙을 이용하여 움직이는 모습을 만드는 방법에 대해 이야기를 나누고, 움직이는 사람의 형태를 만든다.
  - 찰흙으로 구형, 타원형, 사각기둥, 원기둥, 원뿔과 같은 여러 형태를 커다랗게 만든다.
  - 만들고자 하는 모양에 따라 나무젓가락이나 여러 번 감은 철사를 사용하여 지지대를 만들어 형태들을 서로 단단하게 연결하고, 연결한 부분이 매끄럽게 되도록 다듬는다.
  - 운동감이 나타나도록 자세를 조정하고, 필요한 부분에 찰흙을 덧붙인다.
  - 클립이나 연필, 찰흙칼 등을 사용하여 형태에 구멍을 뚫거나 부분을 다듬는다.
  - 여러 방향으로 돌려가면서 형태를 다듬는다.
- 어떤 모습을 만든 것인지 서로 이야기해 본다.
- 유아들의 작품을 팔을 움직이는 작품, 다리를 움직이는 작품 등으로 유아들과 함께 기준을 정해 나누어 전시할 수 있다.

움직이는 모습 몸으로 표현하기

유아가 만든 작품

| 표현 2 |

• 자료 : 공예용 철사, 모루, 포일

• 여러 가지 재료를 활용하여 움직이는 사람의 모습을 만드는 방법에 대해 이야기를 나눈다.

- 잘 구부러지는 재료에는 어떤 것이 있을까?
- 철사로 만들기를 해본 적이 있니? 어떻게 구부릴 수 있을까?
- 위 아래로 움직일 수도 있고, 빙글빙글 감을 수 있구나.
- 포일로 어떻게 사람을 만들 수 있을까?
- 포일을 구기면 동그라미처럼, 공처럼 만들 수 있구나. 다른 모양으로 만들어 볼 수 있을까?

• 유아가 선택한 재료로 움직이는 형태를 만든다.

- 어떻게 움직이는 모습을 만들고 싶니?
- 우리가 본 작품에서 다리가 어떻게 되어 있었니? 머리의 동그란 모양은 무엇으로 만들 수 있을까?
- 팔은 어떻게 하고 있니?

• 다른 유아들이 만든 모습을 보며 이야기를 나눈다.

- 어떤 모습을 만든 것일까?
- △△이가 만든 작품처럼 움직여 볼까?

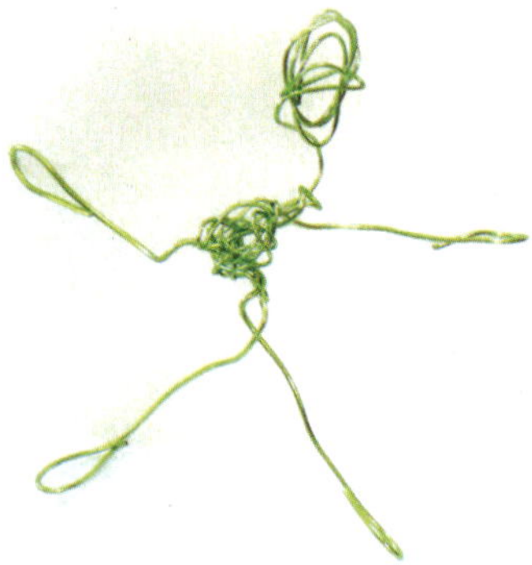

| 감상 |

• 유아들이 원하는 곳(교실이나 바깥놀이터)에 작품을 전시한다.
  - 우리들이 만든 작품으로 무엇을 할 수 있을까?
  - 어디에 전시를 하고 싶니?
  - 우리가 갔던 미술관처럼 바깥놀이터에 전시하고 싶구나.
  - 유치원 바깥놀이터에 우리가 만든 작품을 전시하려면 어떤 곳이 좋을까?
  - 누구에게 작품을 만들어 보여주고 싶니?
  - 유치원 현관 입구, 놀이터, 마당 여러 공간을 생각해 보자.
  - 어디에 있을 때 우리의 작품이 가장 멋있게 보일까?

• 유아들이 만든 입체 형태의 작품과 어울리는 음악을 골라 음악과 함께 전시해 본다.
  - 친구들이 만든 모습을 몸으로 따라해 볼 수 있겠니?
  - 다음에는 어떻게 움직일 것 같니?

다지기

- 미술 활동에 사용하는 매체는 다양한 방식으로 활용될 수 있습니다. 크레파스는 어떻게 다른 방법으로 사용할까요? 다음의 방법에 따라 함께 활동해 봅시다.

<크레파스와 오일로 점, 선, 면 그리기>

- 여러 색의 크레파스로 도화지에 크고 작은 점 찍기
- 같은 색으로 연결하여 선 그리기
- 오일을 면봉에 묻혀 점과 선 위에 덧칠하기
- 선을 이어 만든 면을 여러 색으로 칠하기
- 면봉에 오일을 묻혀 원하는 부분에 덧칠하기
- 작품을 완성한 후 소개하기

크레파스로 그릴 때와 어떤 점이 다른가요? 다양하게 매체를 탐색하고 실험하도록 지원하는 교사의 교수 전략에 어떤 것이 있는지 그리기, 찢기·자르기·붙이기, 찍기, 입체물 구성하기, 디지털 미디어 활용하기의 각 영역별로 주요 내용을 정리해 봅시다.

활동영역	교수전략
그리기	
찢기 · 자르기 · 붙이기	
찍기	
입체물 구성하기	
디지털 미디어 활용하기	

CHAPTER 8

미술 활동을 위한 환경 구성

유아가 주변 환경을 탐색하고 다양한 형태로 표현하고 감상하기 위해서는 적절한 환경을 구성하는 것이 매우 중요하다. 유아의 창의적인 활동을 위한 미술 영역은 편안하고, 안전하며, 유아의 발달적 특성에 적합한 다양한 재료들이 준비되어야 한다.

이 장에서는 미술 영역의 구성을 위해 고려해야 할 사항들을 알아보고, 미술 활동을 위한 자료의 종류와 자료를 제시할 때의 유의점에 대해 살펴보고자 한다.

들어가기

- 미술 활동을 위한 환경은 어떻게 구성하면 좋을까요? 미술 활동을 위해 준비할 수 있는 재료에 어떤 것들이 있는지 떠올려 봅시다.

아래에 있는 것들이 미술 재료가 될 수 있을까요?

도화지, 오일파스텔, 물감, 붓과 같은 자료뿐만 아니라, 자연물, 주변의 여러 물건, 재활용품도 유아가 미술 활동을 하도록 지원하는 매체입니다.

미술 활동을 위한 공간에는 다양한 미술 재료를 준비한 공간 외에도 미적 탐색과 감상을 위한 공간, 유아들의 작품을 전시할 공간도 필요합니다. 유아들을 위한 미술 활동 공간을 어떻게 구성할지 생각해 봅시다.

1. 미술 활동을 위한 환경 구성

미술 활동을 위한 공간 구성은 창의적인 표현 활동이나 탐색 · 감상 활동에 참여하는 유아의 관심이나 흥미와 직접적으로 연관된다. Herberholz와 Hanson(1995)은 미술 활동에 필요한 재료와 도구, 공간 등이 편리하고 깨끗하게 정돈되었을 때 교사는 안정감을 느끼게 되고, 유아는 적극적으로 탐색하고 표현 활동에 참가하게 된다고 하였다. 따라서 공간을 조직적으로 구성하는 것은 유아와 교사 모두에게 매우 중요하다. 이를 위해 교실 내에는 다양한 표현 활동을 위한 재료와 재료 보관을 위한 공간, 작업 활동을 위한 공간, 완성된 작품을 전시할 수 있는 공간, 미술과 관련된 교구나 명화 등을 전시할 수 있는 공간이 필요하다.

다양한 표현 활동을 위한 재료 제시 및 표현 활동을 위한 공간

미술 활동을 위한 공간 구성은 활동의 종류와 집단의 크기 등에 따라서 변화될 수 있으나, 유아에게 적절한 미술 활동 공간을 구성하기 위해서는 다음과 같은 기본적인 사항에 유의해야 한다.

① 미술 활동 공간은 사용하기에 편리하고 쉽게 접근할 수 있는 곳에 위치해야 한다.

② 미술 활동 공간의 특성을 고려하여 출입이 너무 잦은 곳이나 통행량이 빈번한 곳은 피한다.

③ 미술 활동은 물이 필요한 경우가 많으므로 물이 있는 곳 가까이에 위치하는 것이 좋다.

④ 교실 내의 다른 활동과 미술 활동이 통합적으로 구성되도록 상황에 따라 융통성 있게 배치한다.

⑤ 개별 활동이나 집단 활동 등 다양한 형태의 활동이 가능하도록 충분한 공간을 제공하는 것이 좋다.

⑥ 미술 활동을 위한 재료들은 다양하게 준비되어야 하며, 유아의 눈높이에 맞도록 진열하고, 각 재료의 이름이 붙여진 공간에 매력적으로 진열한다.

미술과 관련된 교구나 명화들을 전시할 수 있는 공간

⑦ 다양한 재료의 보관을 위해 벽장이나 다용도 박스와 같은 보관용 공간을 마련한다.

⑧ 각 유아를 위한 개인용 사물함이나 공간은 유아들이 만든 작은 결과물, 그림, 판화와 콜라주를 보관할 수 있는 좋은 장소가 된다. 이러한 보관 장소는 출입문 가까이에 두어 유아들의 부모가 가져가기 쉽도록 한다.

⑨ 미술가나 유아의 작품을 게시하여 감상을 돕는 공간을 마련한다. 유아의 눈높이에 맞춘 게시판, 입체 작품을 게시할 수 있는 낮은 진열대, 수틀이나 액자틀을 배치한 벽면 등 다양한 방식을 활용한다.

다양한 전시 공간과 형태를 제안하는 것은 유아가 적극적으로 작품을 제작하는 데 참여하고, 자신들의 만든 작품들을 공유하는 것과 관련이 있다. 전시 공간을 구성할 때 작품의 특성에 따라 다양한 방법으로 공간을 활용하고, 유아 스스로 전시 공간을 구성할 수 있도록 한다. 또한 흥미를 보이는 유아가 별도의 전시 공간에서 충분한 시간을 가지고 감상할 기회를 제공한다.

감상과 유아 작품 전시를 위한 공간

교실의 한 공간을 활용하여 전시하기

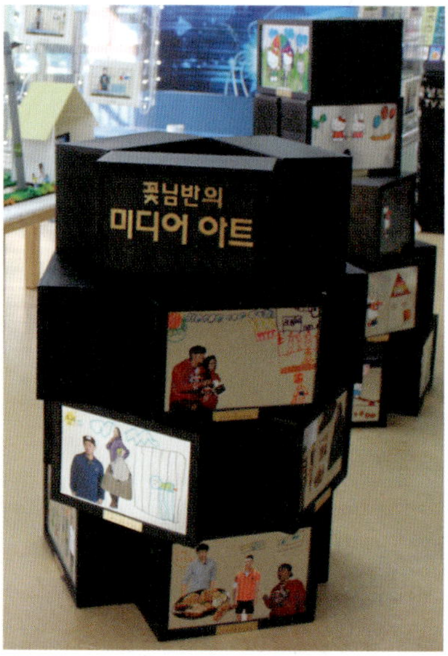

입체 형태로 전시하기

여러 공간을 동시에 활용하여 전시하기

빛의 효과를 활용하여 전시하기

주변 환경에 어울리게 전시하기

2. 미술 활동을 위한 자료

1) 탐색과 감상 활동을 위한 자료

(1) 탐색과 감상 활동을 위한 자료의 제시

교실은 감각적으로 풍부한 경험을 줄 수 있으며 미적인 공간이어야 한다. 유아들은 2차원과 3차원의 다양한 예술품들, 즉 판화, 벽걸이, 포스터, 엽서, 다양한 패턴과 무늬가 있는 퀼트, 도자기, 조각품 등을 통해 미적인 즐거움을 느낄 뿐 아니라 미술의 다양한 형식을 경험하고 이해하게 된다. 다양한 감각을 자극하는 자료와 흥미로운 미술 작품을 탐색하면서 유아들은 미적 경험을 하게 된다.

탐색과 감상 활동을 위한 자료를 제시할 때 고려해야 할 점은 다음과 같다.

① 자연에서 수집한 것과 예술 작품, 우리의 문화적 · 역사적 뿌리를 반영하는 장식품을 포함하여 제공한다.

② 흥미로운 한두 개의 미술 작품이나 공예품에서 시작하여 점차 다양한 시대, 나라, 주제, 매체와 기법, 양식을 포함하여 균형 있게 제공한다.

③ 유아들이 이해할 수 있고 흥미를 불러일으킬 수 있는 주제나 의미, 장소를 담은 미술 작품을 선택하는 것이 좋다(예: 사람의 얼굴, 아이들의 모습, 움직이는 사람들, 동물, 자연의 풍경 등). 유아들이 미술 작품 속의 모든 상황을 경험하고 이해할 필요는 없지만, 유아들은 자신들의 경험과 관련되거나 이해할 수 있는 요소가 포함된 미술 작품을 좋아한다.

④ 유아들이 다양한 미술 작품과 친숙해지도록 가르치기 이전에, 교사 자신이 다른 사람의 미술 작품에 대해 관심을 가지고 이해하도록 한다.

(2) 탐색과 감상 활동을 위한 자료의 종류

① 자연물

살아 있는 식물이나 꽃, 어항 속의 물고기, 조개껍데기, 나뭇잎 또는 돌과 같은 자연물을 제공한다. 크기, 질감, 색 등을 다양하게 준비하여 투명한 플라스틱 용기에 담아 빛이 비치는 환한 곳에 제시하면 자연물의 감각적 특성을 보다 충분히 경험할 수 있다. 유아들이 자세히 탐색할 수 있도록 확대경 등을 함께 놓아두거나, 도토리, 씨앗, 조약돌 같이 크기가 작은 자연물은 창턱 등을 이용하여 제시할 수 있다.

② 미술 작품

학부모, 지역사회의 화가가 제작한 그림이나 조각품 또는 유명 화가의 작품 복사본을 제공한다. 교사는 자신이 만든 작품을 유아들과 함께 공유할 수 있다. 그림, 도자기, 바느질 작품 등 직접 제작한 작품은 유아들이 창조적인 노력을 이해하고, 자신의 작품에 대해 자긍심을 느끼도록 하는 모델이 된다.

③ 미술 작품의 인쇄물

여러 크기의 포스터, 잡지나 달력 등에서 수집한 미술 작품, 박물관이나 미술관에서 인쇄한 카탈로그나 엽서 등은 비싸지 않으면서도 질 좋은 미술 작품을 탐색하고 감상하는 기회를 제공한다. 크기에 따라 벽면에 게시하거나 대 · 소집단 활동에 이용할 수 있고, 개별 활동에 활용할 수 있다.

④ 미술 작품이 실린 책

최근 들어 미술 작품이 실린 어린이용 도서가 많이 출판되고 있다. 미술가들의 작품을 모은 책이나 유아들에게 탐색과 감상 활동을 하도록 제작된 이러한 책들은 유아 혼자 또는 두 명 정도의 유아가 함께 이용하기에 좋다. 소집단 유아들에게 미술 작품이 실린 책을 보여줄 때는 관련된 커다란 인쇄물이나 공예품을 함께 제공하는 것이 효과적이다.

⑤ 미술 공예품

미술 공예품은 손으로 만든 입체적인 작품 형태이다. 공예품에는 바구니, 퀼트, 나무로 만든 조각품, 보석 세공품, 항아리 등이 포함된다. 이런 공예품들은 일상적으로 사용하기 위해 만들어지므로, 같은 작품이 여러 개 있기도 하고, 작가를 알 수 없는 경우도 많다. 미술 공예품은 유아들이 미술 작품에 대한 흥미를 일으키도록 도움을 줄 수 있으며, 다른 사람들의 생활 방식에 관한 정보를 제공하기도 한다. 유아들은 이를 통해 우리의 삶과 미술과의 관계를 이해할 수 있게 되고, 각 문화의 특성을 알게 된다. 유아들에게 공예품을 제공할 때에는 대량생산된 획일적인 것보다는 수작업으로 만들어져 고유한 색, 형태, 장식적인 요소를 가진 것을 선택하는 것이 좋다.

⑥ 슬라이드 자료나 영상용 자료

박물관에서 제작된 것이나 개인적으로 제작한 슬라이드, 상업적으로 제작된 DVD 등을 제공한다.

(3) 탐색과 감상 활동을 위한 교구

미적인 요소와 원리를 포함한 탐색 · 감상용 교구들은 유아들이 미적 지각 및 반응 능력을 기르도록 돕는다. 유명한 미술 작품의 엽서, 잡지나 달력, 카탈로그 등에서 수집한 미술 작품 또는 형태, 질감, 색을 나타내는 사진, 자연물을 확대시킨 사진 등을 이용하여 개별이나 소집단으로 활동할 수 있는 교구를 제작한다.

촉감 퍼즐

(양천 삼성어린이집의 최미영 선생님 제작 교구임)

몬드리안의 '컴포지션'의 비율에 따라 하드보드지로 퍼즐틀과 틀 안에 들어갈 퍼즐을 육면체로 만든다(이때 유아들이 조작하기에 편리하도록 1/2, 1/3 정도의 크기로 축소할 수 있다). 다양한 질감을 느낄 수 있도록 겉을 싸고(빨간색 부직포, 노란색 타월지, 흰색의 면천, 파란색 시트지) 검은색 마스킹 테이프로 1cm 정도 보이게 싼다. 각 조각의 색과 질감을 충분히 탐색한 후 퍼즐을 맞추어 본다.

마닐라지의 겉면에 빨간색, 보라색, 검은색, 흰색의 색지를 붙인 다음, 각 색깔별로 6×4×2cm 정도의 크기로 가운데가 뚫린 형태를 만든다. 여러 색의 형태를 이용하여 입체 패턴을 구성해 본다.

패턴 구성하기

하드보드지로 정육면체를 6개 만들고, 미술 작품 6장을 정육면체의 면의 크기와 동일하게 정사각형 6조각으로 자른다. 상자 퍼즐 조각그림을 정육면체 상자에 한 장씩 붙인 후 투명 시트지를 붙여 완성한다. 정육면체의 6면을 이용하여 퍼즐을 맞추어 본다.

특정한 주제를 정하여 퍼즐을 만들면 더욱 좋다.

상자 퍼즐

유아마다 기본판을 한 개씩 선택한 후 서로 다른 그림(여러 가지 탈 사진 등)을 똑같이 나누어 갖는다. 돌림판을 돌려 나온 그림과 같은 그림을 찾아 자신의 판 위에 올려놓는 게임이다.

같은 그림 찾기

교실 벽면에 게시판을 준비하고 동물, 초상화, 탈 등 한 가지 주제를 정해 각 주제에 해당되는 명화 엽서를 게시한 후에, 간단한 질문이 적힌 카드를 보면서 각 그림의 특징이나 느낌에 관한 이야기를 나누는 활동이다. 감상 활동 후에는 주제와 관련된 표현 활동으로 연결한다.

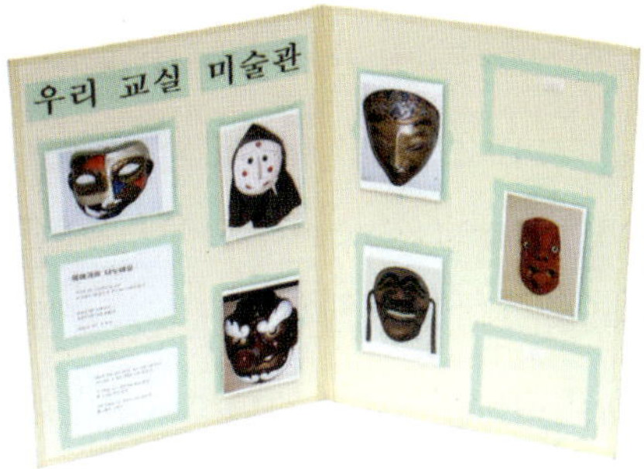

우리 교실 미술관

일상의 풍경, 자연의 풍경, 가족 등 정해진 주제로 명화를 모아 도미노 카드의 한쪽 편에 붙이고, 다른 한편에는 각 명화의 특징적인 한 부분을 확대한 부분 그림을 붙여 도미노 카드를 만든다. 부분 그림을 보고 해당되는 전체 그림이 있는 카드를 찾아 도미노를 이어간다. 이러한 과정에서 다양한 기법과 재료로 그려진 그림을 탐색하고 감상할 수 있다.

도미노 카드

색을 사용하여 비슷한 느낌을 주는 그림끼리 분류하는 게임이다. 각 유아가 차가운 색, 따뜻한 색, 중성색을 사용한 그림 엽서가 한 장씩 붙어 있는 기본판을 선택한 후, 준비된 명화 엽서를 한 장씩 뒤집어 자신이 가진 기본판의 엽서와 같은 느낌을 주는 색을 사용한 엽서를 찾아 모으는 것이다.

유사한 같은 느낌의 그림끼리 모아 보기

하드보드지를 반으로 나누어 위쪽에 검은 도화지를 붙이고 그 위에 OHP 필름에 컬러 복사한 명화 그림을 붙인다. 막대는 세워 넣어 움직일 수 있도록 밑부분은 붙이지 않고 세 변만 붙인다. 아래쪽에는 탐색하려고 하는 그림의 부분을 동그랗게 오려 붙인다. 동그란 모양 종이가 붙어 있는 막대를 움직여 OHP 필름 전체 그림판에서 아래쪽에 보이는 그림의 각 부분을 찾아보는 탐색 활동이다.

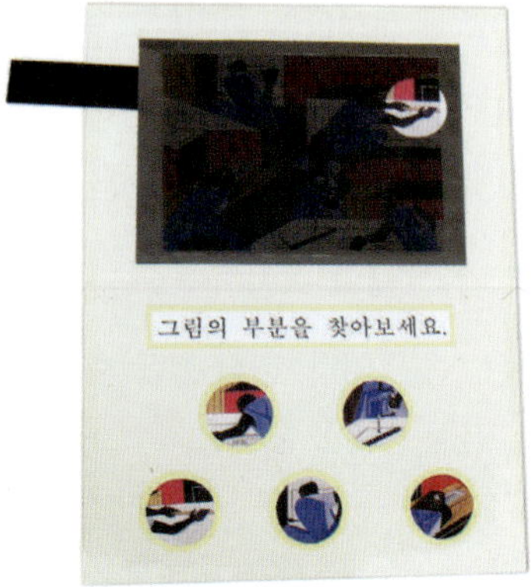

그림의 부분을 찾아요

화가 2~3명의 작품들을 각 3작품씩 융판으로 만든 유아 개인용 삼각대에 붙일 수 있는 크기(4.5×6cm 정도)로 준비한다. 각 작품을 2개씩 준비하여 양쪽 삼각대에 붙인다. 게임하는 2명의 유아 중 한 유아가 작품의 특징을 설명하면 다른 유아가 그 작품을 맞히는 게임이다.

그림의 설명을 듣고 알아 맞추기

2) 표현 활동을 위한 재료

(1) 표현 활동을 위한 재료의 제시

표현 활동을 위한 재료는 매우 다양하며, 유아의 관심과 필요에 따라 적절하게 제공하는 것이 필요하다. 재료를 제공할 때에는 유아가 재료를 충분히 탐색하고 익힐 수 있는 기회를 주어서 각 재료의 특성을 이해하고 표현하도록 돕는다.

표현 활동을 위한 재료를 제시할 때 고려해야 할 점은 다음과 같다.

① 유아의 발달 수준에 적절한 재료를 선정해야 한다.

② 유아의 요구에 맞는 다양한 재료를 제공하여 미술 활동에 적극적으로 참여할 수 있도록 돕는다.

③ 한꺼번에 너무 많은 재료를 제공하기보다는 기본적인 재료로부터 점차 새로운 재료를 첨가해 가는 것이 좋다.

④ 제공되는 재료의 위생성과 안전성을 점검한다.

⑤ 재료의 경제성을 고려하여, 손쉽게 구할 수 있으며 저렴한 재료를 활용한다.

(2) 표현 활동을 위한 재료의 종류

| 기본 재료 |

① **종이류 :** 표현 활동을 위한 재료 중 가장 기본적인 것으로, 크기, 질감, 색깔, 두께 등에 따라 여러 가지로 분류될 수 있다. 유아의 연령이나 활동의 특성에 따라 다양하게 제공하는 것이 좋다. 다양한 종류의 종이를 다루는 경험을 통해 유아는 각 종이의 흡수성, 투명성, 질감 등의 특성을 인식하고 활동에 따라 적절하게 적용해 볼 수 있게 된다.

- 도화지, 색지, 한지, 색종이, 갱지, 골판지, 하드보드지, 모조지, 포장지, 모래종이, 벽지, 셀로판지, 기름종이, 화장지, 신문지 등을 다양하게 제공한다.
- 다양한 크기와 가로 모양, 세로 모양, 정사각형 모양, 동그란 모양 등 구도를 생각해 보도록 하는 여러 가지 형태의 종이를 제공한다.
- 그리기를 위해서는 도화지나 갱지, 색지 등이 적절하며, 물감용으로는 흡수성이 좋고 쉽게 찢어지지 않는 것이 좋다.

② **가위 :** 가위는 약 13cm 정도 길이로 끝이 날카롭지 않으며 가볍고 안전한 것이 적당하다. 특히 가위는 맞물림이 잘 조립되어 있어서 유아가 쉽게 자를 수 있어야 하며, 가위꽂이에 넣어 보관하도록 한다. 털실이나 헝겊을 이용한 활동을 위해서는 종이를 자르는 일반적인 가위 외에 좋은 가위를 준비하는 것이 필요하다.

③ **풀 :** 어린 유아는 뒷면에 풀을 묻힌 다음 다시 뒤집어서 붙이는 것을 잘 이해하

지 못하고, 앞면에 풀을 발라 붙인다. 4, 5세가 되어야 뒷면에 풀을 발라 뒤집어서 목적한 장소에 붙일 줄 알게 된다.

- 풀 옆에 항상 젖은 스펀지나 수건을 준비해 주어 손에 묻은 풀을 쉽게 닦을 수 있도록 준비한다.
- 풀을 사용할 때는 풀판을 사용하도록 격려하여 책상이나 종이에 풀이 달라붙지 않도록 한다.
- 어린 유아인 경우, 막대풀을 스스로 짜기가 어려우므로 녹말풀, 밀가루풀 등을 그릇에 담아 제공하고 손가락, 아이스크림 막대 등을 이용하여 사용하게 한다.

④ **셀로판 테이프** : 종이를 비롯하여 나무, 소독저, 철사 등 여러 가지 재질에 사용할 수 있다. 짧게 자르는 것은 3세 정도의 유아에게는 어려우므로 교사가 짧게 잘라서 유리판이나 책받침 등에 붙여서 준비하여 준다.

⑤ **스테이플러** : 4세 정도까지는 손으로 누르는 힘이 모자라 철하지 못할 때가 있으므로 손가락을 넣어 누르는 일이 없도록 안전지도에 유의한다. 뒷면에 스테이플러가 열려있으면 다치기 쉬우므로 셀로판 테이프로 덮어서 가리면 좋다.

| 그리기에 사용되는 재료 |

① **크레파스** : 크레파스나 크레용은 유아가 사용하기에 가장 편리하고 보편적이며, 경제적이다. 쓰고 남은 조각은 녹여서 여러 색의 크레파스를 만들어 사용할 수 있다. 종이는 값싼 갱지, 마닐라지나 색도화지 등이 적합하다.

- 무독성이며 손에 잘 묻어나지 않는 것을 구입하는 것이 좋다. 크레파스는 크레용과 파스텔의 중간 정도의 성질을 가진 것으로 크레용보다 입자가 굵으며 손이나 옷에 잘 묻어난다. 크레용은 크레파스보다 딱딱하고 손에 잘 묻지 않으며, 보다 밝고 선명한 색감을 준다.
- 사용하기 편리하도록 색의 종류별로 용기에 넣어 제공한다.
- 초기에는 기본색과 2차색을 제공하고 점차 색의 종류를 늘려나간다.

② **사인펜이나 매직** : 유아에게는 수성 사인펜이나 수성 매직이 적합하다. 다양한 굵기의 매직을 제공하며, 사용하기 전에 책상 위에 신문지나 비닐 등을 깔고 사용한다.

③ **분필과 목탄 :** 색분필은 3세 정도 유아에게 적절한 재료이다. 가루가 떨어져 나오는 것을 막기 위해 종이에 설탕물(물 1컵당 1티스푼)을 바르거나, 분필을 물에 적셨다가 사용하는 것이 좋다. 목탄은 유아가 6세 정도가 되어야 사용이 가능한데, 선과 면이 섞여 이루어진 회색의 다양한 색조를 발견하는 기회를 제공할 수 있다. 작업 후에는 픽사티브(정착액)를 뿌려 고착시키고 종이는 갱지나 목탄지를 사용한다.

④ **연필과 색연필 :** 연필과 색연필은 섬세하고 세부적인 표현을 할 때 많이 사용된다. 굵은 4B 연필은 가벼운 스케치 작업 등에 적당하다.

⑤ **파스텔 :** 무르기 때문에 채색이 용이하고 입자를 화면에 고착시키기 위해 문지르는 동안 손가락의 촉감을 즐기게 되므로 유아에게 좋은 재료이다. 진한 색지나 검은 종이 위에 손으로 그리거나 솜을 사용해서 문지르면서 표현해 볼 수도 있다. 작업 후 픽사티브(정착액)를 분사해 준다.

⑥ **물감 :** 투명 수채화 물감, 불투명 수채화 물감(포스터 컬러), 아크릴 물감, 마블링 물감 등 다양한 종류가 있다. 유아가 처음 물감을 경험할 때에는 흘러내리지 않을 정도의 농도로 불투명 수채화 물감(포스터 컬러)을 제공하는 것이 적절하다. 유아의 연령 및 경험 정도에 따라 여러 종류의 물감을 사용해 볼 수 있는 기회를 마련한다.

- 기본색을 먼저 제공하여 충분히 탐색하도록 한 후 점차 색을 늘린다.
- 종이뿐 아니라 아세테이트지, 비닐, 유리, 돌멩이, 스티로폼 등 다른 여러 재료에도 사용해 볼 수 있도록 한다.
- 판화 활동에는 진한 포스터 컬러가 적합하다. 만 4세 이하의 유아들에게 수성 잉크나 물감은 마르는 데 걸리는 시간이 길고 다루기가 너무 어렵다.
- 아크릴 물감은 모든 재료 위에 사용할 수 있으며, 빨리 말라 여러 번 겹쳐서 그릴 수도 있다. 빨리 마르므로 단기간에 제작할 수 있지만 물감이 한번 마르면 물로 씻어지지 않으므로 붓을 계속 물에 담가 두고 써야 한다. 투명 수채화 물감이나 포스터 컬러를 섞어서 독특한 효과를 낼 수 있다.
- 붓 : 짧은 길이의 나무 손잡이로 된 붓이 유아에게 적절하고, 붓을 물에 적셨을 때 붓끝이 한데로 모이는 붓을 택한다. 붓은 항상 깨끗이 씻어서 붓의 털이 위

로 가도록 보관한다. 2~4세의 경우는 12~15호가 좋고, 경험이 많은 유아에게는 6~20호에 이르기까지 다양하게 제공한다.

- 물감 담는 용기 : 플라스틱 컵, 깡통 등을 이용할 수 있다. 이젤에 물감통을 놓을 수 있는 곳이 부착되어 있으면 놓고 사용하기에 간편하다. 책상, 바닥에서 그릴 때는 납작한 것을 준비한다(엎질러지는 것 방지). 물감 뚜껑에 색 표시를 해 주어 유아가 색 구분을 쉽게 할 수 있게 한다.
- 이젤 : 그림 그리기에 가장 좋은 곳으로 자유롭게 팔을 움직여 그릴 수 있고, 약간 뒤로 물러서서 관찰도 가능하다. 캐비닛이나 의자 등받이, 벽이나 담 등에 종이를 붙여 이용할 수도 있다.

물감 이용 활동을 위한 이젤

- 스펀지, 종이수건, 헝겊 : 흐르는 물감, 또는 붓을 닦을 때 사용한다.
- 클립, 테이프, 갈고리는 여러 장의 종이를 한꺼번에 고정시켜 놓기 위해서 사용되며, 성인의 도움 없이 유아 스스로 종이 교체가 가능하게 된다.
- 붓 헹굼용 물통

⑦ **풀물감 :** 밀가루로 풀을 쑤어 식용색소를 타거나 물감을 섞어 교사가 만들어 사용한다.

| 입체 활동을 위한 재료 |

① **점토 :** 점토는 만지는 대로 형이 이루어지기 때문에 유아가 자신의 느낌을 즉각적으로 표현할 수 있는 재료이다.

- 찰흙 : 찰흙은 알맞은 반죽 상태를 유지하기 위해서 공기가 통하지 않게 뚜껑이 있는 플라스틱통 안에 비닐에 싸서 보관하면 된다. 가는 전선이나 낚시 줄을 사용하여 큰 덩어리의 찰흙을 필요한 크기로 자를 수 있다. 찰흙으로 만든 작

품은 주위가 너무 덥거나 건조하면 표면에 금이 가므로 주의해야 한다. 플라스틱 가방이나 우유팩의 한쪽 면을 잘라서 찰흙 모형에 씌어두면 건조 속도를 천천히 진행시킬 수 있고, 너무 건조한 곳에서는 물에 적신 종이타월을 덮어두기도 한다.

- 종이 찰흙

〈만드는 방법〉

- 잘게 찢은 신문지를 짓이겨서 물과 섞어 만든다.
- 종이를 잘 찢어 물을 넣고 끓여 펄프 상태로 만든 다음 계속해서 저어준다.
- 만들려고 하는 혼합물에 가소성이 생길 때까지 밀가루 풀을 조금씩 천천히 넣어 주면서 저어준다. 이때 방부제로 백반을 조금 넣어준다.

- 고무찰흙 : 고무찰흙은 유토라고도 불리는데, 점토 대신에 사용할 수 있는 또 다른 재료로 문방구에서 구입할 수 있다. 고무찰흙은 굳지 않기 때문에 여러 번 사용할 수 있어서 편리하지만 값이 비싸기 때문에 충분한 양을 가지고 작업을 할 때는 어려움이 있다.
- 밀가루 점토

〈만드는 방법〉

- 소금 1컵, 식용유 2테이블스푼, 백반 1테이블스푼, 식용색소를 섞은 다음 끓는 물에 붓고 젓는다.
- 1분 정도 식혔다가 밀가루 2컵을 넣고 반죽한다. 이때 다된 점토를 색깔별로 뚜껑이 있는 플라스틱 용기에 보관하면 오랫동안 사용할 수 있다.

- 부속 재료 및 도구 : 점토판이나 점토 주걱, 점토용 칼, 밀대, 점토 표면에 자국을 낼 수 있는 여러 가지 용구, 점토끼리 연결하거나 표면에 꽂을 수 있는 재료, 장식용 재료 등 여러 가지 재료를 함께 제공하면 유아가 점토의 특성을 이해하고 다양하게 표현하는 데에 도움이 된다.

② **야채와 과일 :** 사과, 감, 감자, 고구마, 오이, 당근, 가지, 호박, 버섯, 고추, 피망, 파슬리, 완두콩, 호박씨 등의 과일이나 야채를 이용하여 여러 가지 형태를 구성해 볼 수 있다. 이러한 재료는 계절에 따라 변화를 줄 수 있으며, 냅킨, 파라핀 종이, 이쑤시개 같은 재료를 함께 제공하면 더욱 다양하고 정교하게 표현

할 수 있다.

③ **나무토막 :** 크기와 모양이 다른 나무토막을 가지고 형태를 만들어 보는 것은 유아들에게 높이, 깊이, 길이, 무게에 대하여 생각하도록 자극한다. 나무토막을 마스킹테이프, 목공풀로 연결하고 헝겊, 깃털, 가죽, 모루 등으로 장식하게 한다.

④ **주변에서 수집할 수 있는 재료**

- 폐품이나 자연물 등 다양하게 수집한 재료들을 이용하여 콜라주, 입체 구성, 직조나 바느질 활동에 사용할 수 있다.
- 일상생활에서 수집할 수 있는 재료
  - 과자상자, 우유상자 등의 크고 작은 상자
  - 휴지 속지
  - 각종 빈 용기와 뚜껑
  - 망사, 부직포 등 각종 천류
  - 한지, 골판지, 포장지, 색지, 신문지 등 각종 종이류
  - 리본 테이프, 다양한 굵기와 색의 실 종류
  - 운동화 끈, 포장 노끈 등의 끈류
  - 종이 접시나 종이컵과 같은 1회용 용기
  - 바닥 장식재, 단추류, 빨대 등 일상생활에서 구할 수 있는 모든 종류의 재료
- 자연에서 수집할 수 있는 재료 : 모래, 각종 씨앗 및 곡식, 나무껍질, 나뭇잎, 꽃잎, 돌멩이, 깃털, 마른 풀, 솔방울 등 자연에서 수집할 수 있는 재료

다지기

- 책에 있는 미술 활동을 위한 공간 구성을 살펴봅시다. 여러분은 유아들에게 어떤 미술 환경을 구성해주고 싶은가요? 친구들과 2~3명씩 짝을 지은 후, 책에 제시한 재료를 기초로 인터넷에서 필요한 자료를 찾아 미술활동을 위한 공간을 구성하여 LMS 게시판에 올려봅시다.

CHAPTER 9

평가

평가는 유아를 위한 여러 가지 중요한 교육적 결정에 필요한 정보를 제공하며, 개별 유아의 발달과 교육 프로그램의 개선을 위해서 필수적인 과정이다. 평가의 중요성은 인식하면서도 유아의 개성, 독창성, 미적 안목과 감각 같은 주관성이 핵심이 되는 미술의 특성 때문에 평가 활동은 소홀하게 되는 경향이 있어 왔다. 이는 평가를 단순히 성취도 검사와 같은 형식적 평가에만 국한시켜 생각했기 때문이며, '누가 가장 잘 그렸는가 또는 만들었는가'라는 결과 중심의 양적 평가 접근법에 기인한 것이기도 한다. 그러나 최근에 강조되고 있는 수행평가와 같은 참평가(authentic assessment)는 미술교육의 특성을 잘 반영할 수 있는 평가이다. 교사가 자신이 가르치는 유아의 학습 진전 사항을 파악하고, 이에 따라 프로그램을 개선하여 유아에게 보다 풍부한 미적 경험을 제공할 수 있기 위해서는 평가에 대한 지식을 지니는 것이 필요하다.

이 장에서는 미술교육에서의 평가를 유아에 대한 평가와 교사의 자기평가로 나누어서 구체적인 평가 방법을 알아보고자 한다.

들어가기

미술 활동에서 유아를 평가할 때 무엇을 고려해야 할까요? 어떤 기준으로 평가할 수 있을지 체크리스트를 작성해 봅시다.

기준	내용

1. 유아에 대한 평가

유아에 대한 평가는 유아의 학습 진전 과정, 장점 및 부족한 점을 이해하고 이에 기초하여 개별 유아에게 적합한 학습 목표의 설정 및 교수 활동을 제공하기 위해서 실시된다. 또한 평가는 부모에게 유아의 발달과 성취 정도에 관한 정보를 제공하여 유아의 학습을 지원할 수 있도록 한다.

유아에 대한 평가는 유아가 수행하는 활동들을 계속적으로 관찰 · 기록하고 이에 기초하여 실시하는 수행평가로 이뤄져야 한다. 따라서 교수 활동과 평가가 분리되는 것이 아니라 통합적으로 이루어진다. 수행평가는 유아 행동과 수행이 잘 드러나야 하므로 교사의 체계적이며 정확한 관찰과 기록이 중요하다.

1) 관찰과 자료 수집, 기록 시 유의할 점

유아에게 적합한 미술 계획을 수립하기 위해 교사는 미술 활동을 통해 드러나는 유아의 관심과 아이디어, 감정을 이해하는 것이 중요하다. 교사의 이러한 노력은 유아가 작품을 제작하는 과정을 포함하여 최종 결과물, 그리고 유아가 상호 소통하는 방식과 미술 활동 과정 전반을 이해할 수 있게 한다. 유아의 표현은 직접 관찰 외에도 사진, 오디오 및 비디오를 통해 수집할 수 있다. 그리기나 찍기, 만들기 등의 입체 작품, 작품 사진은 유아의 행동과 미술에 대한 변화를 기록하기에 적절하다. 비디오로 녹화한 자료는 유아가 작품을 제작하는 과정과 시간의 흐름을 보여줄 수 있다. 다음은 유아가 미술 활동에 참여하는 여러 과정에서 교사가 초점을 두고 관찰할 요소들이다(Barnes, 2015; Ministry of Education Singapore, 2013).

(1) 작품을 제작하는 과정

작품을 제작하는 동안 나타나는 유아의 미적 발달을 관찰하는 것은 중요하다. 유아의 작품 아이디어, 디자인의 변경이나 추가 등은 최종 결과물보다 작업을 하는 과정에서 분명하게 드러난다. 따라서 미술 활동에 참여하는 유아의 흥미를 파악하고, 변화 양상을 모니터링하며, 각 유아의 요구가 충족되도록 도울 수 있다. 유아가 느끼는 감정, 상상력과 아이디어는 작품을 표현하는 방식에서 발견할 수 있다. 교사는 그룹 또는 개별 유아가 활동하는 과정에 주의를 기울여 관찰해야 한다.

- 창의적이며 아이디어가 가득하다.
- 주도성과 독립성이 있다.
- 미술 활동에 호기심과 관심을 나타낸다.
- 시각적 자극이나 흥미 있는 아이디어에 반응한다.
- 교실, 자연 등 다양한 곳에서 아이디어를 얻는다.
- 활동을 계속할 수 있는지 요청한다.
- 작품을 완성하기 위해 끈기 있게 시도하고, 어려움을 극복한다.
- 주의 깊게 활동에 몰입한다.
- 다른 유아들과 공동으로 활동에 참여한다.
- 다른 유아들과 아이디어를 공유한다.
- 필요한 경우 교사의 안내를 따른다.

(2) 매체와 도구의 사용

유아가 자신이 사용하는 여러 매체와 도구에 대한 이해가 있는지를 알아야 한다. 예를 들어 질감, 패턴, 색 블록 등을 만들기 위해 색을 조합할 수 있는지, 점토를 사용하여 입체를 만들 때 점토의 특성을 최대한 활용할 수 있는지, 필요한 도구를 잘 다루는지 등을 관찰할 수 있다.

- 색상을 구별하여 선택한다.

- 물감 등은 매체를 섞어 색을 혼합한다.
- 3차원 매체를 포함하여 다양한 매체를 사용한다.
- 여러 가지 매체 중에서 표상에 필요한 매체와 기법을 선택한다.
- 매체에 적합한 방식으로 도구를 사용한다.

(3) 비판적 기술

유아가 관찰하고 분석하는 기술을 가지고 있는지에 대한 이해가 필요하다. 유아는 작품을 제작하는 데 참여할 뿐만 아니라 한 색과 다른 색, 선과 모양의 차이를 구별할 수 있는 미적 지각 능력을 개발해야 한다. 유아는 어린 시절부터 자신의 작품, 또래의 작품, 그리고 예술가의 디자인과 작품을 보고 지각할 수 있다. 교사는 유아가 나뭇잎이나 조개껍데기에 있는 다양한 디자인과 패턴을 비교하는지, 주변 환경의 미적 요소에 관심을 갖는지 등을 살펴볼 필요가 있다. 비판적 기술에는 자기평가도 포함될 수 있다.

- 작품을 보며 열정적으로 반응한다.
- 아이디어와 경험에 대해 토론한다.
- 보고 있는 것의 유사점과 차이점을 지적한다.
- 환경을 주의 깊게 관찰한다.
- 자신의 아이디어를 표현하기 위해 미적 요소를 사용한다.
- 색, 선, 모양, 어두움과 밝음 등 미술적 어휘를 사용한다.
- 자신의 수행에 대해 판단할 수 있다.

유아와 작품을 평가할 때에는 작품을 계획하고 제작한 것에 대한 유아의 생각과 아이디어를 이야기하도록 할 필요가 있다. 다음과 같은 질문을 활용할 수 있다.

- 이것을 그리기 위해 왜 이 색(모양 등)을 사용했니?
- 너의 작품은 무엇으로 만들었니?
- 이 작품은 무엇을 의미하니?
- 이것을 만드는 다른 방법이 있을까?

(4) 개인적 발달단계

유아의 연령에 따른 발달적 양상을 평가한다. 평가의 목적은 유아가 미술 활동을 하며 얼마나 발전을 했는지 확인하기 위한 것임에 유의해야 한다. 또한 자신과 다른 유아 작품을 소중히 여기는 태도 등 예술 작품에 대한 유아의 개인적 · 사회적 태도를 포함하여 평가할 수 있다.

- 하나 이상의 관점을 표현한다.
- 세부 사항에 주의를 기울여 표현한다.
- 분명하게 드러나고 쉽게 이해할 수 있게 표현한다.
- 자신의 의도에 따라 표상한다.
- 일정 시간 동안 지속적으로 활동에 참여한다.
- 작품 제작에 자신감을 나타낸다.
- 감정과 관련된 주제를 다룬다.
- 아이디어를 변화시켜 표현한다.
- 자신의 작품이 가진 가치를 안다.
- 다른 사람의 작품의 가치를 안다.
- 다른 유아들과 협력하여 작품을 제작한다.
- 다른 유아들과 아이디어를 공유하며 의사소통에 참여한다.
- 미술 작품을 좋아하는(싫어하는) 이유를 말할 수 있다.
- 다른 학습 영역과 연결하여 활동을 진행한다.

교사는 유아의 미술 활동을 관찰 · 기록할 때 일화 기록과 체크리스트를 활용할 수 있다. 다음 〈표 9-1〉은 학급 내 유아들에 대한 일화 기록과 체크리스트를 활용하는 방법의 예이다. 미술 활동 전반에 걸쳐 활용할 수 있으며, 특히 유아가 도구를 다루는 방법이나 재료 · 매체의 사용 과정을 중심으로 각 미술 활동에 대한 유아들의 참여 정도와 반응을 관찰하여 기록하면 효과적이다.

표 9-1 학급 내 유아들에 대한 일화 기록과 체크리스트를 활용하는 방법의 예

이젤 페인팅			
유아명	자발적으로 참여	때때로 자발적으로 참여	교사의 제안 필요
○○○	V		
△△△			V
□□□		V	

○○○: 수현이는 작업복을 입고 이젤 페인팅 앞에 선다. 종이에 이름을 먼저 쓰고 그림을 그리기 시작한다. 파란색 물감 통에 있는 붓을 꺼내어 그림을 그리기 시작한다. 붓에 물감을 묻힌 다음 종이 위쪽에 찍어서 물감이 위에서 아래로 흘러내리도록 하는 과정을 반복한다. 색을 바꾸어가며(파란색, 빨간색, 노란색) 활동을 지속한다. 활동 중에 빨간색 물감과 파란색 물감을 섞이는 것을 보면서 '색이 바뀌었다. 여기도 여기도.'라고 말한다. 그림을 다 그리고 나서 '다 했다'고 한다.
△△△: (이하 생략)

출처: Nurturing Early Learners: Aesthetics Creative Expression, p. 72, by Ministry of Education Singapore, 2013, Retrieved June, 28, 2016 from https://www.moe.gov.sg/education/preschool/resources-for-pre-school-educators.

유아를 관찰하여 수집한 정보는 교사가 유아를 안내하고, 교수 전략을 평가하고, 개별 유아의 발달 상황(진전을 이해)을 인식하여 유아가 미술 활동에 필요한 기술과 개념을 습득하는 데 도움을 준다. 교사는 개별 유아에게 적합한 목표를 기초로 다음 활동을 계획할 수 있다.

〈예시〉

관찰 상황

유아들은 옷감에서 본 무늬에 대한 아이디어를 표현하기 위해 크레용과 색연필을 선택한다. 교사는 유아들이 종이에 자신들의 생각을 표현하는 과정에서 미적 요소(선, 모양, 색 등)를 사용하도록 격려한다.

교사의 일화 기록

지홍에게 다른 색을 더해서 그리는 것을 제안하자 지홍은 빨간 크레용만을 사용하고 싶다고 대답한다.
지홍은 그림의 다른 부분에도 빨간색을 사용해 음영을 다르게 표현하려고 시도한다.
지홍은 다른 색을 사용하는 데 관심을 나타내지 않는다.

해석

지홍은 빨간색에 대한 선호를 가지고 있으며 빨간색으로 된 사물에 관심이 있다.
다양한 현실 세계를 표상하도록 돕기 위해 다른 색에 대한 탐색을 격려할 필요가 있다.

교사가 해야 할 것

여러 색의 블록으로 빌딩 구성하기, 다양한 색의 종이 탐색하기, 다양한 색종이로 콜라주하기 등 여러 색을 흥미 있고 매력적으로 사용하는 활동을 제공한다.
지홍이 주변 환경의 여러 사물과 색을 관찰할 기회를 제공하고, 주변 사물의 색과 색상 카드를 연결할 기회를 제공한다.
모네의 "워터 릴리, 핑크"와 같이 여러 색을 사용한 작품을 유아에게 소개하고, 예술가가 색채를 다양하게 사용하여 그림을 매력적으로 만드는 방법에 대해 이야기 나눈다.

기록

교사는 작품과 관찰기록에 기초하여 지홍의 변화를 기록한다.
빨간색에 대한 지홍의 선호
(여러 작품에서 드러나는) 여러 색조의 빨간색과 다른 색을 사용하여 표현한 창의성
노란색, 오렌지색 등 다른 색을 사용하여 표현하려는 지홍의 노력

출처: Nurturing Early Learners: Aesthetics Creative Expression, p. 75, by Ministry of Education Singapore, 2013, Retrieved June, 28, 2016 from https://www.moe.gov.sg/education/preschool/resources-for-pre-school-educators.

2) 포트폴리오 평가

미술교육에서 유아에 대한 평가는 수행평가의 한 가지 방법인 포트폴리오 평가가 적합하다. 포트폴리오는 유아가 만든 미술 작품들과 이와 관련된 자료들을 일정 기간 동안 지속적으로 수집한 것이다. 유아미술교육은 탐색, 표현, 감상의 내용체계를 기반으로 이루어지므로 유아에 대한 포트폴리오 평가 시 이러한 내용 요소를 고려하여 실행할 필요가 있다. 유아가 표현 활동 중에 만든 미술 작품 결과물을 중심으로 탐색 과정에 대한 자료(감각적 탐색과 관련된 자료, 주변 사물의 미적 요소 및 재료 · 도구 탐색과 관련된 자료 등), 자연과 사물, 예술 작품이나 또래 작품에 대한 감상 관련 자료를 일정 기간 동안 지속적으로 수집하는 것이 가능하다. 따라서 포트폴리오는 실제 활동 수행에 기초하여 유아의 발달 과정 및 학습의 진전 과정을 보여주는 개인의 소중한 역사책이 될 수 있다.

교사는 개별 유아의 포트폴리오를 작성하고, 일 년에 최소한 2회(1학기 말과 2학기 말) 정도의 종합평가를 실시할 수 있다. 포트폴리오 평가를 위해 유의할 사항은 다음과 같다.

① 유아의 포트폴리오에는 종합적이며, 다양한 정보를 포함한다. 유아의 미술 작품 샘플, 입체나 설치 작품의 사진, 활동 과정 중의 녹음자료, 유아의 미술 활동 비

디오 촬영 자료, 교사의 관찰 기록, 유아 면담 자료, 부모용 설문 자료 및 면담 자료, 선임 교사로부터의 정보 자료 등이 포함될 수 있다.

② 정기적으로 자료를 첨가한다. 교사는 1주일에 1회 정도 작품 샘플을 정기적으로 수집하고 관련 자료를 첨가할 수 있다. 작품 샘플마다 제작 날짜를 기입하고, 배경적 정보를 기입한다.

③ 포트폴리오에 포함할 작품 샘플을 선정할 때 유아와 함께 의논하여 결정한다. 유아와 함께 결정할 때, 잘 만든 작품만을 수집하는 것이 아님을 알려준다.

④ 작품 샘플 및 관련 자료들을 시간 순서대로 정리한다. 이를 통해 미술 도구와 자료 사용에서 유아의 진전 정도를 파악할 수 있을 뿐만 아니라, 아이디어, 개념, 대상 및 감정 표현에서 유아의 진전 정도를 파악할 수 있다.

〈예시 1〉

<table>
<tr><th>유아명</th><td>○ ○ ○</td><th>생년월일</th><td colspan="2">2013. 3. 27.</td></tr>
<tr><th>평가일</th><td>2017. 4. 10. ~ 4. 11.</td><th>영 역</th><td colspan="2">예술경험-자유선택 활동</td></tr>
<tr><th colspan="2">활동사진</th><th colspan="3">평가내용</th></tr>
<tr><td colspan="2" rowspan="2">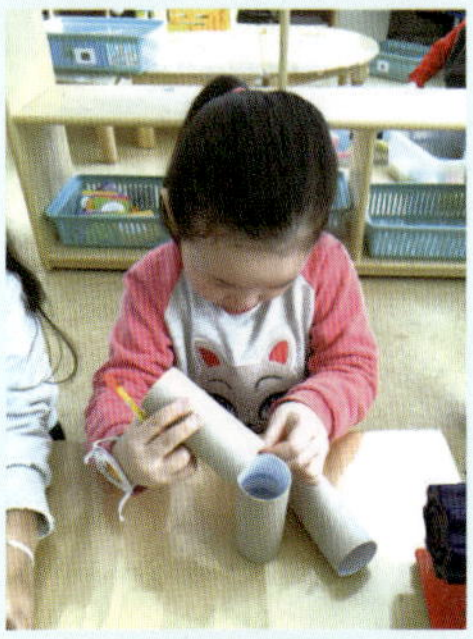</td><td>관찰
〈4. 10.〉</td><td colspan="2">미술 영역에 있는 재료들을 살펴보다 휴지 속심을 꺼냄. “엄마의 몸통을 만들어야 하는데 이건 몸이 일자라서 목이 없어. 요구르트병이 좋겠어. 여기가 목 같아.” “(휴지 속심) 이건 너무 길어서 잘라야겠다. 선생님 자르는 것 좀 도와주세요.”라고 말함. 정리 시간이 되어 만들 재료를 모아둠.</td></tr>
<tr><td>해석</td><td colspan="2">재료를 탐색하며 크기나 모양을 고려하여 필요한 재료들을 선별할 수 있음.</td></tr>
<tr><td colspan="2" rowspan="2"></td><td>관찰
〈4. 11.〉</td><td colspan="2">휴지 속심은 얼굴로 하기에 어둡다고 밝은 종이색을 고르고 노란색 종이에 얼굴 모양을 대고 그림. 가위로 오린 후 붙여 줌. 엄마가 핑크 머리를 했으면 좋겠다고 하며 털실 2가닥을 붙임. 요구르트병에 머리를 끼움. 빨대를 길게 붙여 팔을 만들고 옷을 입혀야 한다면서 더 두꺼운 분홍 빨대를 사이에 끼움.</td></tr>
<tr><td>해석</td><td colspan="2">가위로 선을 따라 오릴 수 있고 재료들을 다양하게 사용하여 몸의 부분을 만들 수 있음.</td></tr>
</table>

<table>
<tr><th>활동사진</th><th colspan="6">평가내용</th></tr>
<tr><td rowspan="2"></td><td>관찰
〈4. 11.〉</td><td colspan="5">작품을 완성한 후 평가 시간에 소개하기를 원함. 요플레 컵으로 모자를 만들어 씌운 것을 강조해서 설명함. "다리는 왜 안 만들었나?"는 친구들의 질문에 긴 치마를 입어서 다리가 안 보이는 것이라고 함. 소개 후 작품이 망가지지 않도록 교구장 위에 전시한 후 가져감.</td></tr>
<tr><td>해석</td><td colspan="5">친구들에게 자신의 작품에 대해 소개할 수 있으며 작품이 망가질까 봐 소중히 다루어 주길 원함.</td></tr>
<tr><td rowspan="4">교사의 개입 정도
├────┼────┤
적다 보통 많다</td><td colspan="2">누리과정 관련 요소</td><td>4</td><td>3</td><td>2</td><td>1</td></tr>
<tr><td>• 미술적 요소 탐색하기</td><td>자연과 사물의 색, 모양, 질감 등에 관심을 갖는다.</td><td>V</td><td></td><td></td><td></td></tr>
<tr><td>• 미술 활동으로 표현하기</td><td>미술 활동에 필요한 재료와 도구를 다양하게 사용한다.</td><td>V</td><td></td><td></td><td></td></tr>
<tr><td>• 다양한 예술 감상하기</td><td>나와 다른 사람의 예술 표현을 소중히 여긴다.</td><td>V</td><td></td><td></td><td></td></tr>
<tr><td>활동설명</td><td colspan="6">미술 활동 중 '우리 엄마 그리기' 후 자신의 그림을 입체물로 만들기를 원함. 자유선택활동 시간에 미술 영역에서 주어진 재료로 자유롭게 엄마를 구성함.</td></tr>
</table>

〈예시 2〉

<table>
<tr><th>유아명</th><td>○ ○ ○</td><th>생년월일</th><td colspan="2">2011. 5. 10.</td></tr>
<tr><th>평가일</th><td>2017. 2.</td><th>영 역</th><td colspan="2">예술경험-미술</td></tr>
<tr><th colspan="2">활동모습</th><th colspan="3">평가내용</th></tr>
<tr><td colspan="2" rowspan="5"> </td><th>문항</th><th></th><th>수준</th></tr>
<tr><td rowspan="4">다양한 미술 재료와 도구 사용하기</td><td></td><td>① 미술 활동에서 같은 재료와 도구를 주로 선택한다.</td></tr>
<tr><td></td><td>② 미술 활동에서 다양한 재료와 도구에 관심을 가지나 적절히 활용하지 못한다.</td></tr>
<tr><td></td><td>③ 미술 활동에서 다양한 재료와 도구에 관심을 갖고 적절히 활용한다.</td></tr>
<tr><td>○</td><td>④ 미술 활동에서 다양한 재료와 도구를 사용하여 창의적으로 표현한다.</td></tr>
</table>

활동모습	평가내용		
  	미술 활동으로 표현하기		① 미술 활동에 거의 참여하지 않거나 소극적으로 참여한다.
			② 미술 활동에서 교사나 또래들의 그림이나 만들기를 주로 따라 한다.
			③ 미술 활동에 참여하여 자신의 생각이나 느낌을 표현한다.
		○	④ 미술 활동에 참여하여 자신의 생각이나 느낌을 창의적으로 표현한다.
 	다양한 예술 감상하기		① 다양한 음악, 춤, 미술 작품, 극놀이 등을 감상하는 데 관심을 보이지 않는다.
			② 교사가 관심을 유도하면 예술 감상 활동에 소극적으로 참여한다.
			③ 교사가 관심을 유도하면 예술 감상 활동에 적극적으로 참여한다.
		○	④ 교사가 제시한 예술 감상 활동에 스스로 참여하여 즐긴다.
2학기 평가	미술 관련 활동을 매우 즐거워하며 적극적으로 참여함. 그리려고 하는 사물의 특징을 알고 표현할 수 있으며 움직이는 사물의 움직임을 다양한 각도로 표현함. 재료의 특성을 이해하고 만들기 활동을 함. 주어진 재료 외에도 필요한 재료를 요청하여 창의적으로 표현함. 미술 표현 시 교사나 개입 없이도 자신이 생각하는 것을 다양한 방식으로 표현하고 또래와의 협동 작품을 구성할 때 새롭고 구체적인 아이디어를 제시함. 자신이 표현한 미술 작품에 대해 다른 사람에게 만든 의도와 제작 과정을 소개할 수 있고, 예술 작품 감상 시 자신의 생각을 적극적으로 표현함.		

2. 교사의 자기평가

교사의 자기평가는 유아에게 유익함을 주는 것뿐만 아니라 교사 자신의 성장과 향상을 위해서도 반드시 필요한 부분이다. 자신의 교수 활동이 적절한 것인가를 끊임없이 스스로에게 자문하고 개선하고자 노력하는 과정을 통하여 교사 자신의 성장과 성숙을 가져올 수 있다.

미술교육에 있어서 교사의 자기평가는 유아에게 제공하는 미술 환경과 미술 활동의 적절성에 대한 평가를 포함한다. 교사가 자기평가를 할 때 유아의 반응은 중요한 단서가 되므로 세심한 관찰이 필요하다. 교사의 자기평가 결과는 이후의 미술 환경 및 활동 구성에 반영되어야 한다.

1) 미술 환경 평가

유아의 미술 활동을 격려하고 효과적으로 진행할 수 있기 위해서 교사는 잘 준비된 환경을 제공해야 한다. 미술 활동 영역이 유아의 미적 발달을 지지하는 좋은 환경인가를 평가하는 기준으로 교사는 다음의 사항들을 고려해야 한다.

① 유아의 발달에 적합한 미술 재료와 도구들이 구비되어 있는가?
② 유아에게 위험하거나 해롭지 않고 안전한 재료와 도구들이 제공되는가?
③ 주제와 관련된 자료를 준비하고 있는가?
④ 좋은 작품을 감상할 수 있도록 감상 자료가 있는가?
⑤ 쉽게 사용하고 정리할 수 있도록 자료가 효율적으로 조직되어 있는가?
⑥ 유아들의 작품을 효과적으로 보관 및 전시할 수 있는 공간과 설비가 있는가?
⑦ 미술 활동의 공간 면적이 유아들이 활동하기에 적절한가?

2) 미술 활동 평가

유아에게 제공되는 미술 활동을 평가하기 위해서는 Koster(2001)가 제안한 평가 양식을 활용할 수 있다(〈표 9-2〉 참조). Koster의 평가 양식은 미술을 통해 유아가 전인적인 학습 경험을 할 수 있는가에 중점을 두고 있다. 이 외에도 교사가 자신의 교수학습 목표에 기초하여 평가 양식을 작성하고, 이를 사용할 수 있다.

표 9-2 미술 활동 평가

1. 신체적 발달

대근육의 조절과 사용을 요구하는가?
손가락의 소근육 조절과 사용을 요구하는가?
손과 눈의 협응력을 요구하는가?
한 가지 감각 이상을 사용하도록 요구하는가?

2. 사회적 발달

다른 유아들과 함께 작업할 수 있도록 허용하는가?
재료를 함께 나누어 쓰도록 하는가?
긍정적인 또래 간 상호작용을 제공하는가?
유아-성인 간의 긍정적인 상호작용/대화를 하도록 하는가?

3. 정서적 발달

유아가 스스로 작업하도록 하는가?
유아가 자신의 감정을 표현하도록 허용하는가?
자신의 내적 감정을 살피고 집중을 할 수 있는 충분한 시간을 제공하는가?

4. 인지적 발달

자신의 작품에 대해 이야기하도록 격려하는가?
새로운 시각적 상징들의 발달을 도모하는가?
미적 용어를 사용할 수 있는 기회를 제공하는가?
유아들이 변화, 원인과 결과, 패턴을 관찰할 수 있도록 하는가?
유아들이 비교를 할 수 있도록 하는가?
공간적 개념에 접할 수 있는 경험을 제공하는가?
미적 의사결정을 하도록 요구하는가?
자신의 행동을 순서적으로 조직하도록 요구하는가?

5. 창의성

유아가 현재 지니고 있는 기능과 지식을 활용하고 이에 도전하도록 하는가?
활동을 시도하도록 동기유발을 시키는가?
집중할 수 있는 충분한 시간을 제공하는가?
유아가 새로운 방법으로 익숙한 요소들을 통합해 보도록 격려하는가?
유아에게 도전적인 문제를 해결하도록 요구하는가?

6. 통합

다른 교과 영역으로부터의 지식을 활용하는가?
다른 교과 영역의 지식을 강화하는가?
유아가 교과 영역 간의 관련성을 발견하도록 하는가?

7. 다른 사람의 작품

다른 사람들의 작품을 접할 기회를 제공하는가?

다른 사람들의 작품에 대해 토의할 기회를 제공하는가?

8. 반성

자신의 작품에 대해 이야기하도록 하는가?

어떻게 자신의 작품을 할 것인가를 결정하도록 하는가?

자신의 작품을 제시하도록 하는가?

출처 : Growing artists : Teaching art to young children, p. 364, by J. B. Koster, 2001, Albany, NY : Delmar Publishers Inc.

다지기

들어가기에서 생각해 보았던 유아 평가 체크리스트를 다시 써볼까요? 다시 새롭게 추가한 부분은 무엇인가요? 평가항목에서 더 중요하다고 생각한 것이 있나요? 중요한 순서에 따라 다시 배열해 봅시다. 왜 그렇게 평가항목과 순서를 만들었는지 함께 이야기 나누어 봅시다.

처음 생각한 평가 요소	
새롭게 추가한 요소	
순서에 따라 배열한 평가 요소	

CHAPTER 10

탐색 · 표현 · 감상을 통합한 활동의 실제

활동의 실제는 미술교육 내용영역인 탐색, 표현, 감상이 통합되도록 구성하였다. 탐색, 표현, 감상 활동은 각 활동이 감각적 경험과 미적 요소 및 원리에 대한 이해를 포함하면서 체계적으로 연결되어 유아들에게 심화된 경험을 제공한다. 탐색, 표현, 감상 활동의 조직은 탐색하고 표현하고 감상하는 순서로만 이루어지는 것이 아니라 활동의 특성이나 주제에 따라 감상하고 탐색한 후 표현 활동을 전개할 수도 있고, 탐색과 감상, 표현과 감상, 탐색과 표현 등이 함께 이루어질 수도 있다.

각 활동의 전개 과정에서 대집단으로 활동하는 것이 가능한 부분들도 있으나, 유아들에게 체계적이고 심화된 경험을 제공하기 위해서는 자유선택 활동 시간에 소집단 활동을 중심으로 이루어지는 것이 바람직하다. 또한 각 활동들은 하루에 이루어지는 것이 아니라, 유아의 반응 및 활동 전개 과정에 따라 여러 날에 걸쳐 실시하는 것이 가능하다.

탐색, 표현, 감상의 미술 내용영역 간 통합은 유아가 일상에서 흔히 접할 수 있는 여러 경험과 통합하는 것이 중요하다. 2019 개정 누리과정 해설서(교육부, 보건복지부, 2019)의 '예술경험' 영역에서는 유아가 자연, 생활, 예술에서 아름다움을 느끼고 즐기며, 예술적 요소에 관심을 가지고 찾아보고 다양한 재료와 도구를 사용하여 자신의 생각과 느낌을 창의적으로 표현하는 것을 강조하고 있다. 더불어 자신과 다른 나라 사람의 작품, 그리고 우리나라의 전통예술을 포함하여 다양한 종류의 예술을 감상하며 아름다움의 다양성을 이해하고 존중하는 태도를 기르는 데 초점을 두도록 제안하고 있다.

이 장에서는 '2019 개정 누리과정'과의 연계를 고려하여 활동의 실제를 연령별로 제시하되 '3세를 위한 통합적 활동'은 탐색 활동에 강조점을 두고 표현과 감상이 이루어지도록 기본적인 미적 요소인 선, 형, 색, 질감을 기초로 활동을 제안하였다. '4세를 위한 통합적 활동'과 '5세를 위한 통합적 활동'은 '자연', '일상', '예술 작품'의 3개 범주를 제안하여 생활주제에 따라 적절하게 재구성할 수 있도록 하였다.

만 3세를 위한 통합적 활동

선

- 봄에 내리는 비
- 자동차 바퀴로 선을 만들어요
- 비닐 튜브로 만든 선

형

- 찍어서 모양을 만들어요
- 손으로 그린 모양
- 찢어서 만든 모양
- 밀가루 점토로 모양 만들기

색

- 흔들어서 색을 만들어요
- 미술가의 작품에서 만든 색
- 색 풍선으로 표현하는 내 얼굴

질감

- 밀가루를 만져 봐요
- 모래를 만지고 밟아요

선

봄에 내리는 비

활동목표 • 봄비가 내리는 풍경에 관심을 갖는다.
• 선의 형태로 흐르는 비의 모습을 탐색한다.
• 여러 재료를 사용하여 비가 내리는 모습을 표현한다.

활동자료 비 맞을 때 찍었던 사진, 전지 4장, 여러 가지 조형 재료, 물감

활동방법

| 탐색 |

• 봄비가 오는 날에 산책을 하며 비가 내리는 모습과 소리, 손에 떨어질 때의 촉감 등을 느껴 본다.

봄비 내리는 모습 탐색하기(모양, 소리, 촉감)

• 산책했던 사진을 감상하며 비에 대한 경험을 회상한다.
  – 친구들이 왜 우산을 쓰고 있었니?
  – 봄비를 직접 맞아보니 어땠니?
  – 손으로 만졌을 때 느낌이 어땠니?

* 덕성여자대학교 부속유치원 송한민 선생님이 실행한 활동을 재구성한 것입니다.

– 빗소리를 들어봤니? 어떤 소리가 들렸니?

봄비 내리는 모습에 대한 회상

| 표현 |

• 비를 표현할 수 있는 재료를 탐색한다.(유아들이 선택한 재료 소개하기)

– 비가 어떻게 내리고 있었니?

– 너희들의 머리 위로 비를 만들어 볼까?

– 비를 표현할 수 있는 재료를 찾아볼까?

– 비를 어떤 색으로 표현하면 좋을까?

• 유아들이 선택한 재료를 이용하여 비가 내리는 모습을 자유롭게 선으로 표현한다.

– 너희들이 고른 재료로 비를 표현해 볼까?

– 빗방울이 어떻게 흘러내렸니?

– 비가 뚝뚝 떨어지는 모습을 어떤 방법으로 표현할 수 있을까?

– 어떻게 하면 비가 많이 오는 것처럼 보일까?

여러 재료로 봄비 내리는 모습 표현하기

| 감상 |

• 완성된 작품을 감상한다.
  – 봄비가 내리는 모습을 여러 가지 재료로 표현해 보니 어떠니?
  – 비가 어떻게 내리는 것 같니?
  – 우산 위로 비가 내리는 모습을 몸으로 나타내 볼까?

봄비 내리는 모습을 표현한 작품 감상하기

선

자동차 바퀴로 선을 만들어요

활동목표
- 바퀴의 움직임과 만들어진 선 사이의 관계를 이해한다.
- 바퀴를 굴려 다양한 형태의 선을 만들 수 있다.

활동자료 전지 여러 장, 접착용 테이프, 여러 종류의 자동차, 크고 작은 바퀴가 있는 놀잇감, 물감을 묻힐 수 있는 판(넓은 쟁반에 물감을 짜 둔 것), 포스터 컬러, 음악(경쾌한 곡)

활동방법

| 탐색 |

- 바닥에 여러 장의 전지를 붙인다.
- 여러 종류의 자동차 바퀴를 보면서 바퀴 무늬에 따른 질감의 차이를 느껴 본다.
  - 바퀴에 어떤 무늬가 보이니?
  - 움직여 볼까?
  - 바퀴에 손을 대고 한 번 만져 보자. 느낌이 어떠니?
- 전지가 깔려 있는 바닥에 자동차를 움직여 굴려 본다.

| 표현 |

- 바퀴에 물감을 묻힌 후 전지 위에 바퀴를 굴려 본다.
- 찍혀 나오는 선의 모양을 관찰한다.
  - 바퀴를 굴리니까 뭐가 생겼니?
  - 어떤 모양이니?
- 모양과 바퀴의 수가 다른 여러 놀잇감을 굴려 본다.
  - 음악을 들려 주어 유아들이 즐겁게 움직일 수 있도록 한다.

바퀴를 굴러 선 만들기

선

• 유의점
 – 바퀴 전체에 물감을 골고루 묻혀야 선의 형태가 잘 나온다.
 – 자동차마다 다른 색의 물감을 묻혀 형태의 구분을 쉽게 한다.
 – 유아들이 익숙해지면 한 가지 색이 묻어 있는 바퀴에 다른 색의 물감을 묻힌 후 굴려 다양한 색의 선을 만들어 본다.

| 감상 |

• 충분히 활동이 진행된 후에 여러 색의 선들을 보면서 이야기 나눈다.
 – 어떤 선이 가장 마음에 드니?
 – 보니까 어떤 기분이 드니?
• 유아들이 마음에 드는 선을 따라 움직여 본다.
 – 쭉 뻗어 있는 길을 찾아서 움직여 보자.
 – 구불구불 지렁이처럼 생긴 길은 어디에 있을까?
 – 제일 마음에 드는 선을 따라 걸어가 보자.

마음에 드는 선을 따라 걸으며 감상하기

선

비닐 튜브로 만든 선

활동목표 • 비닐의 특성을 경험한다.
• 입체 형태로 구성해 본다.

활동자료 유아 한 팔 길이의 비닐 튜브(사탕 목걸이 만드는 재료), 유성펜, 공기 넣는 기계, 투명 테이프, 빠르고 느린 음악

활동방법

| 탐색 |

비닐 튜브 흔들어 보기

• 각자 비닐 튜브를 나누어 갖는다.
• 비닐 튜브를 다양한 방법으로 탐색하며 튜브가 만드는 선에 관심을 갖는다.
 – 이것을 만져 보자. 어떤 느낌이 나니?
 – 누구 것이 가장 길까? 일어나서 대 볼까?
 (비닐 튜브의 끝을 바닥에 대고 서로 비교해 본다.)
 – 흔들어 볼 수 있겠니? 어떻게 흔들어 보고 싶니?
• 빠르고 느린 음악에 맞추어 비닐을 흔들어 본다.

| 표현 |

비닐 튜브 위에 선 그리기

• 유아들 각자의 비닐 튜브 위에 여러 가지 무늬를 그려 본다.
 – 여기에 그림을 그리면 어떨까?
• 비닐 튜브의 끝을 묶어 바람을 넣으면서 비닐 튜브가 변화하는 과정을 관찰한다.

– (비닐 튜브에 바람 넣는 기계로 바람을 넣으면서) 바람이 이 안으로 들어가면 비닐이 어떻게 될 것 같으니?
– (비닐 튜브 끝에 살짝 공기를 빼면서) 바람이 다시 나오면 무늬들이 어떻게 달라질까?

• 유아들이 그림을 그린 비닐 튜브에 바람을 넣은 후 끝을 묶는다.
• 비닐 튜브를 눌러 보고, 쳐보고, 날려 보면서 다양한 방법으로 놀이한다.

| 표현과 감상 |

• 유아들이 만든 비닐 튜브를 보면서 이야기를 나눈다.
  – 어디에 놓으면 더 잘 보일까? 어디에 붙여 보고 싶니?
• 교실의 기둥이나 천장 등 유아들이 원하는 곳에 비닐 튜브를 서로 연결하여 입체 형태로 구성해 붙인다.
• 옆에서, 앞에서, 누워서 등 다양한 각도에서 비닐 튜브로 만든 모양을 감상한다.

비닐 튜브를 연결하여 구성하는 모습

  – 이렇게 모두 붙여 보니까 기분이 어떠니?
  – 누워서 한번 보자. 선이 어떻게 보이니?
  – 어떤 모양이 있니?
• 유의점
  – 긴 비닐 튜브를 준비하여 함께 그림을 그리고 모양을 구성할 수 있다.
  – 교실뿐 아니라 실외에 나가 잔디 위에 늘어놓거나 나뭇가지에 걸쳐 놓기, 놀이 기구의 기둥에 묶어놓기 등 다양한 방법으로 전시하면서 활동할 수 있다.

찍어서 모양을 만들어요

활동목표 • 다양한 모양의 특징을 알고 변별한다.
• 블록을 찍어 본다.
• 블록과 블록이 찍힌 모양을 비교할 수 있다.

활동자료 여러 가지 모양과 크기의 블록, 모양 퍼즐, 찍기틀, 물감, 물감을 묻힐 수 있는 용기, 전지 여러 장, 크레파스

활동방법

| 탐색 |

• 와플 블록, 듀플로 블록, 코코 블록, 브리스틀 블록 등 다양한 모양의 블록들을 바구니에 담아 유아들과 함께 살펴본다.
• 손으로 블록을 만져 보고, 돌려 보고, 굴려 보고, 세워 보면서 블록의 여러 가지 특성을 탐색해 본다.
  – 손으로 만져 보자. 어떤 느낌이니?
  – 한번 굴려 보자. 잘 굴러가니?
• 블록을 보면서 이야기를 나눈다.
  – 이 모양과 똑같은 모양을 찾아보자.
  – (두 개를 대어보고 같은지 살펴보며) 여기 같은 모양이 있네.
  – 이 모양의 이름은 세모야.
• 여러 가지 블록으로 모양을 만들어 본다.
• 유의점
  – 활동을 전개하기 전에 모양 모빌을 달아 손으로 만져 보고 기본적인 모양의 이름을 알아보면 모양을 탐색하고 표현하는 데 도움이 된다.

| 표현 |

여러 종류의 블록으로 모양 찍어보기

- 바닥에 전지를 여러 장 붙인다.
- 다양한 모양의 블록에 물감을 묻혀 전지에 찍어 본다.
- 찍혀 나오는 모양을 탐색한다.
  - 선생님이 여기에 물감을 묻혀 찍으니까 네모 모양이 나왔네.
  - (손으로 블록을 돌리면서) 이렇게 돌려서 옆으로 찍으면 어떤 모양이 나올까?
- 같은 모양을 여러 개 반복하여 찍기, 겹쳐서 찍기, 색상별로 또는 모양별로 찍기 등 배열하는 방법을 여러 가지로 하여 찍는다.
  - 네모 모양을 여러 개 찍었네. 이 모양과 서로 같은 모양이구나.
  - 옆으로 계속해서 찍어볼래? 길게 이어지니까 어떤 모양인 것 같니?
  - 동글동글 동그라미는 노란색으로 찍어 볼까?

| 감상 |

- 다 마르면 작품을 살펴보고 손으로 만져 본다.
- 유아들이 만든 작품을 보면서 찍힌 모양과 같은 모양의 블록을 찾아 직접 대어 보면서 이야기를 나눈다.
  - (블록을 보여주며) 이 모양이 찍힌 것은 어디에 있는지 찾아보자.
  - ○○는 색깔도 같은 모양을 찾았구나.
  - 제일 큰 모양은 어떤 거니?
- 평평한 벽면에 붙인다.
- 전시된 작품을 손으로 만져 보고 같은 모양을 찾아본다.

손으로 그린 모양

활동목표 • 풀물감의 특성을 여러 감각으로 경험한다.
• 팔의 움직임과 나타나는 형태와의 관계를 인식한다.
• 풀물감의 특성을 이용하여 모양을 그려 본다.

활동자료 전지, 풀물감, 비닐, 도화지

활동방법

| 탐색 |

• 풀물감을 비닐 주머니에 담아 손으로 두드려 보고, 발로 밟아 보면서 탐색한다.
• 책상 위에 커다란 비닐을 깔고 풀물감을 준비한다.
• 유아들과 함께 탐색한다.
- 이게 무엇일까? 우리 한 번 만져볼까?
- 손으로 만져 보니까 느낌이 어떠니?
- 손으로 풀물감을 문지르면서 큰 비닐 위에 무늬를 만든다.
- 손바닥으로 쓱쓱 문질러 보자.
- 무엇이 생겼니?

• 비닐 위에 그려진 여러 가지 색과 모양을 살펴본다.
- 우리가 손바닥으로 그린 것을 보자.
- 여기 꾸불꾸불한 모양이 있네.

• 유의점
연령이 어린 유아들이 풀물감을 처음 경험할 때 풀물감의 독특한 촉감이나 냄새를 좋아하지 않는 경우도 있으므로 소량의 풀물감을 사용해서 탐색해 본 후에 점차적으로 풀물감을 사용하여 표현해 보도록 하는 것이 좋다.

* 표현과 감상 2 활동은 덕성여자대학교 부속유치원 이은솔 선생님이 실행한 활동을 재구성한 것입니다.

| 표현과 감상 1 |

- 유아들이 그리고 싶은 모양을 자유롭게 그린다.
- 노래를 부르며 리듬에 따라 움직여 본다.
  - 노래를 부르면서 손을 움직여 보자. 어떤 모양을 만들어 볼까?
  - 뾰족뾰족 산 모양을 만들어 볼까?
  - 동그란 모양을 만들어 볼까?(유아들이 형태를 생각하면서 만들 수 있도록 한다)

풀물감으로 모양 그리기

- 유아들의 그림이 어느 정도 마르면 그림을 보면서 가장 마음에 드는 부분을 골라본다.
  - 어떤 모양이 마음에 드니?
- 각 유아들이 마음에 들어 하는 모양이 있는 부분에 분무기로 물을 뿜은 다음 그 위에 종이를 얹어 그림을 옮겨낸다. 옮겨낼 종이에 물을 뿜어 옮겨낼 수도 있다.
- 옮겨낸 그림을 보면서 이야기를 나눈다.
  - 모양이 어떠니?
  - 어디에다 붙일까?
  - 벽면을 길게 이용하여 기차처럼 붙여 보거나, 모양을 구성하여 전시한다.
- 유의점
  - 먹거나 유아들의 눈에 들어가지 않도록 유의한다.
  - 유아들이 풀물감으로 그릴 때 주로 손바닥으로 밀면서 표현하므로 교사가 손가락으로 그림을 그리는 모델을 보여주는 것이 좋다.

| 표현과 감상 2 |

- 유아들과 함께 만든 여러 색 풀물감을 얼음통에 짜 넣고 아이스크림 막대를 꽂아 얼려 만든 색물감 막대를 살펴본다.
  - 색물감풀을 종이컵에 넣어 얼렸는데 어떻게 되었을 것 같니?
  - 가지고 온 풀물감을 살펴보자. 어떻게 되었니?

- 큰 종이 위에 함께 색물감 막대를 굴려 여러 모양을 표현해 보게 한다.
  - 색물감 막대로 종이 위에 그림을 그려보자. 어떤 모양이 나타났니?
  - 이번에는 다른 색의 물감 막대로도 그림을 그려보자. ○○가 빨간색 위에 파란색으로 그림을 그리니 색이 어떻게 되었니?
- 개별 종이를 제시하여 색물감 막대를 자유롭게 굴려 여러 형태를 표현해보도록 한다.
  - 여러 색물감 막대를 자유롭게 굴려 모양을 그려보자.
- 유아의 작품을 보고 느낀 점에 대해 이야기 나눈다.
  - 우리가 그린 그림을 살펴보자.
  - 어떤 모양이 보이니?
  - 친구들은 어떤 그림을 그렸니?
  - 너희가 그린 그림을 친구들에게 소개해 주겠니?

색물감 막대 탐색하기

색물감 막대로 모양 그리기

찢어서 만든 모양

활동목표 • 종이의 특성을 이해한다.
• 찢어서 모양을 만들 수 있음을 안다.

활동자료 신문지, 헌 잡지, 쓰다 남은 색종이, 촉감이 울퉁불퉁한 종이, 한지, 투명 테이프, 지퍼백, 여러 모양의 시트지

활동방법

| 탐색과 표현 |

• 헌 잡지, 신문지, 쓰다 남은 색종이, 한지, 촉감이 울퉁불퉁한 종이 등 여러 종류의 종이를 게시판에 붙여 제시한다.

여러 종류의 종이 탐색하기

• 게시판에 붙여져 있는 종이를 만져 보고, 두드려 보고, 입으로 불어 보고, 접어 보고, 구겨서 뭉쳐 보고, 찢어 본다.

– (교사가 손으로 종이를 만지며) 여기 여러 가지 종이가 있네. 손으로 종이를 만져볼까? 이번에는 종이를 흔들어 볼까?

• 종이를 여러 가지 모양으로 찢어 본다.

– 종이를 쭉쭉 찢어 보자. 느낌이 어떠니?

– 어떤 모양이 생겼니? 종이가 길게 찢어졌네.

– 한지도 길게 찢어 보자. 이번에는 바닥에 떨어진 종이를 작게 찢어 볼까?

• 종이를 충분히 찢으면 손바닥에 놓고 불어 보거나, 쳐보거나, 높이 날려 보거나, 길게 찢은 종이를 빙빙 돌려보면서 종이를 가지고 놀이한다.

– '후' 부니까 종이가 앞으로 날아가네.

– 바닥에 떨어져 있는 종이를 하늘에 날려 볼까?

종이 찢어보기

• 유아들이 종이를 가지고 놀이할 때 종이의 움직임이나 소리, 만지는 느낌, 발로 밟는 느낌에 대해 주의를 기울일 수 있도록 한다.
  – 종이를 구겨 볼까? 종이를 구기는데 소리가 나네.
  – 종이를 발로 밟아 보자. 느낌이 어떠니?

• 유의점
  – 종이가 너무 두꺼우면 어린 유아들이 찢기에 어려우므로 한지와 색종이, 잡지 등 찢을 때 손의 힘이 많이 필요하지 않은 얇은 종이가 좋다.
  – 여러 모양으로 종이를 찢고, 또 찢은 종이를 이용하여 다양한 방법으로 탐색하며 놀이하기 위해서는 교사가 모델을 직접 보여주는 것도 필요하다.
  – 정해진 모양으로 찢기보다는 길게 찢기, 작게 찢기, 크게 찢기 등으로 시작하는 것이 좋다.

| 감상 |

• 유아들의 놀이가 끝나면 유치원의 공간에 여러 모양의 종잇조각을 붙이거나 달아본다.
  – 우리가 찢은 종이들을 어디에 붙여 볼까?
  – 길게 찢은 종이를 바람이 나오는 물건에 붙여볼까? 어디에 붙이면 될까?
  – 종이를 마음껏 가지고 놀 수 있는 곳을 바깥놀이터에 만들어 볼까?

• 눈으로 보고 손으로 만져 보면서 유아들이 만든 작품을 감상한다.
  – 너희들이 만든 것을 보니까 기분이 어떠니?
  – 너희가 직접 줄에 붙여 장식해 보자.
  – 빨간색의 긴 네모 모양을 붙였구나.

찢은 종이로 종이(놀이)방 만들기

형

밀가루 점토로 모양 만들기

활동목표 • 밀가루 점토를 경험한다.
• 빚고 찍어서 다양한 모양을 만든다.
• 모양의 이름을 안다.

활동자료 색 밀가루 점토, 밀대, 여러 가지 찍기틀, 두꺼운 실, 헌 옷걸이

활동방법

| 탐색 |

• 색 밀가루 반죽을 유아에게 주고 탐색하게 한다.
- 만져 보니까 느낌이 어떠니?
• 다양한 방법으로 반죽을 주물러 본다.
- 손으로 꽉꽉 주물러 보자.
- 밀가루 반죽을 탕탕 쳐볼까?
- 손으로 반 잘라 보자.
- 이번에는 뱀처럼 길게 만들어 볼 수 있니?

다양한 도구로 밀가루 점토 탐색하기

• 밀대와 플라스틱 칼을 가지고 유아들이 만들고 싶은 모양을 만들어 본다.
- 만들고 싶은 모양을 만들어 보자.

| 표현 |

• 모양틀을 살펴본다.
- 무슨 모양이 있니?
- (별 모양을 찍은 후에) 이런 모양이 나오도록 하려면 무슨 모양을 찍을까?
- 뾰족뾰족한 세모 모양을 만들려면 어떤 모양을 찍으면 될까?

• 모양틀을 이용하여 다양한 모양을 찍어 본다.
  – 유아들이 모양을 찍을 때 각 모양의 이름을 말해 주어 모양의 이름을 알 수 있도록 한다.
• 유의점
  – 연령이 어린 유아들은 손에 힘이 없으므로 정확한 모양을 찍어내거나 만들기보다는 밀가루 점토 위에 찍기틀을 눌러서 나타나는 모양을 탐색하는 것에 더 흥미를 나타내므로 이에 유의하도록 한다.

모양틀로 밀가루 점토 위에
여러 모양 찍기

| 감상 |

• 유아들이 밀가루 반죽으로 만든 작품을 보면서 이야기를 나눈다.
  – (손으로 모양을 그리면서) 동그란 모양은 어디 있을까?
  – ○○는 칼로 잘라서 모양을 만들었구나.
  – 너희들이 만든 모양을 어디에 두면 좋을까?
• 유아들이 원하는 곳을 중심으로 작품을 전시한다. 평면의 형태로 놓아두기보다는 벽면에 늘어뜨려 놓거나 헌 옷걸이 등을 이용하여 모빌의 형태로 전시하는 것이 좋다.

흔들어서 색을 만들어요

활동목표
- 주변의 색에 관심을 갖는다.
- 물감의 색이 서로 섞이는 것을 인식한다.
- 자신의 느낌과 선호에 따라 다양한 재료를 섞어 색을 만들어 본다.

활동자료 투명한 플라스틱 통, 물, 식용색소나 물감, 글리세린, 식용유, 글리터, 수정토, 작은 구슬이나 스팽글, 색 스티커, 계량스푼, 스푼(글리터용)

활동방법

| 탐색과 표현 |

- 물이 들어있는 통에 유아들이 원하는 색의 색소(물감)을 넣어 색이 변화하는 모습을 탐색한다.
  - 여기 있는 색(빨강, 노랑, 파랑, 흰색)을 물통에 넣으면 어떻게 될까?
  - 물통에 색소(물감)을 넣고 흔들어 보자. 색이 어떻게 될까?
  - 어떤 색을 만들어 보고 싶니?
  - 무슨 색을 넣어 만들었는지 어떻게 알 수 있을까?
- 투명한 물통에 유아가 원하는 재료들을 넣어 새로운 색과 느낌의 색 물감통을 만들어 본다.
  - 한 가지 색의 색소(물감)을 넣어 보자.
  - 다른 색을 넣어 볼까? 색이 어떻게 달라지니?
  - 이번에는 무엇을 넣어 볼까? 어떤 순서로 넣어 보고 싶니?
  - 물에 기름을 넣으니 어떻게 되었니?
  - 물병을 흔들어 볼까? 안에 있는 재료들이 어떻게 움직이니? 색이 어떻게 보이니?
  - 물병을 책상 위에 올려놓고 어떻게 변하는지 볼까?

---

* 덕성여자대학교 부속유치원 이은솔 · 김현주 선생님이 실행한 활동을 재구성한 것입니다.

색소(색물감)와 여러 재료 섞어 색물감 만들기

- 유아가 만든 색 물통의 느낌에 어울리는 여러 재료(구슬이나 스팽글 등)를 넣거나 색물감통의 바깥쪽을 장식한다.
- 유아가 만든 색의 이름을 붙여 본다.
  - 색 이름을 무엇이라고 붙일까? 왜 그렇게 붙이고 싶니?

| 감상 |

- 유아들이 만든 색 물통을 보며 감상한다.
  - 어떤 색이 만들어졌니?
  - 다른 친구들이 만든 것과 내가 만든 것이 다른 것 같니? 어디가 다른지 찾아볼까?
- 유아들과 전시하기를 원하는 곳을 의논한 후 창가 등 빛이 비치는 공간을 활용하여 전시해 본다.
  - 우리가 만든 색을 어떻게 전시하면 좋을까?
  - 어떤 모양으로 전시하고 싶니?
  - 햇빛에서 보면 우리가 만든 색이 어떻게 보이니? 교실에 불을 끄고 작품을 보면 어떨까?

미술가의 작품에서 만든 색

활동목표 • 반복적 · 연속적으로 사용된 색의 느낌을 안다.
• 롤러의 움직임을 통해 변화하는 색과 선을 지각한다.

활동자료 션 스컬리 〈4. 10. 84〉, 〈창백한 불〉
포스터 컬러(빨강, 노랑, 검정, 초록), 롤러, 굵은 붓, 전지 여러 장, 도화지, 헝겊, 물감을 묻힐 수 있는 용기

활동방법

| 감상과 탐색 |

• 노란색과 빨간색으로 구성된 〈창백한 불〉과 빨간색과 초록색이 연속적으로 그려진 〈4. 10. 84〉를 보면서 이야기를 나눈다.
 – 무엇처럼 보이니?
 – 2개의 그림은 어떤 점이 다를까?
• 바닥에 큰 전지를 깔고, 전지에 굵고 짧은 크기의 붓과 롤러를 이용하여 자유롭게 칠한다.
 – 여러 색들 중에서 마음에 드는 색을 골라 칠해 보자.
 – 붓(롤러)으로 그리니까 느낌이 어떠니?

롤러로 자유롭게 칠해보기

| 탐색과 표현 |

• 도화지를 구겨 보도록 한 후 구겨진 종이에 롤러를 이용하여 연속적으로 색을 칠해 본다.
 – 올록볼록 무늬가 생겼네.

- 빨간색 옆에 노란색이 있으니까 어떤 것 같니?
- 옆이 비지 않게 빨간색 옆에 검은색을 칠하려면 어떻게 하면 좋을까?

• 헝겊에 롤러로 연속적으로 색을 칠한다.
  - 헝겊에 칠하니까 어떻게 되었니?(헝겊에 물감이 스며드는 것을 관찰하도록 한다.)

• 유의점
  - 연령이 어린 유아들도 연속적으로 색을 칠할 수는 있으나 공간에 대한 이해 능력이 부족하여 색과 색 사이에 빈 공간이 생긴다. 여백이 생기지 않게 하려면 어떻게 칠할지 생각해 보도록 한다.
  - 포스터 컬러의 농도를 진하게 하여 쉽게 칠할 수 있고 빨리 마르게 한다.

| 감상 |

• 전지에 색을 칠한 작품, 구겨진 종이 위에 색을 칠한 작품, 헝겊을 이용한 작품을 나란히 붙인다.
  - 너희들이 그린 것이 마음에 드니?
  - 또 칠해 보고 싶은 색이 있니?

도화지를 구긴 후에 롤러로 칠하기

헝겊 위에 롤러로 칠하기

색 풍선으로 표현하는 내 얼굴

활동목표
- 색의 느낌에 관심을 갖는다.
- 자신의 감정을 색으로 표현한다.
- 색으로 표현한 작품을 감상하고 생각을 공유한다.

활동자료 비닐봉지, 색 셀로판지, 종이컵, 빨대, 모루, 깃털, 스팽글 등 장식용 재료

그림책–제홈 뤼이이에(1994). 색깔 나라 여행. 서울: 크레용하우스.

활동방법

| 감상 |

- 여러 색 이야기를 담은 그림책 〈색깔 나라 여행〉을 감상한다.
  - 여행을 떠나며 만난 색에는 어떤 것이 있었지?
  - 그 색들 중에 빨간색을 볼 때 어떤 느낌이 들었니?
  - 따뜻한 햇볕이 우리를 비추면 기분이 어떠니?
  - 그럼 우리 친구들은 기분이 좋을 때 어떤 색이 생각나니?

| 탐색 |

- 거울을 보며 표현하고 싶은 표정을 지어보며 자신의 감정에 대해 이야기를 나눈다.
  - 거울에 비친 ○○는 지금 어떤 기분인 것 같니? 왜 그렇게 생각했니?
  - 웃고 있는 표정을 할 때 △△이의 눈(눈썹, 입)은 어떤 모습이니?
  - 화가 난 기분일 때는 어떤 표정을 지을까?
  - 색으로 너희가 느낀 기분을 표현할 수 있을까?
  - 왜 부끄러운 기분을 빨간색으로 표현하려고 하니?

---

* 덕성여자대학교 부속유치원 이은솔 · 김현주 선생님이 실행한 활동을 재구성한 것입니다.

– 빨간색으로 다른 기분을 표현할 친구가 있니?
– ○○은 기분이 어떠니? 어떤 색을 이용해 지금 기분을 나타내고 싶니?
– 기분이 좋으면 어떤 색이 떠오르니? 여러 색이 한꺼번에 떠오르니?

| 표현 |

• 자신의 감정에 어울리는 색의 셀로판지를 찾아 비닐봉지에 붙인다.
• 거울을 보고 표정을 지어보며 다양한 재료(모루, 깃털, 스팽글 등)로 자신의 얼굴을 구성한다. (얼굴을 구성할 때 표정을 지을 때의 눈, 코, 입의 형태를 세밀하게 관찰할 수 있도록 상호작용한다.)
  – 기쁜(화난) 기분을 어떻게 나타내고 싶니?
  – △△이의 사진을 보니 어떤 기분인 것 같니?
• 비닐의 끝 부분을 바람이 새지 않도록 빨대와 연결한 뒤 종이컵을 끼운다.
• 바람을 불어넣어 얼굴처럼 만들어 본다.

기분을 나타내는 색 풍선에
자기 얼굴 표현하기

바람 넣어 얼굴 만들기

| 감상 |

• 유아들이 표현한 작품을 비교하며 감상해 본다.
  – (한 작품씩 감상) 이 얼굴은 친구가 어떤 기분을 표현한 것 같니?
  – 무엇을 보고 그렇게 생각했니?

– 우리 생각이 맞는지 이 얼굴을 그린 친구에게 물어 볼까?

색 풍선으로 표현한 유아의 기분

질감

밀가루를 만져 봐요

활동목표
- 밀가루의 촉감을 경험한다.
- 밀가루의 상태의 변화와 질감의 변화를 연결하여 이해한다.

활동자료 밀가루, 돗자리, 밀가루 반죽, 찍기틀, 약병에 든 물감

활동방법

| 탐색 |

- 밀가루를 준비하여 손과 발로 충분히 탐색할 수 있도록 한다.
  - 손으로 만져 보자. 어떤 느낌이 나니?
  - 이번에는 발로 만져 보자. 어떻게 느껴지니?

손과 발로 밀가루를 탐색하고 놀이하기

* 덕성여자대학교 교육대학원 천세정 선생님이 실행한 활동을 재구성한 것입니다.

질감

- 밀가루를 이용하여 여러 가지 놀이를 한다.
  - 밀가루 위에 손으로 그림을 그려 보자.
  - 밀가루를 우유곽에 담아 탑을 쌓아 보자. 잘 쌓아질까?
  - 밀가루를 체에 걸어 보자. 잘 걸러지니? 걸러낸 밀가루를 만져 보니 어떠니?

| 표현과 감상 |

- 약병에 색물감을 넣어 유아들에게 제공한다.
- 색물감을 밀가루에 뿌린 후 어떤 변화가 있는지 살펴본다.
  - 밀가루에 물감을 뿌리니 어떻게 되었니?
- 유아들이 자유롭게 색물감을 뿌리면서 그림을 그려 보도록 한다.

밀가루에 색물감 뿌려 그리기

  - 하늘에서 빨간색 비가 오는구나. 이번엔 파란색 비네.
  - 색이 서로 섞이니 다른 색이 되었네.
  - 구불구불한 모양이 만들어 지는구나.
- 색물감을 뿌리며 그림을 그린 후 밀가루를 반죽하며 변화를 비교해 본다.
  - 아까 밀가루를 만졌을 때와 어떻게 다르니?
  - 어떻게 하면 단단하게 만들어 볼 수 있을까?
  - 더 물렁물렁하게 하려면 어떻게 하면 될까?
- 점토를 만드는 과정에서 손에 느껴지는 밀가루의 변화를 인식하며, 원하는 형태를 만들어 본다.

밀가루 반죽하기

밀가루로 점토 만들어 모양 만들기

• 유의점

- 색물감을 통해 물이 더해짐에 따라 달라지는 밀가루의 변화를 충분히 느끼고 표현해 보도록 한다.
- 밀가루에 색물감 외에 색모래나 색톱밥 등을 함께 넣어 질감의 다양한 변화를 느껴보도록 하는 것도 좋다.
- 밀가루 점토를 만들 때처럼 약간의 식용유 등을 넣어 미끈거리는 질감을 느껴보는 것도 재미있다.

모래를 만지고 놀아요

활동목표
- 모래나 흙이 가진 질감을 감각적으로 경험하며 특성을 이해한다.
- 모래나 흙을 활용하여 무늬를 만들거나 찍어 볼 수 있다.

활동자료 모래, 흙, 색모래, 체, 모래를 걸러낼 그릇, 모래삽, 요구르트병, 종이, 물풀

활동방법

| 탐색 |

- 놀이터의 모래나 흙을 여러 감각을 사용하여 탐색할 수 있도록 한다.
  - 손으로 만져 보자. 어떤 느낌이 드니?
  - 손에 쥔 모래를 조금씩 흘리면 모래가 어떻게 되는지 한 번 볼까?
  - 흙의 냄새를 맡아보자. 이것과 비슷한 냄새를 어디서 맡아 보았니?
- 요구르트 병 안에 모래나 흙을 담아 병의 입구를 막은 후 흔들어 본다. 자갈을 넣은 흔들 때와 비교해 보며 흙, 모래, 자갈 등에 따라 달라지는 소리를 경험한다.
  - 모래를 넣어 보자. 어떤 소리가 나니?

손과 여러 도구로 모래 탐색하기

* 덕성여자대학교 교육대학원 이강미 선생님(세브란스 어린이집)이 실행한 활동을 재구성한 것입니다.

– 모래와 흙, 자갈이 내는 소리가 어떻게 다르게 들리니?

• 모래나 흙이 있는 놀이터에서 여러 선과 모양을 찾아보도록 한다.

– 자전거 바퀴의 흔적이나 유아들이 걸어가면서 생긴 발자국 등 우연하게 생긴 선이나 모양을 찾아보고, 그 선이나 모양을 따라 걸어 본다.

– 손이나 발, 혹은 간단한 도구를 사용하여 직접 선이나 모양을 만들어 본다.

– 모래나 흙에 물을 뿌려 다른 색으로 구분되어지는 자국(면)을 살펴본다. 물이 뿌려져 자국이 생긴 부분(젖은 모래나 흙) 위를 뛰어 보기도 한다.

몸으로 모래 위의 선과 모양 탐색하기

| 표현과 감상 |

• 모래를 걸러내며 나타나는 변화들을 살펴본다.

– 체 아래에 걸러지는 부드러운 모래와 체 위에 남아 있는 작은 자갈들을 비교하며 만져 본다.

• 체로 걸러낸 부드러운 모래와 물풀을 이용하여 그림을 그려 본다.

– 종이 위에 물풀로 자유롭게 선이나 면을 그리게 한다. 물풀로 그림을 그리면 형태가 분명하게 나타나지 않으므로 그 위에 모래를 뿌리면 어떤 모양이 나타날지 예측해 보도록 한다.

– 물풀로 그린 그림 위에 모래를 뿌리고 흔들어 물풀에 모래가 잘 붙도록 하여 선명한 형태가 나타나도록 한다.

질감

- 유아들이 표현한 모래 그림을 보면서 어떤 것이 상상되는지, 자신이 표현한 것과 다른 친구들이 표현한 것을 보며 어떤 느낌이 드는지에 대해 이야기해 본다.
- 유아들이 만든 모래 그림에 어떤 색이 어울릴지를 생각해보고, 자신들이 그린 그림을 바꾸고 싶어 하는 유아들은 색모래를 덧붙일 수 있게 도와준다.
  - 어떤 색이 있으면 좋을 것 같니?
  - 작품을 유아들이 원하는 순서대로 연결하여 실외 놀이터나 마당에 전시한다.

체로 걸러 모래그림 그리기

- 유의점
  - 유아들이 원하면 걸러낸 돌을 이용하여 모양을 만들거나 상자에 넣어 악기를 만들어 보는 등의 활동을 전개할 수 있다.
  - 유아들이 모래나 흙을 탐색할 때 '두껍아, 두껍아'나 '여우야, 여우야 뭐하니' 등의 전래동요를 불러 보는 것도 재미있다.

만 4세를 위한 통합적 활동

자연

- 자연의 색
- 숲속에 여름이 왔어요
- 흙으로 여러 가지를 할 수 있어요

일상

- 흘러내리는 색
- 느낌이 달라요
- 종이를 만들어 보아요
- 블록으로 만든 선

예술 작품

- 움직이는 몸
- 우리들만의 그림책 만들기
- 우리의 탈

자연의 색

활동목표
- 다양한 감각을 사용하여 자연을 탐색한다.
- 자연 속의 색을 지각한다.
- 식물의 잎, 줄기, 열매, 꽃, 흙 등을 사용하여 염료를 만들 수 있음을 안다.
- 천연염료를 사용하여 봄의 느낌을 표현할 수 있다.

활동자료 자연물, 절구, 유리컵, 물(물병), 명반, 한지, 먹물, 붓, 유리 그릇, 면으로 된 흰 천, 튼튼한 끈이나 털실, 고무 밴드, 천연 염료로 염색한 손수건, 천, 작품 등

활동방법

| 탐색 |

- 색을 만들 수 있는 자연물들에 어떤 것이 있는지 생각해 본다.
- 유치원 화단이나 주변 공원에 나가 환경을 탐색한다.
  - 어떤 모양의 나뭇잎이 보이니?
  - 어떤 색들을 볼 수 있니?
  - 두 가지의 초록색 중에서 어떤 것이 더 진한 것 같니?
- 색을 만들 수 있는 자연물들을 수집한 후 색깔별로 분류한다.
  - 색을 만들 수 있는 꽃들은 어떤 꽃들일까?
  - 같은 색이라고 생각되는 것끼리 모아볼 수 있니?

봄의 색을 모으는 모습

---

* 덕성여자대학교 교육대학원 심연재 선생님이 실행한 활동을 재구성한 것입니다.

– 풀이나 꽃 외에 색을 만들 수 있는 다른 것은 없을까?
– 너희들이 모은 색들에 이름을 붙여 보자. 어떤 이름을 붙이면 좋을까?

- 분류한 봄의 식물을 절구에 조금씩 넣어 빻아본다.
  – 재료의 색이 잘 두드러지도록 하기 위해 명반을 가루로 만든 후 물에 섞어(물 1ℓ 에 명반 1g 정도) 빻아둔 물에 붓는다.
- 식물에서 색이 우러나면 유리컵에 붓고, 사용한 식물의 이름과 새로이 만들어진 색의 이름을 적어 붙인다.
- 각각의 색을 비교해 보고, 처음에 풀에서 났던 냄새와 풀들을 빻은 후에 나는 냄새를 맡아본다.

색을 만드는 모습

유아들이 만든 색

| 표현 1 |

- 어떤 모습의 봄을 그려 보고 싶은지 생각해 본다.
- 한지 위에 붓으로 봄의 풍경을 그린다.
- 봄의 식물을 빻아서 만들어진 다양한 색상의 천연 물감을 사용해서 채색한다.
- 유아들의 그림을 보면서 어떤 색이 사용되었는지, 그 색을 만든 재료는 무엇이었는지 이야기해 본다.
- 유의점
  – 천연 염료를 만들고 시간이 경과되면 색이 조금씩 변하므로, 이에 유의하여 활동을 전개한다.

천연염료와 먹으로 그린 봄의 모습

| 표현 2 |

- 유아들이 모아온 봄의 식물을 잘게 썰거나 믹서 또는 분쇄기에 갈아 물에 넣은 후 약 20분간 끓인 뒤 걸러내고 명반을 넣는다.
- 염료가 만들어지면 이 물을 사용하여 홀치기 염색을 해본다.
  - 어떤 무늬로 염색할 것인가를 계획한 후 천을 접어서 굵은 실(고무 밴드)로 묶는다.
  - 유리 그릇에 염료를 넣고 굵은 실(고무 밴드)로 묶은 천을 담근 후 충분히 색이 배어들 때까지 잘 담가둔다. 이때 실(고무 밴드)로 묶은 부분까지 염색되지 않도록 유의한다.
  - 어떤 무늬로 염색이 되었을지를 예측해 보면서 실(고무 밴드)을 풀어 본다.
  - 바람이 잘 통하는 곳에 말린다.
- 유아들의 염색 작품을 보면서 어떤 색, 무늬가 물들여졌는지 이야기해 본다.
  - 가장 물이 잘 들어 보이는 것은 어떤 색이니?
  - 네모 무늬는 어디서 찾을 수 있니?
  - 동그라미 무늬는 어떻게 만들었니?
  - 어떤 무늬가 가장 마음에 드니?
- 유리창, 교실 입구, 벽면 등 다양한 공간을 이용하여 유아들의 염색 작품을 전시한다. 벽면에 길게 줄을 연결하여 전시할 수도 있다.
- 유의점
  - 여러 가지 색을 사용하여 부분적인 무늬를 만들어 볼 수 있다.
  - 묶는 방법에 따라 무늬가 만들어지는 형태가 다르다.

• 줄무늬 : 천을 길게 말거나 아코디언처럼 위, 아래로 접은 다음 같은 간격으로 여러 번 묶는다.
• 마블링 무늬 : 공처럼 구긴 다음 털실이나 튼튼한 끈으로 감아 묶는다.
• 점점 커지는 사각형 무늬 : 천을 대각선으로 두 번 접은 다음 가운데부터 바깥으로 같은 간격으로 묶는다.
  – 유아들이 수집한 진달래, 철쭉, 개나리, 쑥 등의 자연물 외에 천연 염료의 재료로 많이 쓰이는 치자를 사용하면 선명한 색을 낼 수 있다.

치자로 물들인 유아 작품

| 감상 |

• 천연 염료로 염색한 작품들을 보여주며 이야기를 나눈다.
  – 어떤 모양들이 있니?
    (나무, 꽃, 물고기, 학, 나비, 풀, 기하학적인 무늬 등)
  – 어떤 색들이 보이니?
  – 가장 눈에 잘 보이는 색은 어떤 것이니?
  – 색은 어떻게 만들었을까?
    (무명과 명주, 항라, 양단 등의 천에 쪽물, 치자물, 쑥물 등 다양한 천연염료로 색을 들였다.)
• 초전섬유퀼트 박물관과 같은 섬유예술 작품을 전시하는 곳을 견학하여 천연 염료로 염색한 전통적인 섬유 작품들과 다른 나라의 다양한 염색 작품들을 살펴본다.
• 인터넷 정보검색을 활용하여 천연 염색 과정과 다양한 작품들을 감상할 수 있다.

숲속에 여름이 왔어요

활동목표 • 감각적 탐색을 통해 자연물의 특성을 인식한다.
• 매체의 질감을 활용하여 여름 풍경을 표현해 본다.

활동자료 자연물 사진, 핸디코트, 색모래, 오공본드, 2절 폼보드(혹은 우드락 또는 하드보드지), 페인팅 나이프 또는 아이스크림 막대, 종이접시, 오일 파스텔 또는 크레용

그림책– 마이클 그레니엣(2002). 무지개꽃이 피었어요. 서울: 국민서관.

활동방법

| 탐색 |

• 여름 동산을 산책하며 자연 속의 나무와 돌, 나뭇잎 등 자연물이 주는 느낌을 충분히 느껴 본다.
– 나무를 살펴보자. 어떤 색들이 있니? 나무를 손가락으로 따라 그려 볼까? 느낌이 어떠니?
– 나무 밑에 앉아 하늘을 보니 나뭇잎이 어떻게 보이니?
– 나뭇잎(열매)은 어떤 색이니?
– 꽃은 어떤 모양이니?
– 가만히 앉아 눈을 감고 바람을 느껴 볼까?

• 교사는 유아들이 자연물을 만지고 보고, 냄새 맡으며 알게 된 것과 느낌을 사진, 녹음, 그림 그리기의 방법으로 기록하도록 격려한다.

• 여름 동산을 산책한 경험을 회상하며 교사가 미리 찍어 준비한 자연물의 사진 자료를 보면서 만지면 어떤 느낌이 들 것 같은지 이야기를 나눈다.
– 숲에서 가장 마음에 드는 부분은 어느 곳이었니?
– 너희들이 이 나무를 만졌을 때 어떤 느낌이었니?

---
* 이정욱 외(2007)의 탐색 · 표현 · 감상의 통합적 유아미술활동에서 발췌하여 재구성한 것입니다.

| 탐색과 표현 |

• 표면의 질감을 잘 살려 표현한 그림책 〈무지개꽃이 피었어요〉를 감상한다.
  - 그림책 속의 그림을 만지면 어떤 느낌이 들 것 같니?
  - 이 그림책을 만든 사람은 어떤 방법으로 그림을 그렸을까?
• 유아들이 산책하면서 보았던 본 나무와 돌, 꽃의 느낌을 표현해 볼 수 있도록 새로운 재료인 핸디코트와 색모래, 나이프를 미술 영역에 제공하여 탐색하도록 한다.
  - 이 재료를 만지면 어떤 느낌이 들 것 같니? 우리 한 번 만져 볼까?
  - 이번에는 다른 재료를 살펴보자.
• 질감을 살려 유아들과 함께 산책한 여름 숲의 느낌을 표현해 보도록 한다.
  - 2절 폼보드에 전체적으로 핸디코트를 바른다.
  - 핸디코트가 마르면 그 위에 크레파스를 사용하여 표현하고자 하는 형체의 외곽선을 그린다.
  - 색모래에 오공본드를 넣고 개어서 페인팅 나이프를 사용하여 채색한다.
• 유의점
  - 유아들이 표현하고 싶은 질감을 잘 표현해 볼 수 있도록 이전에 충분히 탐색한 재료들을 제공하는 것이 좋다.
  - 핸디코트가 완전히 건조된 이후에 크레파스로 그림을 그리도록 한다.
  - 채색이 쉽도록 색모래를 바르는 부분을 크게 그려 표현하도록 한다.
  - 개별 혹은 협력하여 작품을 만들 수 있도록 한다.

핸디코트와 색모래로 표현하는 과정

| 감상 |

- 유아들이 만든 작품을 전시하는 방법에 대해 이야기 나눈 후 전시해 본다.

– (작품을 보며) 우리가 느꼈던 여름 숲이 느껴지니? 친구의 작품에 어떤 이야기가 있을 것 같니?

– 여름 숲속을 표현한 이 작품들을 어떻게 전시하는 게 좋을까?

– 비슷한 느낌이 드는 작품을 함께 전시하는 건 어떨까?

유아들이 만든 여름 숲속

흙으로 여러 가지를 할 수 있어요

자연

활동목표 • 흙의 특성을 인식한다.
• 황토 물로 형태를 찍어 표현해 본다.
• 점토의 특성을 활용하여 형태를 창의적으로 표현한다.

활동자료 삽, 지퍼백, 돋보기, 체, 관찰통(투명한 것), 수집한 흙, 점토, 핸디코트, 색모래 등 등 섞을 수 있는 물체, 밀대와 점토용 도구, 나뭇잎, 흰 천이나 종이, 감상용 도자기 사진

활동방법

| 탐색 |

• 유아들과 함께 주변의 공원, 바깥놀이터와 화단 등에서 찾은 흙을 살펴본다.
• 교실에 흙을 수집해 돌아와 흙의 특징에 대해 이야기를 나눈다.
 – 이 지퍼백에 담긴 흙은 ○○가 담아온 흙이야.
 – 색은 어떠니? 알갱이의 크기는 어떤 것 같니?
 – 흙을 만져 보니 느낌이 어떠니?

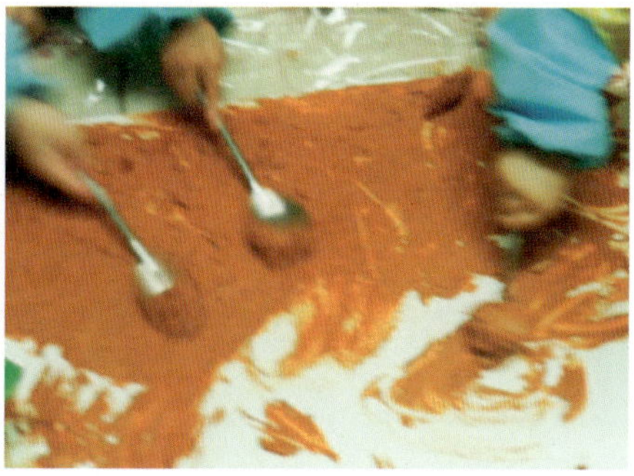

흙 탐색하기

* 소망유치원 문인경 원감선생님이 실행한 활동을 재구성한 것입니다.

- 황토(흙)에 물을 섞거나 다른 재료를 섞어 어떻게 달라지는지 탐색한다.
  - 흙에 물을 넣고 섞으니 어떻게 되었니? 색이 어떻게 되었니?
  - 흙을 만질 때와 물에 섞은 흙을 만질 때 느낌이 어떻게 다르니?
  - 다른 재료를 섞으면 어떻게 달라질까?

| 표현과 감상 1 |

- 황토(흙)를 접시에 담고 물을 넣어 황토 물감을 만든다.
- 황토로 만든 물감을 나뭇잎에 바르고 흰 천이나 종이에 찍는다.
  - 나뭇잎을 떼어 냈을 때 어떤 모양이 남았니?
  - 진하게 찍힌 곳과 연하게 찍힌 곳을 찾아보자. 왜 다르게 찍혔을까?
  - 어떤 모양을 더 찍어보고 싶니?
- 유아들이 찍은 나뭇잎 무늬를 살펴본다.
  - 가장 마음에 드는 부분이 어디니?
  - 무늬를 손으로 따라 그려 보자.
  - 우리가 만든 나뭇잎 판화가 잘 보이도록 하려면 어떻게 하면 될까?
  - 어디에 전시하면 잘 볼 수 있을까?
- 나뭇잎을 오려 떨어진 나뭇가지에 붙여 교실 벽면에 붙여 전시한다.

황토 물감으로 찍은 나뭇잎

| 표현과 감상 2 |

- 우리나라 도자기를 감상한다.

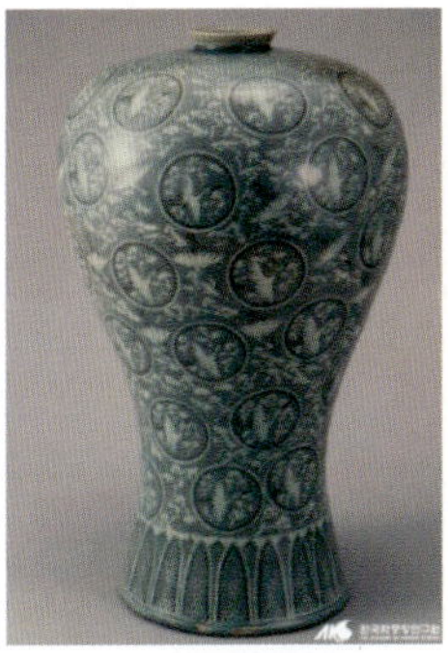

고려청자

조선백자

- 이것은 무엇일까? 비슷한 모양을 본 적 있니?
- 색은 어떠니?
- 무늬가 모두 있니? 어떤 모양이 그려져 있는 것 같니?
- 도자기 모양을 손으로 한 번 그려볼까? 더 길쭉한 느낌이 드는 것은 어떤 것이니?
- 무엇으로 만든 것일까? 어떤 방법으로 만들었을까?
- 우리도 만들어 볼 수 있을까?

• 유아들이 만들고 싶은 도자기(그릇)에 대해 생각하여 이야기 나눈다.
- 어디에 사용할 것인지 생각해 보자. 어떤 모양으로 만들어 보고 싶니?
- 어떤 무늬가 들어가면 좋겠니?
- 어떤 방법으로 그릇 모양을 만들 수 있을까?

• 도예용 점토와 점토도구를 제공하고 다양한 방법으로 탐색해 보도록 한다.
- 우리가 같이 찾아본 도자기 같은 그릇을 만드는 점토야. 점토는 우리가 찾아 본 흙을 재료로 만든 거야.
- 손으로 만져 보자. 만져 보니 어떠니? 흙이나 황토와 느낌이 어떠니?
- 점토로 무엇을 할 수 있을까?
- 이런 도구를 본 적이 있니? 어떤 특징이 있니?

• 도자기를 만드는 방법에 대해 이야기 나눈다.
- 편평하게 만들려면 어떻게 하면 될까?
- 모양을 동그랗게 만들려면 어떻게 해야 할까?
- 무늬가 있는 부분은 어떻게 표현할 수 있을까? 어떻게 파내면 좋을까?

• 여러 가지 방법으로 형태를 구성해 도자기를 만들어 본다.

굴리기

밀기

두드리기

눌러서 모양잡기

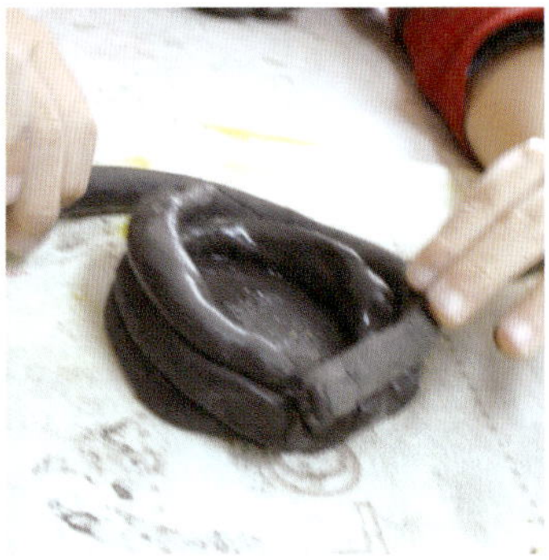

말아 올리기

접어 올리기

조각 붙이기

가위로 자르기

모양 찍기

• 유아들이 만든 도자기를 감상하며 이야기 나눈다.
  - ○○는 무엇을 담는 도자기를 만들었니?
  - 어떤 방법으로 만들었는지 이야기해 주겠니?
  - 무늬가 있는 부분은 어디니?
• 유아들이 만든 도자기를 어디에 어떻게 전시하면 좋을지 의논한다.
  - 우리가 만든 도자기를 어떤 방법으로 전시할까?
  - 박물관처럼 전시하려면 어디에 전시하면 좋을까?

유아들이 만든 도자기

흘러내리는 색

활동목표
- 물감이 흘러내리며 나타나는 색과 흔적에 관심을 갖는다.
- 자신만의 방법으로 물감을 떨어트려 이미지를 만들 수 있다.
- 자신과 또래의 작품을 감상한다.

활동자료 신문지, 전지 여러 장, 포스터 컬러(5가지 색 정도), 물감을 풀어 놓을 용기, 습자지나 덧붙일 자료, 오일 파스텔, 크레용

활동방법

| 탐색과 표현 |

- 바깥놀이터에 설치한 판(혹은 교실 안에 두꺼운 전지를 세로로 길게 붙이고 바닥에 신문지 부착)에 전지를 붙인 후 붓에 물감을 찍어 물감이 흘러내리도록 하거나 물감을 뿌려서 나타나는 흔적을 탐색한다.
  - 노란색 물감이 위에서 아래로 흘러내리네.
  - 이번에는 노란색 물감 위에 빨간색 물감이 흘러내리네.
  - 흘러내리는 색의 느낌이 어떠니?
  - 어떤 색이 마음에 드니?
- 붓으로 칠해 표현하는 방법과 어떤 점이 다른지 이야기해 본다.
  - 물감을 떨어트려서 그림을 그리니 어떠니?
  - 툭툭 치면서 그려보고 싶니? 그것도 새로운 방법이구나.
  - 분무기에 물감을 넣어 뿌리면 어떻게 될까?
  - 물감이 흘러내리게 할 수 있는 또 다른 방법이 있을까?
- 유아들이 원하는 방법을 선택하여 물감이 흘러내리는 효과를 즐기며 표현하도록 한다.

* 파랑새유치원에서 실행한 활동을 재구성한 것입니다.

• 유의점

흘러내려서 만들어지는 색

- 포스터 컬러에 물을 약간 섞어 천천히 흘러내릴 수 있는 농도로 만드는 것이 좋다.
- 붓으로 흘러내리게 하는 방법 외에도 분무기에 물과 물감을 섞어 넣어 벽에 쏘아 보면서 물감이 분사되어 나타나도록 하는 방법, 스포이드로 물감을 떨어트리는 방법 등 여러 방법을 활용하여 표현해 보도록 지도한다.
- 물감이 흘러내려 색이 서로 섞이는 효과에 주의를 기울이며 표현할 수 있도록 격려한다.
- 실외공간을 이용하여 활동하면 더욱 즐겁게 활동할 수 있다.

| 표현과 감상 |

• 물감이 다 마르면 물감 위에 종이를 덧붙이거나 연한 색의 오일 파스텔(크레용)을 칠해 유아들이 생각하는 이미지를 표현할 수 있도록 한다.

- 그림을 보고 생각나는 것이 있니?
- 무엇을 더 꾸며보면 좋을까? 그림 위에 무엇을 더해보고 싶니?
- 하늘색 선이 그려졌구나.
- 가장 마음에 드는 부분을 찾아볼까?

• 물감이 흘러내린 흔적과 유아들이 덧붙인 재료들이 만들어낸 효과를 감상한다.

유아들이 만든 작품(공동)

느낌이 달라요

활동목표
- 밀가루와 톱밥, 모래의 촉감의 차이를 비교할 수 있다.
- 손으로 만질 때의 촉감과 시각적으로 보여지는 촉감 사이의 관계를 이해한다.

활동자료 밀가루, 모래, 톱밥, 상자, 타일이나 폼보드, 무독성 목공용풀(본드)

활동방법

| 탐색 |

- 밀가루를 먼저 만지며 탐색하도록 한다.
- 밀가루를 만지며 촉감을 말로 설명한다.
  - 밀가루를 만진다면 어떤 느낌이 들 것 같니? 왜 그렇게 생각해?
  - 실제로 만져 보자. 어떤 느낌이니?
- 모래와 톱밥을 제공하여 각각을 충분히 탐색하도록 한다.
  - 모래는 어떤 느낌이 날까?
- 모래와 톱밥을 함께 만져 보고 촉감을 비교해 보도록 한다.
  - 톱밥과 모래를 만져 보니 어떤 느낌이 드니?
  - 밀가루와는 어떻게 다르니?

---

* 덕성여자대학교 교육대학원 천세정 선생님이 실행한 활동을 재구성한 것입니다.

일상

밀가루, 모래, 톱밥을 만져 보고 느낌 비교하기

| 표현 |

- 유아들에게 적합한 크기로 정사각형 모양의 폼보드나 타일를 제공하고 그 위에 무독성 목공용 풀(본드)을 바르도록 한다.
- 그 위에 밀가루, 톱밥, 모래를 살살 뿌려 붙여 본다.
  - 유아들이 원하는 경우, 색모래나 색톱밥을 사용할 수 있고, 밀가루에 색모래나 색톱밥을 섞어 질감의 변화를 줄 수 있다.
- 붙지 않은 톱밥이나 모래, 밀가루를 털어낸 후 촉감의 차이를 비교해 본다.
  - 다시 손으로 살살 만져 보자.
  - 가장 부드러운 것은 어떤 것이니?

밀가루, 톱밥, 모래를 뿌려 촉감타일 만들기

| 감상 |

- 촉감타일을 어떻게 할지 이야기해 보고, 유아들이 원하는 장소에, 원하는 방법으로 장식해 보게 한다.
  - 촉감의 차이에 따라 순서대로 늘어놓을 수도 있고, 패턴(톱밥-모래-밀가루)을 만들 수도 있고, 유아들이 원하는 대로 자유롭게 붙여 보게 할 수도 있다.

촉감타일을 비교하며 감상하기

- 촉감타일로 장식한 곳을 보며 이전과 어떻게 달라진 것 같은지 이야기해 본다.
  - 가장 마음에 드는 부분이 어디인지 손으로 가리켜 보자.
  - 붙이기 전과 어떻게 달라졌니?
- 유의점
  - 눈으로 볼 때와 손으로 만졌을 때의 느낌을 생각할 기회를 제공하여 시각적 질감과 촉감적 질감을 비교할 수 있도록 한다.

촉감타일로 장식한 옷장 감상하기

종이를 만들어 봐요

일상

활동목표 • 촉각적 탐색을 통해 종이의 다양한 특성을 안다.
• 마른 종이와 물에 젖은 종이의 차이를 인식하고 특성에 따라 종이를 다룰 수 있다.

활동자료 신문지, 한지 등 여러 종이, 커다란 그릇, 건조대, 물감이나 크레파스

활동방법

| 탐색과 표현 |

• 신문지 조각이나 종이를 모아 물속에 담그고 종이가 어떻게 변화되어 가는지 탐색한다.
  – 물속에 들어가면 종이는 어떻게 될까?
  – 젖은 종이를 만지니까 어떤 느낌이니?
  – 물과 만난 종이는 찢을 때 어떠니?
  • 종이가 물속에서 점점 풀어져 가면서 촉감은 어떻게 달라지는지, 형태는 어떻게 변화하는지를 살펴본다.
• 물에 녹은 종이들로 마음에 드는 모양이나 만들 수 있는 모양을 만들어 본다.

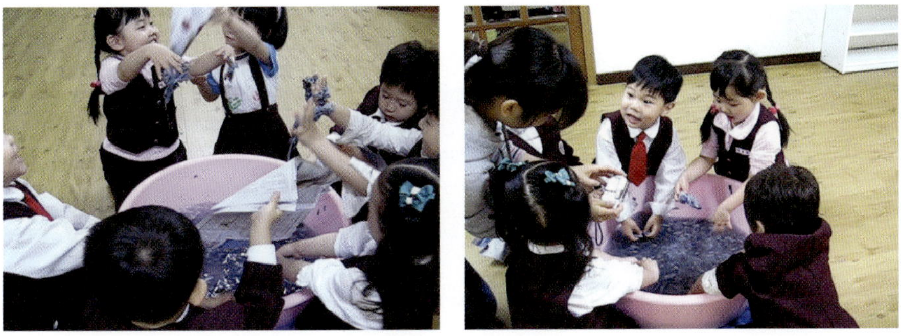

물에 젖은 종이 탐색하기

* 덕성여자대학교 교육대학원 이지희 선생님이 실행한 활동을 재구성한 것입니다.

- 두꺼운 다른 종이나 벽 등에 붙이고 싶은 만큼 꺼내어 붙여 본다.
  - 젖은 종이로도 돌돌 말 수 있을까?
  - 어떤 모양을 만들 수 있을까? 손으로 종이를 꾹꾹 뭉치면서 만들어 보자.
  - 벽에 붙이면 종이가 붙을까? 어디에 붙여 볼까?

꾹꾹 뭉친 후 말린 종이 뭉치

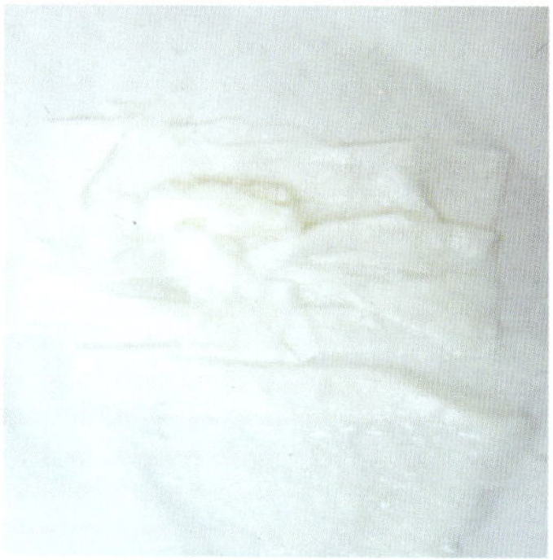

다른 종이에 붙여 반쯤 말린 종이

젖은 종이를 벽에 붙여 보기

| 감상 |

- 유아들이 만든 종이 모양을 마르기 전과 마른 후에 각각 만져 보도록 한다.
  - 물에 완전히 젖어 있는 상태와 만쯤 마른 상태, 완전히 마른 상태를 비교하도록 하고, 필요하면 물에 젖지 않은 상태의 종이를 뭉쳐 촉감을 같이 살펴본다.

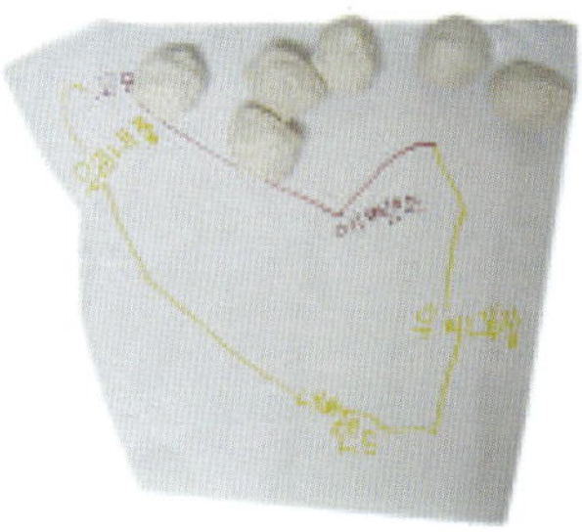

말린 종이를 붙여 만든 모양

• 각각의 상태를 눈으로 보고, 손으로 만져 보면서 마음에 드는 것들을 이야기해 본다.
  – 종이가 어떨 때 가장 마음에 드니?
  – 가장 말랑말랑한 것은 어떤 것이니?
  – 손으로 들어보자. 가장 가벼운 것은 어떤 것이니?
• 마음에 드는 모양에 색을 칠하거나 다른 색이나 모양의 종이를 덧붙여 본다.
• 유의점
  – 종이를 풀 때 라벤다 등의 향을 첨가하면 후각적인 경험을 제공할 수 있다.
  – 꽃잎이나 색물감을 첨가하면 시각적인 아름다움을 느낄 수 있다.
  – 불린 종이를 믹서에 넣고 갈아 종이죽 상태를 만들고 편편한 그물망에 떠내어 건조하면 그 상태 그대로 종이가 된다.

종이죽으로 새로운 종이 만들기

블록으로 만드는 선

활동목표 • 곡선과 직선 등 여러 종류의 선을 만들 수 있다.
• 여러 사물을 연결하여 선을 만들어 보며 선의 특성을 이해한다.

활동자료 여러 종류의 블록과 끈 형태의 자료

활동방법

| 탐색 |

• 블록을 사용하여 선을 만들어 볼 수 있을지 생각해 본다.
• 여러 형태의 블록을 준비하고 길게, 짧게, 동그랗게, 쭉 뻗게 선을 만들어 보도록 한다.
 – 이걸로 길게 이어볼 수 있을까?
 – 선생님이 먼저 두 개를 놓으면 그 다음을 놓아 볼래?
 – 친구가 만든 블록을 따라 손가락을 움직여 볼까?
• 긴 선과 짧은 선, 곡선과 직선 등 유아가 만든 선을 비교하며 이야기해 본다.
 – 꾸불꾸불 긴 선은 어디에 있을까? 더 길게 만들려면 어떻게 할까?
 – 이건 둥글둥글 동그란 선이구나.

블록으로 여러 가지 선 만들기

* 덕성여자대학교 교육대학원 김혜정 선생님이 실행한 활동을 재구성한 것입니다.

| 표현 |

- 여러 종류의 블록과 끈을 활용하여 나선으로 이어지는 긴 선을 만든다.
  - 점점 안으로 들어가는 선을 만들어 볼까?
  - 이번에는 밖으로 나가는 선을 만들어 보자.
- 블록 외에도 어떤 것을 더 이어 선을 만들 수 있는지 생각해 본다.
- 책, 색연필 등 교실에서 이을 수 있는 여러 사물들을 찾아 선으로 만들 수 있을지 생각해 본다.
  - 빨간 블록이 옆으로 쭉쭉 이어지고 있네요.
  - 이번에는 어디에 놓으면 될까?
- 교실에서 구할 수 있는 자료들로 길게 나선을 만들어 본다.

블록을 길게 이어 나선 만들기

| 감상 |

- 다 완성되면 만들어진 나선을 전체적으로 보며 마음에 드는 부분을 찾아본다.
  - 이 선처럼 생긴 무늬를 본 적이 있니? 어떤 것과 닮은 것 같니?
  - 어떤 놀잇감을 가져다 놓은 부분이 제일 재미있니?
- 유아들과 함께 달팽이집 등 경쾌한

선 따라 걷기

노래를 부르며 선을 따라 걸어 본다.

- 유아들의 몸을 이용하여 나선을 만들어 본다.
  - 처음에는 몇 사람이 모이면 될까?
  - 줄이 끊어지지 않게 점점 더 큰 선을 만들려면 어떻게 할까?
- 유의점
  - 달팽이나 나선이 있는 사물, 자연물의 사진을 보며 탐색한 후 진행할 수 있다.
  - 활동이 끝난 후 나선으로 생긴 것들을 찾아본 후에 여러 재료를 사용하여 재표상하며 유아들의 변화를 살펴볼 수 있다.

움직이는 몸

활동목표
- 신체의 움직임을 인식하고 다양한 형태로 표현한다.
- 작품 속에서 선을 이용한 움직임을 느끼고 표현해 본다.
- 외곽선의 효과를 인식한다.

활동자료 키스 해링 〈무제〉, OHP

활동방법

| 감상 1 |

- 키스 해링의 〈무제〉를 보면서 이야기를 나눈다.
  - 어떤 그림인지 보이는 대로 이야기해 볼래?
  - 무엇을 하고 있는 것 같니?
  - 어떤 색이 보이니?
  - 검은 색은 어떻게 사용되었니?
  - 무엇을 그리려고 한 것 같니?
  - 이 그림 속으로 들어가 보자. 어떤 소리들이 들릴 것 같니?
  - 이 그림을 보니 어떤 느낌이 드니?

작품 보면서 이야기 나누기

| 탐색 |

• 작품 속의 동작을 관찰하여 직접 신체로 표현해 본다.

  – 이 그림 속의 사람들이 어떤 모습을 하고 있니?

  – 너희들도 한 번 따라해 볼래?

  – 너희들이 다르게 만들어 본다면 어떻게 할 수 있을까?

• 벽면에 전지를 대고 유아들의 신체표현 과정을 OHP로 투사하여 보여준다.

  – 너희들이 움직이는 모습이 보이니?

  – 팔을 조금씩 위로 들어 보자. 어떤 모습이 되니?

    (혼자서 또는 여럿이 동작을 만들어 보고, 움직임의 변화를 주의 깊게 살펴본다.)

  – 가장 재미있는 모습은 어떤 것이니?

그림 속의 동작 몸으로 표현하기

OHP에 비추는 신체의 움직임 따라 그려보기

| 표현 1 |

• 재료 : 전지, 신문지 구긴 것, 골판지, 단추, 목장갑, 두꺼운 끈, 사인펜 뚜껑, 나뭇잎, 연근 등 찍을 수 있는 재료, 물감을 풀어놓을 접시, 포스터 컬러, 매직펜

• 마음에 드는 동작을 정하여 OHP에 투사되어 보이는 신체의 움직임을 매직펜 등으로 그대로 따라 그려 외곽선을 표현한다.

• 외곽선이 표현되면 유아들 공동으로 신체의 부분을 찍어서 표현한다.

  – 신문지 구긴 것, 골판지, 단추, 목장갑, 두꺼운 끈, 사인펜 뚜껑, 나뭇잎, 연

근 등 찍을 수 있는 재료를 준비한다.
- 유아들이 그린 몸의 외곽선 안에 다양한 재료를 사용하여 찍어 표현한다.

찍어서 표현하기

| 표현 2 |

- 재료 : 8절 도화지, 물감, 분무기, 가위
- 키스 해링의 그림이나 다른 유아들과 함께한 신체 표현 중에서 마음에 드는 동작을 하나 고른다.
- 도화지에 마음에 드는 동작을 그린 후 가위로 잘 오려낸다. 오려낸 바깥쪽, 즉 구멍이 뚫린 형태가 스텐실 종이이다.

물감을 뿌려 표현하기

- 도화지 위 적당한 위치에 스텐실 종이를 배치한다.
- 분무기에 원하는 색의 물감과 물을 넣고 잘 흔들어 준 다음 분사한다.
- 스텐실 종이를 들어내면 완성된다.

• 유의점

– 한 가지 색물감을 뿌린 후 다른 색의 물감을 다시 뿌리면 색 혼합 효과를 볼 수 있다.

– 한 가지 색으로 동작을 표현한 후 이전의 스텐실 형태와 조화되도록 스텐실 종이를 옆쪽에 비껴놓고 다른 색의 물감으로 표현하면 연속적인 동작을 만들어 볼 수 있다.

– 서로 다른 동작으로 스텐실 종이를 만들어 형태를 배열하는 것도 재미있다.

– 스텐실 종이 만드는 것을 어려워하는 유아는 교사가 도와서 함께 만들 수 있다.

| 표현 3 |

• 재료 : 포스터 컬러, 8절 도화지, 붓, 물통, 물감을 풀어 놓을 접시, 매직펜

• 유아들이 만든 신체표현을 하링의 표현 기법을 사용하여 그려 본다.

– 이 화가가 그렸던 것처럼 우리도 그려 볼 수 있을까?

– 어떤 내용을 그려 보고 싶니?

– 이런 방법으로 그리려면 무엇이 필요할까?

키스 해링처럼 표현하기

• 그리고 싶은 신체의 움직임들을 정하고 그려 본다.

– 물감으로 형태를 그린다.

– 형태의 바깥쪽에 물감이나 매직을 사용하여 검은색으로 외곽선을 그린다.

| 감상 2 |

• 다양한 방법으로 표현한 유아들의 작품을 감상해 본다.

– 그림의 바깥에 검은색으로 선을 표현하니까 어떤 것 같니?

– 물감으로 검은 선을 표현한 그림과 매직으로 표현한 그림의 느낌이 어떻게 다르니?

– 다른 친구들의 그림과 어떤 점이 다른 것 같니?

- 네가 그린 그림에서 가장 마음에 드는 부분은 어떤 부분이니?
- 왜 그렇게 느꼈니?

유아들의 작품 감상

우리들만의 그림책 만들기

활동목표
- 사진을 배열하여 만든 그림책에 관심을 갖는다.
- 사진을 찍는 방법에 관심을 갖고 원하는 이미지를 표현한다.
- 여러 가지 사물의 특성을 이해하여 등장인물을 표현한다.

활동자료 여러 가지 깡통(크기 및 모양이 다른 것), 털실, 빵끈, 눈알, 색종이 등 꾸미는 재료, 유아들이 만든 그림책 자료(등장인물, 배경), 이야기 장면책(각각의 내용에 어울리는 장면을 그림으로 표시한 것)

그림책 – 주홍(2005). 고물 자전거. 서울: 바보새 어린이.

활동방법

| 탐색 |

- 유아들과 유치원에 있는 여러 가지 물건의 이름과 쓰임, 형태, 특징을 탐색한다. 이때 구부러지거나 찌그러져서 변형이 가능한 물건 등에 대해서도 구체적으로 탐색한다.
- 유아들과 함께 그림책 〈고물 자전거〉를 감상하고 이야기 나눈다.
  - 그림책을 만들 때 어떤 방법으로 표현한 것 같니?
  - 물건을 가지고 어떤 방법으로 그림책을 만든 것 같니? 그래, 여러 가지 물건을 놓고 사진을 찍어서 만든 그림책이래.
  - 가장 재미있었던 부분은 어디니?
  - 만약에 너희가 바꿔서 표현해 본다면 어느 부분을 바꾸고 싶니?

| 탐색과 표현 |

- 유아들과 의논하여 함께 만들고 싶은 이야기를 지어 본다.
  - 어떤 이야기로 그림책을 만들어 보고 싶니?

* 이정욱 외(2007)의 '탐색 · 표현 · 통합적 유아미술활동'에서 발췌하여 재구성한 것입니다.

- 우리가 함께 이야기를 짓기 위해서 무엇을 정해야 할까?
- 누가 등장하면 좋겠니?
- 어디서 일어난 일이라고 할까?

• 여러 유아들이 함께 의논하며 이야기의 내용을 여러 장으로 구분하여 스토리 보드를 구성한다.

- 무슨 일이 일어난 거니?
- 이 다음에는 어떤 장면이 와야 할까?

유아들과 스토리보드 구성하기

• 유아들이 지은 이야기의 각 장면을 그림으로 그린다.

유아들이 만든 스토리보드

• 그림책의 각 장면을 표현하기 위해 필요한 물건을 모은 후, 이야기 속의 등장인물의 특성에 알맞은 모양과 재질을 지닌 물건을 찾아 배열하고, 적절한 형태를 표현한다(예를 들어, 깡깡이는 키가 크고 말랐을 것 같다고 이야기한다면 긴 깡통을 사용하여 만들기).

• 이야기 장면책을 보며 준비한 물건을 배열하고, 사진을 찍는다.

각 장면 구성을 위해 필요한 형태 만들고 배치하기

- 자신들이 디지털 카메라로 찍은 사진을 큰 화면으로 옮겨 확인해 보면서 보완할 점에 대해 이야기를 나눈다.
  - 세 명의 깡통 친구들이 모두 산의 한쪽에 있으니까 어떤 느낌이 드니?
  - 어떻게 하면 좋겠니? 물건의 위치를 바꾸면 지금과 어떻게 다르게 느껴 질까?
- 유아들이 의논한 내용에 따라 물건의 배치를 바꾸어 사진을 다시 찍는다
- 유아들이 찍은 각 장면 사진을 출력하여 이야기의 순서에 따라 늘어놓고, 다른 유아들과 함께 보며 이야기의 글자 형태(자신들이 직접 쓸지, 다른 그림책처럼 컴퓨터를 사용하여 쓸지), 글자의 위치와 크기 등에 대해 의논한다.
  - 이야기를 아래 부분에 모두 넣는 것과 말하는 부분은 말하는 사람 옆에 넣는 것 중 어떤 방법으로 하는 것이 좋을까?

글과 그림의 위치 선정하기

• 유의점

– 교사는 유아들이 여러 가지 물건의 특징을 살려 표현할 수 있도록 격려한다. 이때 물건 그 자체를 사용하는 것과 물건들을 조합한 구성물을 사용하는 것이 모두 가능하다는 것을 유아들이 이해하도록 한다.

– 교사는 유아들이 적절한 위치에 물건을 배열할 수 있도록 공간의 구성을 고려하여 이야기를 나눈다.

| 감상 |

• 유아들이 만든 그림책을 모두 함께 모여 감상한다.

– 너희가 생각한 것처럼 만들어졌니?

– 처음에 계획한 것과 같니? 어떤 점이 달라졌니?

– 가장 재미있게 표현된 부분은 어디니?

– 재미있게 만들기 위해 더 하고 싶은 것이 있니?

• 유아들이 만든 그림책 〈깡통 친구들〉을 언어 영역에 제시하여 자유선택놀이 시간에 유아들이 감상할 수 있게 하고, 학부모 도서 코너에도 제시하여 가정과의 연계를 도모한다.

깡통 친구들

깡통 친구들은 산에서 맛있는 음식을 먹었어요.

음식을 먹은 깡통 친구들은 공놀이를 하기로 했어요.

깡통 친구들은 서로 자신이 찾아온 공이 더 좋다고 싸웠어요.

공은 여러 가지 색깔 공으로 바뀌었어요.

유아들이 만든 그림책의 일부

우리의 탈

활동목표 • 다양한 탈의 얼굴 형태를 관찰한다.
• 탈을 만들 재료를 탐색한다.
• 공판화를 만들어 본다.

활동자료 여러 종류의 탈, 롤러, 스펀지, 포스터 컬러, 접시, 부직포, 펀치, 고무줄, 16절의 두꺼운 도화지, 폼폼, 색종이, 공판화 만들기 순서표, 탈 그림 패턴 만들기

〈여러 종류의 탈 사진〉
- 은율탈 : 노승, 둘째 양반, 미얄영감, 최괄이
- 하회별신굿탈 : 부네, 선비, 백정, 이매
- 양주별산대 놀이탈 : 신하라비, 눈끔적이, 목중, 미얄할미

(www.mask.org 하회동 탈 박물관에 가면 다양한 자료를 볼 수 있다.)

활동방법

| 탐색 1 |

• 탈의 특징에 대해 이야기를 나눈다.
- 이게 무엇인 것 같니?
- 전에 본 적이 있니? 어떤 때에 보았니?
- 탈의 얼굴 모양은 어떠니? 제일 동그랗게 생긴 것이 어떤 거니?
- 얼굴의 색깔은 어떠니?
- 가장 눈에 띄는 부분은 어디니?
- 눈이 안 보일 정도로 활짝 웃고 있는 것은 어떤 탈이니?
- 이 탈들은 무엇으로 만든 것 같니?
- 탈을 쓴다면 어떤 느낌이 들까?

탈에 대해 이야기 나누기

- 너희도 얼굴을 탈의 얼굴처럼 만들어 볼 수 있니?
- 가장 가지고 싶은 탈은 어떤 것이니? 왜 마음에 드니?

| 탐색 2 |

- '탈 그림 패턴 만들기' 게임판에 준비된 여러 종류의 탈을 보며 비슷한 느낌이 드는 탈을 모아 본다.
  - 서로 비슷한 느낌이 드는 탈끼리 나누어 보자.
  - 얼굴에 큰 혹들이 있는 것은 어떤 탈이니?
  - 왜 이렇게 나누었니?
- 준비된 여러 종류의 탈을 이용하여 유아들이 패턴을 만들어 본다.

탈 그림 패턴 만들기

| 표현 1 |

- 탐색해 본 탈을 공판화로 만들어 본다.
  - 기본적인 탈 모양판을 준비한다.
  - 탈 모양판을 종이에 고정시킨다.
  - 스펀지에 물감을 묻혀 탈 모양판에 칠한다.
  - 찍어낸 종이를 말린 후에 사인펜, 크레파스, 폼폼이나 색종이 등을 이용하여 탈의 특징이 드러나도록 장식한다.
  - 탈 모양대로 오린 다음, 구멍을 뚫고 고무줄을 연결한다.

스텐실로 만든 탈

| 표현 2 |

- 재료 : 종이 접시, 색종이, 색상지, 신문지, 폼폼, 털실, 포스터 컬러, 수수깡, 눈알, 단추, 가위, 크레파스, 사인펜, 유성매직, 접착제, 풀
- 종이 접시를 탈의 기본 얼굴형으로 하여 여러 종류의 탈을 만들어 본다.
  - 종이 접시에 자신이 원하는 색을 칠하거나, 원하는 색상지나 색종이 등을 붙여 얼굴의 색을 만든다. 원하는 유아들은 코나 원하는 부분에 신문지를 여러 겹 붙여 입체감을 나타낼 수 있다.
  - 눈, 코, 입, 표정 등이 분명하게 나타나도록 채색하고, 색종이, 단추, 폼폼, 털실 등 여러 장식물들을 이용하여 꾸민다.

| 감상 |

- 각 유아들의 작품을 소개하고 기법과 내용에 이야기를 나눈다.
  - 이 친구가 만든 탈은 어떤 모습이니?
  - 어느 부분이 가장 잘 만들어진 것 같니? 왜 그렇게 생각했니?
  - 점이 많은 얼굴을 보니 어떤 느낌이 드니?
- 유아들이 만든 탈을 쓰고 간단한 탈춤을 추어 볼 수 있다.

종이 접시로 탈 만들기

만 5세를 위한 통합적 활동

자연

- 숲에서 나는 소리
- 모양과 선이 있는 나무
- 종이로 동물을 만들어요

일상

- 친구의 얼굴을 그려 보아요
- 사진기로 그린 그림
- 그림 표지판을 디자인해요
- 의자를 만들어요

예술 작품

- 민화 속 동물
- 한글로 만들었어요
- 기린반의 소중한 기억상자

숲에서 나는 소리

활동목표 • 봄의 자연에서 느껴지는 아름다움을 인식하고 언어로 표현한다.
• 소리를 다양한 형태로 표현할 수 있다.

활동자료 숲속 풍경 소리가 녹음된 테이프, 녹음기, 하드보드지, 핸디코트, 솔방울, 씨앗, 꽃, 나뭇가지 등의 자연물
칸딘스키 〈즉흥 19〉, 쇤베르크 현악 6중주 〈정화의 밤〉

활동방법

| 탐색 |

• 주변 공원을 방문하여 자연에서 나는 소리들을 들어 보기로 한다.
  – 어떤 것들을 준비해 가면 소리들을 잘 담아올 수 있을지 생각해 본다.
• 공원에 가서 편안히 앉아 쉬면서 눈을 감고 자연에서 나는 소리들을 듣고 언어로 표현해 본다.
  – 나무, 꽃, 새, 바람 등 자연의 아름다움에 대해 느껴 보도록 한다.
  – 나뭇잎이 펄럭이며 서로 부딪히는 소리, 나뭇가지가 땅 위를 구르는 소리, 새가 빠르게 나는 소리 등 주변의 소리들과 느낌을 유아들의 언어로 자유롭게 표현하도록 격려한다.
• 유아들이 듣고 느낀 소리를 녹음한다.

| 표현 1 |

• 유아들이 들은 소리를 몸짓(행위예술)으로 표현한다.
  – 나뭇잎이 흔들거리는 것은 어떤 모양일까?
  – 바람소리가 모양이 있다면 어떤 모양으로 나타낼 수 있을까?

소리를 몸으로 표현해보기

- 손으로 한 번 그려 볼까?
- 몸으로 너희들이 들은 소리를 보여줄 수 있니?

• 어떤 소리를 표현한 것인지 이야기해 본다.

| 감상 1 |

• 쇤베르크의 현악 6중주 〈정화된 밤〉을 감상한다.

- 이 음악에는 어떤 색이 제일 어울릴 것 같니?
- 이 음악을 선으로 나타낸다면 어떤 선으로 나타낼 수 있을까?

(굵은 선/얇은 선, 똑바로 펴진 선/ 구불구불한 선 등)

• 칸딘스키의 〈즉흥 19〉를 보면서 이야기를 나눈다.

〈즉흥 19〉 감상

- 이 그림을 그린 화가는 우리가 조금 전에 들었던 것과 같은 음악을 들으면서 이 그림을 그렸다고 해. 어떤 선들이 보이니?
- 어떤 모양들을 찾을 수 있니?
- 똑같은 색을 찾을 수 있을까?
- 화가는 왜 이렇게 그림을 그렸을까?
- 너희들이라면 어떤 색을 사용하고 싶니? 어떤 선을 그리고 싶니?

• 감상 포인트

- 〈즉흥 19〉는 이미지와 소리, 냄새와 맛과 같이 서로 다른 영역의 감각을 함께 불러일으키기 위해 만든 작품이다.

| 표현 2 |

• 유아들이 공원에서 녹음한 소리들을 들으면서 이야기를 나눈다.

- 어떤 소리들이 담겨져 있는지 보자. 이 소리들은 어떤 소리였니? 이 소리들을 들을 때 느낌은 어땠니?
- 너희들이 들은 소리를 어떤 모양으로 그려 볼 수 있을까?

자연

• 녹음한 소리들을 들으면서 유아들의 느낌을 다양한 선, 형, 색을 사용하여 표현해 본다.

  – 하드보드지 위에 핸디코트를 1㎝ 정도 두께가 되도록 펴 바른 후, 핸디코트가 굳기 전에 다양한 질감이 느껴지도록 긁거나 공원에서 모아온 자연물을 붙이며 표현한다.

숲 속에서 나는 소리를
선, 형, 색으로 표현하기

유아들의 작품

| 감상 2 |

• 유아들의 작품을 전시한다.

• 각 유아들이 자신의 표현에 대해 다른 유아들에게 설명하는 기회를 제공하고, 유아들의 그림 아래쪽에 설명을 함께 붙여 놓는다. 숲 속에서 녹음해 온 소리들을 함께 들려 준다.

자연

모양과 선이 있는 나무

활동목표
- 나무에서 발견할 수 있는 미적 요소인 선과 형을 탐색한다.
- 다양한 재료를 활용하여 선과 형으로 나무를 표현한다.
- 자연의 형태에서 느껴지는 아름다움을 인식한다.

활동자료 유아가 수집한 나뭇가지, 여러 모양 블록, 자석, 끈, 사진기

활동방법

| 탐색 |

- 주변에서 자주 볼 수 있는 있는 나무의 형태를 탐색한다.
  - 멀리서 보면 나무는 어떤 모양일까?
  - 가까이에서 보는 나무는 어떤 모양이니?
- 나무의 형태를 눈으로, 손으로, 몸으로 탐색하고 언어로 표현해 본다.
  - 나무에 몸을 기대어 보자. 기울어진 모양이 느껴지니? 그럼, 이번에는 나무처럼 몸을 만들어 보자. 몸을 어떻게 움직이면 될까?
  - 이번에는 팔로 나무를 안아볼까? 어떤 모양이 느껴지니?

나무의 형태를 탐색하는 모습

* 덕성여자대학교 교육대학원 임지혜 선생님〈양재천사유치원〉이 실행한 활동을 재구성한 것입니다.

나뭇가지와 블록으로 나무 구성하기

| 표현과 감상 1 |

- 유아들이 탐색한 나무의 모양을 주워온 나뭇가지, 교실에 있는 블록 등을 사용하여 표현한다.
  - 너희가 보았던 가지가 있는 나무는 어떤 모양이었을까?
  - 위로 쭉 뻗은 나무는 어떻게 만들면 좋을까?
- 나무의 어떤 모양을 표현한 것인지 이야기해 본다.
- 유아들이 만든 나뭇가지를 탐색했던 나무에 직접 걸어 본다.
  - 너희들이 만든 이 나뭇가지를 어디에 놓으면 좋을까?
  - 나뭇가지를 여기에 걸어놓으니 어떤 느낌이 드니?

탐색했던 나무에 유아들이 만든 나뭇가지 설치하기

| 표현과 감상 2 |

- 유아들이 탐색한 나무의 모양을 자석을 사용하여 표현해 보도록 한다. 이때 유아들이 탐색한 나무의 선이나 모양을 생각하면서 표현할 수 있도록 한다.
  - 바람 때문에 휘어진 나무는 자석을 어떻게 연결하면 될까?
  - ○○이가 말하던 '인사하는 나무'는 어떤 모양으로 만들면 좋을까?
  - 가지가 점점 많아지는 나무는 자석을 어느 방향으로 더 놓으면 될까?
- 유아들이 자석으로 만든 나무를 사진으로 찍고 프린트하여 감상하며 어떤 나무인지 이름을 붙여 본다.
- 프린트한 사진을 보며 마음에 드는 것을 골라 다시 만들어 본다.

선과 형으로 만든 나무

자연

• 유의점

– 나무의 선과 형의 특징을 이해하고 표현하기 위해서는 탐색하는 과정에서 유아들이 충분히 주의를 기울일 수 있도록 안내하는 과정이 필요하다. 또한 표현하는 과정에서 선의 특성을 가진 재료와 형의 특성을 가진 재료를 함께 소개하여 유아들이 각각의 특징을 자연스럽게 이해할 수 있도록 한다.

종이로 동물을 만들어요

자연

활동목표
- 동물의 특징을 안다.
- 동물의 선과 색, 무늬에 주의를 기울여 형태를 표현한다.
- 공간 내에서의 사물의 배치를 이해한다.

활동자료 신문지, 한지, 색종이, 물풀, 수채화 물감, 붓, 크레파스, 색연필, 가위, 단추, 모형눈

활동방법

| 탐색 |

- 동물원에 다녀온 후 그림 자료를 보며 각 동물의 특성에 대해 이야기를 나눈다.
  - 어떻게 생겼니?
  - 어떻게 움직이는 것 같니?
  - 몸의 무늬는 주로 어떤 색이니?

| 탐색과 표현 |

- 신문지를 구기고 접고, 찢고, 말아보며 종이의 특성에 대해 탐색한다.
  - 신문지를 돌돌돌 말아보자. 어떤 모양처럼 보이니?
  - 가장 길게 만든 것은 어떤 것이니?
  - 어느 것이 가장 얇게 만들어졌니?
  - 어떻게 하면 더 단단하게 만들 수 있을까?

그림 자료를 보며 탐색하는 모습

* 덕성여자대학교 부속유치원 이미경 선생님이 실행한 활동을 재구성한 것입니다.

• 탐색한 동물들의 형태적 특성과 종이의 특성에 기초하여 유아들과 동물을 만들어 보기로 한다.
  - 어떤 동물을 만들어 보고 싶니?
    (밀림의 동물, 좋아하는 동물, 땅에 사는 동물 등)
  - 긴팔원숭이는 팔이 어떻게 생겼을까? 신문지를 어떻게 하면 긴 팔을 잘 만들 수 있을까?
  - 염소의 뿔은 어떤 모양이니?
• 신문지를 구기고, 말고, 찢어 각 동물의 움직임이 드러나도록 동물의 형태를 만든다.
• 동물 위에 여러 겹으로 한지를 붙여 단단하게 만든 다음 말린다.
• 각 동물의 특징을 생각하며 수채화 물감으로 색을 칠한다.
  - 얼룩말은 어떤 무늬가 있니? 말로 한 번 표현해 보자.
  - 호랑이의 눈은 무엇으로 표현하면 좋을까?
• 그늘에 잘 말린 후 부속 재료를 붙여 완성한다.

한지를 붙이고 물감을 칠하는 모습

유아들이 만든 동물

| 감상 |

- 동물이 완성되면 쌓기 영역에 동물원을 구성해 본다.
  - 너희들이 생각한 동물들의 모습이 잘 나타난 것 같니?
  - 종이를 구기거나 말아서 표현하니 동물의 어떤 모습을 잘 나타낼 수 있었니?
  - 여러 동물들이 모두 편안하게 지내려면 동물원을 어떻게 만들어야 할까?
  - 네가 만든 긴팔원숭이를 어디에 놓으면 어울릴까?

유아 작품으로 동물원을 구성하여 감상하는 모습

- 유의점
  - 동물들의 특징을 제대로 표현하기 위해서는 어떤 동물을 그릴지, 각 동물의 특징은 무엇인지, 어떤 시점에서의 모습을 그릴 것인지 충분히 이야기하고 다양한 자료들을 탐색하는 것이 필요하다. 탐색 자료로 책이나 동물을 그린 그림, 동물의 특성을 나타내는 비디오 등을 사용할 수 있다.
  - 활동 진행 후 재활용품을 이용한 작품들(정크아트)을 감상하며 정크아트의 의미와 연결되도록 할 수도 있다. 정크아트에 대해 탐색하고 감상할 때에는 정크아트가 쓰레기나 버려진 물건들로 작품을 만들어서 부족한 자원을 아끼고 환경을 보호하기 위한 의미임을 이해하도록 하는 것이 중요하다. 또한 신문지 외에 주변에 있는 물건들 중에서 작품을 만들 수 있는 물건들에는 어떤 것이 있는지 찾아 탐색하고, 이러한 재료들로 작품을 만들 때의 좋은 점을 생각해 보도록 한다.

친구의 얼굴을 그려 보아요

활동목표
- 미적 요소를 활용하여 친구의 생김새와 특징을 표현한다.
- 디지털 카메라와 여러 재료를 활용하여 친구의 모습을 표현한다.
- 서로의 얼굴을 그리며 친근감을 느낀다.

활동자료 친구 얼굴사진, A4사이즈 코팅필름, A4사이즈 폼보드, 네임펜, 매직, 다양한 크기의 붓, 아크릴 물감, 파레트

활동방법

| 탐색과 표현 |

- 친구의 표정과 얼굴 형태를 탐색한다.
  - ○○이의 모습을 자세히 살펴보자.
  - 무엇이 보이니? 눈은 어떤 모양이니?
  - 어떤 기분인 것처럼 보이니?
- 디지털 카메라로 친구의 얼굴을 찍는다.
  - 어떤 모습을 사진으로 찍고 싶니?
  - 사진 찍는 방향을 바꾸어 보자. 어떤 모습이 보이니?
  - ○○이가 사진을 찍을 때 ○○이는 어떤 표정을 지으면 좋을까?
- A4로 인쇄된 친구의 사진을 살펴보며, 무엇을 더 그리면 좋을지 이야기해 본다.
  - 친구의 모습을 보니 어떠니?
  - 눈으로 보았을 때와 인쇄된 사진을 보니 어떤 점이 달라 보이니?
- A4로 인쇄된 친구의 사진 위에 같은 크기의 코팅필름을 올려두고 네임펜 혹은 매직으로 친구 얼굴을 그린다.
  - 사진 위에 너희가 그려주고 싶은 친구의 얼굴을 그려 보자.
  - 얼굴 모양을 따라서 그려 볼까?

* 덕성여자대학교 부속유치원 김수현 선생님이 실행한 활동을 재구성한 것입니다.

친구의 얼굴사진 찍기

친구의 얼굴 그리기

- 선을 따라 그리니 친구의 모습이 완성되었구나.
- 눈은 어떤 모양으로 그려 보고 싶니? 어떤 색으로 그려 볼까?
- ○○이가 활짝 웃는 표정을 짓고 있구나. ○○이가 웃을 때 입 모양은 어떻게 생겼니?

• 친구의 모습을 어떤 방법으로 더 그려볼지 계획한다.
- 코팅필름 위에 그린 그림을 이 판 위에 올려놓으면 어떨까?
- 폼보드 판을 어떻게 꾸미면 좋을지 종이에 그려 보자.
- ○○이는 무지개처럼 여러 가지 색깔로 꾸미고 싶구나. 동그라미로 무늬를 그려준 친구도 있구나.

• 폼보드판에 자신이 계획한 종이를 보며 물감으로 채색한다.
- 우리가 계획한 것을 보며 함께 색을 칠해볼까?
- ○○이는 길쭉길쭉한 선을 그려서 색을 칠한다고 이야기했었지?
- 붓에 아크릴 물감을 묻혀 보자. 넓은 곳을 칠할 때는 어떤 붓을 사용하면 좋을까?
- 붓을 세워서 칠할 때와 눕혀서 칠할 때 어떤 점이 다르니?
- 계획한 것을 보며 열심히 색을 칠했구나.

• 폼보드 판 위에 친구 얼굴을 그린 코팅필름을 붙여 완성한다.
- 우리가 칠한 폼보드판이 다 말랐는지 한 번 볼까?
- 친구의 얼굴을 그린 것을 폼보드판 위에 올려 보자.

폼보드에 색칠하기

코팅필름 붙여 완성하기

| 감상 |

- 유아들이 표현한 다양한 형태의 친구 얼굴 작품을 한데 모아 감상한다.
  - 친구들의 그림을 함께 볼까?
  - 그림과 배경이 합쳐지니 어떠니?
  - 실제 얼굴과 친구가 그린 얼굴이 어떤 점이 다른 것 같니? 어떤 점은 비슷한 것 같니?
  - 친구가 그린 너의 모습을 보니 어떤 생각이 드니?
- 유아들의 작품을 전시하는 방법을 의논하여 전시한다.
  - 우리들의 작품을 어떻게 전시하면 좋을까?
  - 친구들의 얼굴을 모두 보려면 어떻게 하면 좋을까?
  - 친구들의 사진과 우리가 만든 얼굴을 나란히 붙여두면 좋겠구나.

친구의 얼굴을 그린 작품 모아 전시하기

사진기로 그린 그림

활동목표
- 우리 주변의 생활환경과 조형적 형태에 관심을 가진다.
- 공간으로부터 사물의 형태를 지각하고 사진으로 표현한다.
- 이야기를 만들고 글에 어울리는 이미지를 만들어 그림책을 구성한다.

활동자료 디지털 카메라, 프린터, 종이, 데이비드 호크니의 포토 콜라주 작품 사진

그림책– 팻 허친스(2007). 로지의 산책. 서울: 더큰컴퍼니

활동방법

| 탐색과 표현 |

- 유아들이 친숙한 주변 환경을 사진으로 찍어 본다.
  - 사진을 찍을 때 어디를 찍을지, 어떻게 찍어야 하는지, 그림으로 풍경을 그리는 것과 비교해서 어떤 느낌인지에 대해 생각하며 찍도록 한다.

유아들이 찍은 우리 동네의 사진

---

* 덕성여자대학교 교육대학원 윤혜령 선생님이 실행한 활동을 재구성한 것입니다.

– 눈에 보이는 것을 즉흥적으로 찍기 시작해서 점차 미리 계획하고 찍을 수 있도록 안내한다.

• 유아들이 찍은 사진을 보며 어디를 찍은 것인지, 어느 정도의 거리에서 찍은 것인지, 눈으로 보는 풍경과 사진으로 보는 풍경의 차이는 무엇인지를 생각하며 이야기를 나눈다.

• 유아들이 찍은 사진 속 풍경을 찾아가 다시 사진을 찍어 본다.

유아들이 찍은 사진과 풍경 비교하기

| 감상과 표현 1 |

• 데이비드 호크니의 포토 콜라주 작품을 소개한다.

• 유아들이 찍은 사진 중에서 콜라주를 할 사진을 고르고 인쇄하여 재구성해 본다.

– 이 사진으로 어떤 그림을 만들어 보고 싶니?

– 이렇게 만들면 무엇처럼 보이니? 어떻게 만든 거니?

• 콜라주 속에 새로이 넣고 싶은 모습을 사진으로 찍어 재구성한다. 새로운 장소를 넣을 수도 있고, 자신이나 친구나 블록, 피아노 등을 찍어서 새로운 느낌을 만들어 보도록 한다.

유아들이 재구성한 주변 풍경

| 감상과 표현 2 |

- 유아들이 찍은 사진을 이용하여 그림책을 만들기로 하고, 동네의 풍경이 들어 있는 그림책 〈로지의 산책〉을 소개한다.
- 그림책을 보며 어떻게 이야기를 만들지, 사진의 이미지를 이용하여 그림을 어떻게 구성할지에 대해 이야기를 나눈다. 이때 그림책을 구성하는 요소인 글과 그림의 관계에 대해 생각해 보도록 한다.
  - 〈로지의 산책〉에는 어떤 이야기가 있니?
  - 우리는 어떤 이야기를 만들 수 있을까?
  - 이야기의 그림은 어떻게 만들까? 주인공은 어떤 방법으로 만들까?
- 장면을 어떻게 구성할지에 대해 논의한다. 이때 학교, 우체국, 주민센터, 떡볶이 가게 등 유아들이 탐색하여 사진을 찍은 장소를 기본으로 하여 어떤 순서로 배열할지, 덧붙일 것은 무엇인지에 대해 이야기해 본다.
  - 주인공이 산책하는 순서는 어떻게 정할지, 거기서 무슨 일을 하는 것으로 하면 좋을지에 대해 이야기한다. 이야기를 만들면서 유아들이 찍은 사진에 담겨 있는 이야기나 사진을 찍으며 경험했던 내용들을 여기에 반영한다.

유아들이 만든 이야기의 주인공 '이촌이'

- 유아들과 알아본 사진 콜라주를 활용하여 이미지를 오려붙여 새로운 이미지를 만든다.

• 표지와 간지를 만들 방법에 대해 의논한다.

• 그림책이 완성되면 다같이 감상한다.

• 유의점

- 자유롭게 사진을 찍는 과정을 유아들은 매우 즐거워한다. 처음에는 찍는다는 행위 자체에 대한 즐거움을 느끼는 것에서 출발하고 점차 '무엇을 찍을 것인지', '어떻게 찍을 것인지(구도나 시각적인 느낌)'를 고려하며 사진을 찍을 수 있도록 한다. '간판 찍기', '노란색만 찍기', '가까이에서 찍기', '전체가 보이도록 찍기', '세로로 찍기' 등 주제를 정하고 유아들이 사진을 찍을 수 있는 기회를 제공하는 것도 좋다.
- 사진을 찍은 후에는 프린트하여 각 사진이 주는 느낌이나 인상, 의미에 대해 함께 이야기해 보는 시간을 갖는다.
- 유아들과 그림책을 만들 때에는 그림책이 글과 그림으로 구성되는 점, 한 장씩 넘기며 보아야 하는 점, 표지와 간지 등이 있는 점 등을 유아들이 인식할 수 있도록 유의한다.

이촌이의 산책

유아들이 만든 그림책 '이촌이의 산책'

그림 표지판을 디자인해요

일상

활동목표
- 그림 표지판(픽토그램)에는 의미가 담겨 있음을 이해하고, 모양과 색, 크기의 요소를 생각하며 그림 표지판(픽토그램)을 디자인한다.
- 공간의 특성을 인식하며 그림 표지판을 설치한다.
- 다른 사람이 만든 그림 표지판(픽토그램)의 의미를 이해하며 이야기한다.

활동자료 그림 표지판(픽토그램) 사진, 크레파스, 아크릴 물감이나 포스터 컬러, 여러 색의 종이, 철사

활동방법

| 탐색 |

- 우리 주변에 있는 사물이나 유치원에서 사용하는 도구들에는 주의 사항을 보다 잘 나타내기 위한 표지판이 있음을 이야기하며, 여러 종류의 그림 표지판에 대해 탐색한다.

'손을 대지 마시오 / 화장실'을 나타내는 그림 표지판

– 이 그림은 무엇을 이야기하는 것일까?
– 이렇게 그림으로 주의할 것을 알려주는 것을 '그림 표지판'이라고 해.

* 덕성여자대학교 부속유치원 동풀잎 선생님이 실행한 활동을 재구성한 것입니다.

- 우리 유치원에 있는 그림 표지판을 찾아보고, 어떤 의미를 담은 것인지 생각해 본다.
  - 우리 유치원에는 어떤 그림 표지판이 있을까?
  - 정수기(화장실, 비상문)에 있는 이 그림은 무엇을 이야기하는 것일까?
- 그림 표지판을 몸으로도 표현해 보고 어떤 의미를 담은 것인지 서로 이야기해 본다.

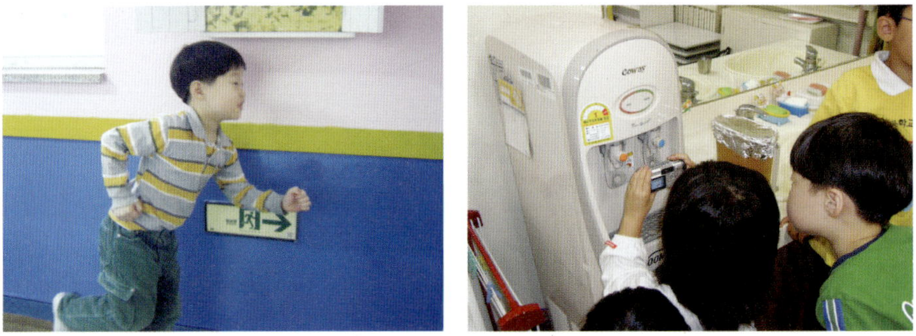

유치원에 있는 그림 표지판을 탐색하는 모습

| 표현과 감상 |

- 유치원에서 사용하는 도구나 기계, 장소에 적합한 그림 표지판을 디자인해 본다. 그림 표지판을 만들기 전에 가위, 뾰족한 연필, 물레방아 테이프를 사용할 때, 복도에서 뛰지 않도록 할 때, 칫솔과 치약이 있는 곳을 알려줄 때 등 유치원에서 필요한 그림 표지판을 함께 생각한 후에 디자인한다.
- 그림 표지판을 디자인하는 과정에서 서로의 표현을 소개하고, 각자가 만든 그림 표지판의 좋은 점과 아쉬운 점 등을 이야기하면서 표현을 바꿀 수 있는 기회를 제공한다. 같은 그림 표지판을 만든 유아들끼리 의견을 모아 하나의 그림 표지판을 만들어볼 수도 있다.
  - 가위를 사용할 때의 주의점을 잘 보여주려면 표시를 가위 위에 표시를 어떻게 바꾸면 좋을까?
  - 그림 표지판의 테두리에 어떤 색을 쓰면 우리들이 잘 볼 수 있을까?
- 유아들이 만든 그림 표지판을 보며 그 의미를 함께 이야기한다.

공동으로 그림 표지판을 만드는 모습

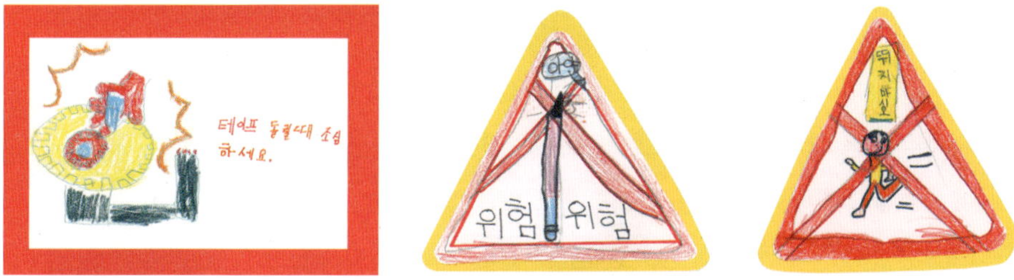

유아들이 만든 그림 표지판

- 물레방아 테이프 돌릴 때 조심하라는 그림 표지판이에요.
- '뾰족한 연필 조심' 그림 표지판이에요. 연필에 찔렸을 때 아픈 모습을 "아야"라는 말로 적어 줬어요.
- '복도에서 뛰지 마시오' 그림 표지판이에요. 빨리 달리는 모습을 표현했구요. 안된다는 것을 큰 엑스로 나타냈어요.

| 탐색과 감상 |

- 그림 표지판을 어디에 설치할지, 그림 표지판을 보다 재미있게 설치할 수 있는 방법은 무엇인지 생각해 본다.
  - 여기 정수기의 화상주의 그림 표지판은 왜 여기에 있을까?
  - 우리가 만든 그림 표지판을 잘 보이게, 재미있게 붙이려면 어디에 붙이면 좋을까?
- 완성된 그림 표지판에 가장 적합한 설치 방법을 결정하여 설치한 후 감상한다.
- 유의점
  - 그림 표지판을 디자인할 때에는 명시성, 정보성, 심미성을 고려하여 그림 표지판을 구체화, 간결화하고 그림 표지판의 의미에 대해 소개하고 감상하며 이야기하는 과정이 중요하다. 따라서 그림 표지판의 핵심적인 특징들을 유아들이 이해하도록 상호작용해야 한다. 또한 유아들이 주변에 있는 다양한 시각적 이미지들에 대해 관심을 가질 수 있는 기회로 연결할 필요도 있다.

그림 표지판 설치 방법에 대한 감상

'뾰족한 연필 조심 그림 표지판'은 연필 같이 연필꽂이에 꽂을 수 있도록 만들었어요.
정수기 위에 '화상주의 그림 표지판'을 철사로 붙여서 설치했어요.

유아들이 만든 그림 표지판을 교실에 설치한 모습

의자를 만들어요

일상

활동목표
- 의자에서 발견되는 고유한 형, 선, 패턴을 이해한다.
- 다양한 재료를 조화롭게 사용하여 표현한다.

활동자료 의자에 관련된 그림과 사진, 블록, 다양한 콜라주 재료, 물감, 페인트 붓

정미영의 〈complex blue〉

활동방법

| 감상과 탐색 |

- 의자가 그려진 작품을 감상하며 이야기 나눈다.
  - 어떤 것들이 보이니?
  - 까만색(빨간색) 방에 있는 의자에 앉는다면 어떤 느낌이 들 것 같니?
  - 이 의자는 무엇으로 만들어졌을 것 같니?
- 의자의 그림과 사진을 미술 영역에 제시하여 유아들이 다양한 의자에 대해 탐색할 기회를 제공한다.

의자와 관련된 작품 감상하기

* 이정욱 외(2007)의 '탐색 · 표현 · 감상의 통합적 유아미술활동'에서 발췌하여 재구성한 것입니다.

| 탐색과 표현 1 |

- 유아들과 의자를 만들기 전에 생각해야 할 점에 대해 이야기를 나눈다.
  - 의자를 만들기 전에는 무엇을 생각해야 할까?
  - 누가 앉는 의자를 만들까? (견고성 및 크기 고려)
  - 어디에서 쓰는 의자일까? (재료 선택)
  - 어떤 기능을 하는 의자를 만들면 좋을까? (기능성 고려)
  - 어떤 색과 모양으로 의자를 만들어 볼까? (심미성 고려)
- 주변에서 볼 수 있는 의자, 화가들이 그린 의자, 유명 디자이너의 의자에 대한 탐색을 기초로 어떻게 만들면 좋을지 미리 종이에 그림으로 그리거나 글로 적어 계획한다.
- 블록을 사용하여 유치원에서 실제로 앉을 수 있는 의자를 함께 만들어 본다.

의자 만들기를 위한 설계도와 완성된 작품 '시원한 여름 의자'

| 탐색과 표현 2 |

- 유아들이 교실에서 사용하던 의자 중에서 바꾸고 싶은 점이 있는 것에 대해 이야기를 나눈다,
  - 우리가 앉을 때 불편했던 의자가 있었니? 어떤 점을 바꾸어 보고 싶니?
  - 등 받침과 앉는 부분이 딱딱하여 오래 앉으면 엉덩이가 아픈 것이 불편하구나. 또 나무 색깔의 의자를 더 환한 색으로 바꿔주고 싶구나.
- 유아들의 생각에 따라 유치원의 의자를 바꾸어 본다.

기존에 사용하던 의자의 등받침에 한 줄씩 패턴이 되도록 색 폼폼을 붙이고
앉는 부분은 차가운 느낌이 나는 색 폼폼을 붙인 의자

의자에 원하는 색의 아크릴 물감을 페인트붓으로 칠한 후 물감이 마르기 전에
끝을 뾰족하게 자른 하드보드지로 긁어 무늬를 만든 의자

아크릴 물감을 칠한 의자 위에 부직포를 동그랗게 달팽이 모양으로
말아 테이프로 고정시킨 후 모양을 찍어서 표현한 의자

| 감상 |

- 유아들이 만든 의자를 전시하는 방법에 대해 의논한다.
  - 우리가 만든 의자를 어떻게 놓으면 좋을까?
  - 어떤 것들을 함께 모아보고 싶니?

– 크기대로 모으는 방법 외에 또 어떤 방법이 있을까?

– 의자를 만든 재료가 같은 것끼리 모아볼 수도 있겠구나.

– 실제로 사용할 수 있는 곳에 놓는 방법도 있구나.

• 유아들이 만든 의자를 교실과 복도, 바깥 놀이터 등 의자가 필요한 곳에 두고 감상한다.

자전거 기다리는 곳에 전시하고 사용하는 의자

바깥놀이 중에 쉴 수 있도록 놓아둔 의자

복도에 전시한 의자

민화 속 동물

활동목표
- 동물의 특징을 안다.
- 먹물을 사용하여 표현한다.
- 농담을 표현해 본다.

활동자료 십장생도 10곡병, 화조구자도, 호작도, 영모도 등의 민화, 화선지, 붓(선필, 채색필), 붓펜, 먹, 벼루, 연적, 깔개

활동방법

| 감상 |

- 십장생도, 화조도, 호작도, 영모도 등의 민화를 감상한다.
  - 어떤 것들이 있는지 한 번 찾아보자.
  - 동물들이 어떤 모습을 하고 있니? 보이는 대로 이야기해 보자.
  - 어떤 색들이 많이 보이니?
  - 산과 강, 나무는 어떻게 그려졌니?
  - 이 동물들을 왜 그렸을까?
  - 이 그림의 제목을 붙인다면 무엇으로 하면 좋을까?
- 민화 속에 그려진 동물의 상징적인 의미에 대해 이야기를 나눈다.
  - 호랑이는 왜 그린 것일까?
    (나쁜 귀신을 막아 주고 착한 사람을 도와준다고 생각되었기 때문에)
  - 호랑이의 어떤 모습이 나쁜 귀신을 막아 준다고 생각하게 했을까?
  - 가장 마음에 드는 동물은 어떤 것이니?

* 소망유치원 문인경 원감선생님이 실행한 활동을 재구성한 것입니다.

• 유의점

 - 민화 속 동물들은 악귀를 막아 주는 주술적인 의미, 부귀영화와 무병장수, 입신출세, 다산의 기원 등을 목적으로 그려졌다. 토끼는 복을 바라며, 잉어는 입신출세, 호랑이는 악귀를 쫓을 수 있는 힘, 용은 사람과 국가를 보호하고 물을 다스리는 능력, 부엉이와 올빼미는 도둑을 막는 부적, 학과 소나무는 장수, 해태는 불을 먹는 능력으로 화재의 방지, 불가사리는 악귀를 쫓는 힘이 있다고 믿으며 그려졌다. 민화 속 동물들의 이러한 상징에 대해 이야기할 때에는 각 동물의 습성 및 생태적인 특성과 연관시켜 생각해 보도록 하는 것이 좋다. 가까운 사찰을 견학하고 벽에 그려진 벽화를 감상하면 유아들이 민화를 이해하는 데 도움이 된다.

| 탐색 |

• 민화를 그리는 데 사용되었던 여러 재료들을 준비해 직접 재료들을 보고 탐색하면서 이야기를 나눈다.
 - 옛날 사람들은 민화를 그릴 때 무엇을 사용했을까?
 - 여기 있는 재료들을 어떻게 사용할까?
 - 붓을 한 번 만져 보자. 너희들이 사용했던 붓과 어떤 점이 다른 것 같니?

• 유아들이 직접 연적에 담긴 물을 벼루에 붓고 먹을 갈아 먹물을 만들어 본다.
 - 물의 색이 어떻게 변했니?
 - 먹의 길이가 어떻게 달라졌니?

• 붓에 먹물을 묻혀 화선지에 자유롭게 그려 본다.
 - 화선지에 먹물이 닿으니까 어떻게 되었니?
 - 도화지에 그릴 때와는 어떤 점이 다른 것 같니?
 - 붓을 이렇게 뉘여서(세워서) 그리면 어떤 선이 그려지니?
 - 흐리게 그리고 싶으면 어떻게 하면 좋을까?

• 유아들이 갈아 놓은 먹물은 병에 담아두어 나중에 그림을 그릴 때 사용한다.

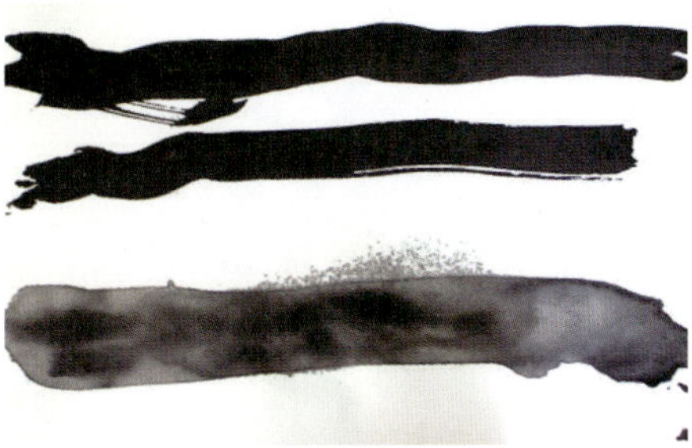

도화지

화선지

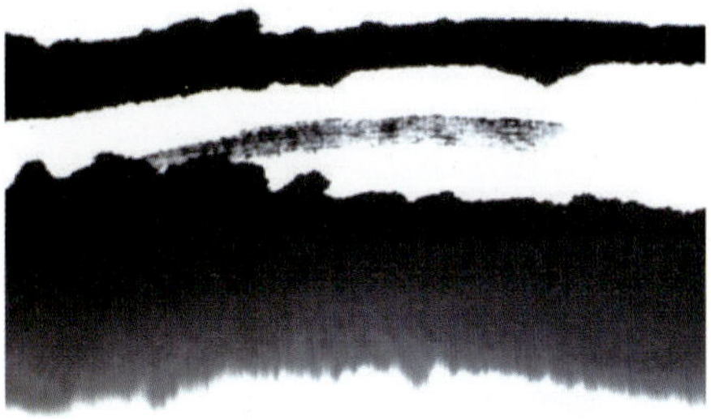

천

키친타월

| 표현 |

- 동물이 그려진 민화를 그려 보기로 한다.
  - 여러 가지 동물들 중에 민화로 그려 보고 싶은 동물이 있니?
  - 어떤 점이 마음에 들어서 그리고 싶니?
  - 어떤 마음을 담아서 그릴 거니?
- 새로운 의미와 바람을 담은 민화를 그린다.
  - 책상 위에 깔개를 갈고 그 위에 화선지를 놓는다.
  - 붓펜으로 외곽선을 그린다.
  - 붓에 먹물을 묻혀 농담이 나타나도록 세부 부분을 표현한다.
- 유의점
  - 유아들이 처음부터 농담을 표현하기는 쉽지 않다. 따라서 붓과 먹물, 화선지 등의 특성에 대해 충분히 경험한 후에 농담을 표현하도록 하는 것이 좋다.

호랑이와 사자에 대한 민화

호랑이에 대한 민화

| 감상 |

- 유아들이 개별로 그린 작품을 감상하며 이야기 나눈다.
  - ○○가 그린 민화의 동물들은 어떤 모습이니?
  - 어떤 의미를 담은 민화일까?
  - 제목을 지어 본다면 무엇으로 할까?
  - 먹으로만 그리니 느낌이 어떠니?
  - 가장 마음에 드는 부분은 어느 곳이니?

창문에 붙여 그림 감상하기

- 유아들과 작품을 전시할 방법을 의논해 본다.
  - 우리가 그린 민화를 어떻게 전시하는 것이 좋을까?
  - 어디에 전시해야 그림을 잘 볼 수 있을까?
- 유아들이 원하는 곳에 작품을 전시한다.
  - 전등 아래 그림을 붙여서 볼 때와 그냥 볼 때와 어떤 점이 다르니?
  - 천장에 붙은 그림을 감상하려면 어떻게 하면 좋을까?
  - 그림을 등 아래 붙여 두니 어떤 느낌이 드니?
  - 누워서 감상하니 느낌이 어떠니?

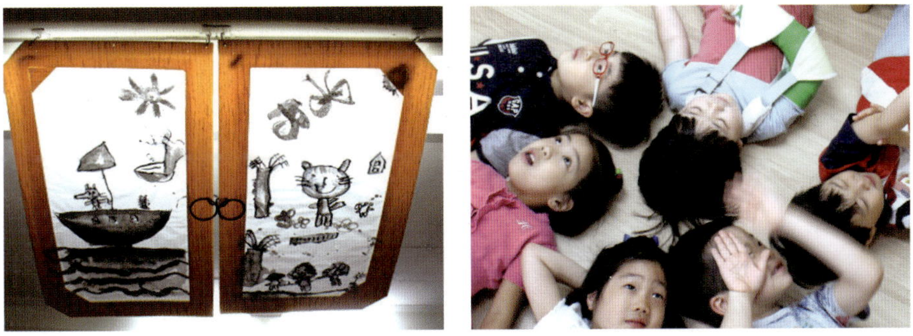

천장에 붙이고 누워서 작품 감상하기

- 천에 그린 협동 민화는 어떻게 전시하면 좋을지 이야기해 본다.
  - 천에 그린 민화는 어떻게 전시하면 좋을까?
  - 형광등에 전시를 한다면 어떻게 하면 좋을까?
  - 그림의 앞 뒤에 따라 감상할때 어떤 점이 다를까?
- 민화를 빔 프로젝트나 OHP 환등기로 투영하여 감상해 본다.
  - 민화를 우리가 그린 그림 위에 비추면 어떤 느낌이 들까?
  - 먹으로만 표현했을 때와 민화의 색이 겹쳐졌을 때 느낌이 어떠니?
  - 뒤에서 볼 때와 앞에서 볼 때 느낌이 어떻게 다르니?
- 민화 속으로 들어간다면 어떤 느낌일지 몸으로 표현해 본다.

OHP 환등기로 빛을 투영하여 감상하기

한글로 만들었어요

활동목표
- 한글의 자음과 모음의 형태에 관심을 갖는다.
- 여러 재료를 활용하여 이름을 표현한다.
- 미디어를 활용하여 움직이는 작품을 만든다.

활동자료 한글을 활용한 여러 디자인 작품, 재활용품(아이스크림 통 등), 다양한 블록, 천사점토 등

활동방법

| 감상 1 |

- 한글을 활용한 다양한 작품을 감상한다. 유아들의 감상을 돕기 위해 미리 게시해 둔 작품에서 한글의 자음과 모음을 탐색해 본다.
  - 한글을 사용해서 만든 것은 어떤 것이 있을까?
  - 우리가 알고 있는 글자는 어떤 것이 있을까?
  - 어떤 모양이 같니? 어떤 모양이 다르니?

한글을 활용하여 만든 여러 작품 감상하기

* 솔빛초등학교병설유치원 박진이 선생님이 실행한 활동을 재구성한 것입니다.

| 탐색과 표현 1 |

- 다양한 재료를 사용하여 유아들에게 가장 친숙한 글자인 자기 이름을 평면이나 입체 작품으로 구성해 본다.
  - 너희 이름에는 어떤 글자가 있는지 찾아 볼까?
  - 어떤 재료를 이용해서 만들고 싶니?
  - ○○이는 천사점토/ 블록으로 만들고 싶구나.
  - ○○이는 세워서 글자를 만들고 싶기도 하구나.
- 유의점
  - 다양한 형태(예: 평면 및 입체 작품)의 한글을 탐색할 수 있는 기회를 제공한다.

유아들이 자신의 이름을 구성한 작품과 '선생님'이라는 형태의 작품

| 탐색과 표현 2 |

- 유아들과 함께 스톱모션 애니메이션 '패트와 매트'를 감상하고, 애니메이션을 본 경험에 대해 이야기 나눈다.
  - 영화 속 인형들이 어떻게 움직이니?
  - 인형이 움직이는 것처럼 보이게 하려고 어떻게 했을까?

• 유아들과 함께 만들고 싶은 이야기를 계획해 본다.
  – 어떤 이야기로 움직이는 화면을 만들어 보고 싶니?
  – 우리가 함께 이야기를 짓기 위해서 무엇을 정해야 할까?
  – 우리가 이름으로 삼행시를 만들 때처럼 이야기를 만들고 보고 싶구나.
• 유아들에게 친숙한 글자를 이용하여 짧은 이야기(예: 오행시)를 만들어 본다.
  – 어떤 글자를 이용해서 글자를 만들어 보면 좋을까?
  – '솔반친구들' 글자를 이용해서 이야기를 한번 꾸며 보자.

<솔반친구들 이야기>

솔반 친구들아~
반석산에 같이 가서 놀자
친구야 같이 가자
구구구~ 새들도 같이 가자
들판으로 가서 놀자

• 블록, 점토 등을 이용하여 낱글자와 배경을 만들어 본다.
  – 어떤 재료로 글자를 만들면 좋을까?
  – '솔'에는 어떤 모양의 글자들이 있니?
• 낱글자 외에 짧은 이야기에 등장하는 산, 새 등을 점토 등을 이용하여 만들어 본다.
  – 반석산은 어떻게 만들면 좋을까?
  – 무엇을 이용해서 만들면 좋을까?
• 모션스톱 앱(App)을 소개하고, 모둠별로 글자(예; 자음, 모음)의 위치와 동선에 대해 의논한다.
  – 휴대폰에 있는 모션스톱 앱으로 글자를 움직이게 만들 수 있어.

앱을 사용하여 사진 찍기

선생님이 '모션스톱'이라는 프로그램을 실행해 볼게.

- 동그라미 버튼을 누르면 너희가 찍은 사진이 이어져 글자가 움직이는 애니메이션처럼 만들어져.

• 블록으로 만든 글자를 조금씩 움직여 '모션스톱' 앱(App)으로 사진을 찍는다.
  - 우리가 의논한대로 배경과 글자를 조금씩 움직이며 직접 사진을 찍어 볼까?
  - 글자가 어느 방향으로 움직이는 것이 좋겠니?
  - 우리가 반석산을 놓기로 계획한 곳이 어디인지 확인해 보자.
  - 어떤 글자가 먼저 등장하기로 했었지?
• 모둠별로 한 글자씩 사진을 찍어 본다.
  - 너희 모둠은 어떤 글자를 찍기로 했었니?
  - 'ㅅ'은 어디에 놓으면 좋을까?
  - 'ㅗ'는 어디에 놓으면 좋을까?
• 유아들과 함께 찍은 사진을 영상으로 연결해서 보며, 다시 찍고 싶은 부분이나 더 찍고 싶은 부분의 사진에 대해 의논한다.
  - (미리보기를 보며) 우리가 찍은 사진들이 어떻게 보이니? 너희들이 생각한 것처럼 마치 움직이는 것처럼 보이니?
  - 사진이 너무 빨리 움직이거나 늦게 움직인다면 시간을 바꿔서 다시 버튼을 눌러 보자. 이번에는 어떻게 보이니?
  - 너희가 찍은 사진을 영상으로 보았는데 다시 찍고 싶거나 더 찍고 싶은 사진이 있니?
• 유아들이 정한 '솔반 친구들' 짧은 글을 녹음한다.
  - 너희들이 만든 이야기를 녹음해서 이 영상에 넣을 수 있어.
  - 너희가 녹음한 것을 들어보니 어떠니?
• 유의점
  - 유아들이 관심을 갖고 있는 단어로 이야기를 만들 수 있도록 한다.
  - 프로그램 소개 시 유아들에게 〈프로그램 사용 안내문〉을 제시하여 함께 알아보면서 순서대로 활동을 진행한다.

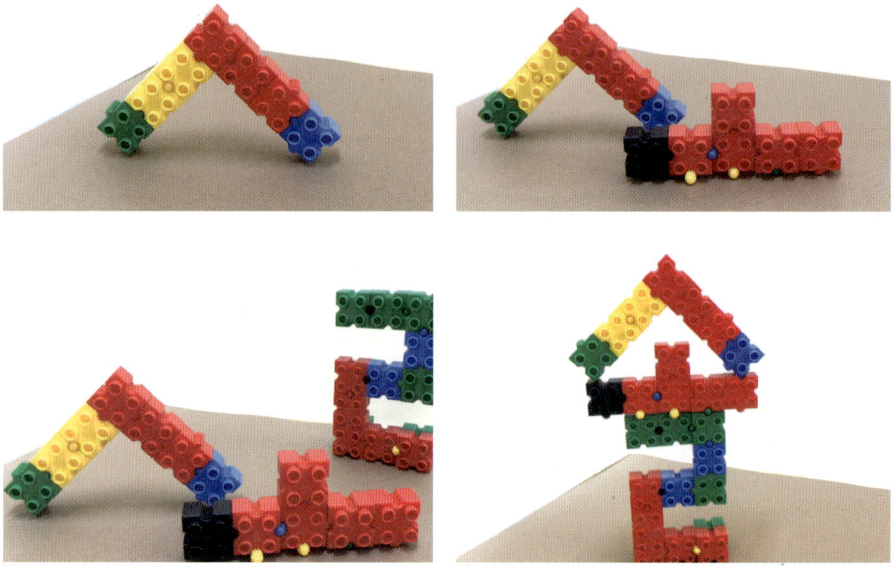

| 감상 2 |

- 유아들이 만든 스톱모션 애니메이션을 함께 모여 감상한다.
  - 너희가 생각한 것처럼 움직이니?
  - 어떤 글자가 보이니?
  - 가장 재미있게 표현된 부분은 어디니?
  - 재미있게 만들기 위해 더 하고 싶은 것이 있니?

기린반의 소중한 기억상자

활동목표
- 사진을 활용하여 자신의 생각과 느낌을 표현한다.
- 공간과 작품과의 관계를 이해한다.
- 공동으로 작품을 제작하는 과정에 적극적으로 참여한다.

활동자료 디지털 카메라, 여러 가지 상자, 풀, 가위, 다양한 종류의 천
양만기 〈채집 연구〉

활동방법

| 탐색과 표현 |

- 기린반을 기억할 수 있는 방법에 대해 이야기를 나눈다.
  - 기린반에서 있었던 일을 기억하는 방법에는 어떤 것이 있을까?
  - 그동안 있었던 일을 사진으로 찍어보고 싶구나. 어떤 것을 찍으면 좋을까?
  - ○○이는 자주 했던 쌓기놀이 영역과 놀잇감을 찍어보고 싶구나.
  - **이는 함께 놀이했던 친구와 선생님을 찍어보고 싶구나.
- '기린반을 기억할 수 있는 것'을 주제로 하여 원하는 대상을 디지털 카메라로 찍는다.
- 각 유아들이 찍은 사진을 다른 유아들과 함께 감상해 본다.
  - 우리가 찍은 사진을 함께 보자. 기억하고 싶은 것이 어떻게 다르니?
  - 이 사진들을 어떻게 하면 모두가 잘 볼 수 있도록 할 수 있을까?

양만기 〈채집 연구〉

| 감상과 표현 |

- 양만기의 〈채집 연구〉라는 작품을 감상한다.
  - 어떤 것들이 보이니?
  - 사진을 모아 액자처럼 벽에 걸었

을 때와 이 작품처럼 사진들을 모아 쌓아놓았을 때의 느낌이 어떠니?
- 왜 중간 중간에 빈 칸으로 남겨 놓았을까?
- 우리도 이렇게 만들어 볼 수 있을까? 어떻게 하면 좋을까?

- '기린반의 소중한 기억상자'를 제작해 본다.
  - 사진을 포토 프린터로 출력한다.
  - 상자의 크기에 맞게 사진을 잘라 붙인다.
- 사진을 붙인 상자를 여러 가지 방법으로 배열해 본다. 이때 다양한 종류의 천 등의 소품을 활용하도록 한다.
  - 어떤 모양으로 쌓아 볼까?
  - ○○이는 우리가 기린반이라서 기린 모양으로 쌓아 보고 싶구나.
  - **이는 높고 낮은 성처럼 높이를 다르게 해서 쌓아 보고 싶구나.
  - 반듯하게 쌓으니 딱딱한 느낌이 들고 비뚤어지게 쌓은 건 재미있는 느낌이 드는구나.
  - 어떤 방법으로 쌓아 볼 수 있을까?
  - △△는 선생님을 찍은 것끼리, 친구를 찍은 것끼리, 놀잇감을 찍은 것끼리 모아보면 좋겠다고 생각하는구나.
- 작품을 구성하고 다시 해체하는 설치미술의 특성을 고려하여 유아들이 하나의 작품을 만들 때마다 디지털 카메라로 사진을 찍어 '기린반의 소중한 기억상자'라는 주제를 잘 전달하면서도 보기에도 적절한 작품을 투표로 정하도록 한다.

설치 작품 반복 구성하기

예술 작품

• 설치할 공간의 특징에 대해 알아보고, 작품을 다양한 장소에 배치해보며 설치할 때 고려할 점에 대해 이야기를 나눈다.
  – 우리가 만든 작품을 어디에 설치하면 좋을까?
  – 많은 사람들이 볼 수 있으면서도 사람들이 걸어 다닐 때 불편하지 않은 곳에 전시하고 싶구나.
• 유아들이 공동으로 작품을 설치한다.
• 유의점
  – 사진을 찍는 대상은 진행 중인 주제와 관련하여 유아들과 함께 정할 수 있다.
  – 설치미술은 전체 공간과 전시물의 어울림, 색의 조화, 조명에 따른 전시물의 느낌 변화 등을 고려하는 것이 중요하다. 따라서 유아들과 작품을 직접 전시해보고, 왜 그곳에 설치하려고 했는지를 이야기하는 시간은 매우 중요하다. 유아들이 설치할 때 고려할 점, 공간과 작품과의 조화에 대해 충분히 생각할 수 있도록 한다.
  – 설치미술로 접근하지 않는 경우, 상자에 사진을 붙여 쌓는 방법 외에 사진 자체를 배열하는 방법, 수틀에 붙여 천장에 매다는 방법 등 다양한 방법을 활용하여 전시할 수 있다.

'기린반의 소중한 기억상자' 설치

인터넷을 통한 검색

미술 작품 검색엔진

- www.artcyclopedia.com(영어)
  미술가, 작품명, 미술관을 입력하여 관련 작품을 찾아보거나 주제, 매체 등에 따라 검색할 수 있도록 만든 사이트
- www.artchive.com(영어)
  왼쪽 메뉴에 화가의 이름을 선택하면 해당 화가 사이트로 이동하도록 되어 있는데, 그림은 다양하지 않지만 그림 스캔 품질이 높은 사이트

우리나라의 박물관 및 미술관

- 국립중앙박물관(www.museum.go.kr)
  선사시대부터 조선시대까지의 미술
- 국립현대미술관(www.mmca.go.kr)
  1910년부터 오늘날에 이르기까지의 우리나라 회화, 공예, 조각
- 서울시립미술관(sema.seoul.go.kr)
  화가 천경자 상설전시 및 다양한 현대미술
- 가나아트센터(ganaart.com)
  다양한 형태의 현대미술
- 갤러리 현대(www.galleryhyundai.com)
  다양한 형태의 현대미술
- 금호미술관(www.kumhomuseum.com)
  다양한 형태의 현대미술
- 리움미술관(www.leeum.org)
  금속유물에서 서화, 도자기 등 우리나라의 고미술과 다양한 현대미술
- 박수근미술관(www.parksookeun.or.kr)
  화가 박수근의 작품
- 선갤러리(www.sungallery.co.kr)
  다양한 형태의 현대미술
- 석봉도자기미술관(www.dogong.net)
  우리나라의 다양한 도자기
- 성곡미술관(www.sungkokmuseum.org)
  다양한 형태의 현대미술
- 아트선재센터(www.artsonje.org)
  다양한 형태의 현대미술
- 초전 섬유퀼트 박물관
  (www.jculture.co.kr/museum)
  한국전통자수작품, 다른 나라의 전통퀼트 및 인형
- 호림박물관(www.horimmuseum.org)
  다양한 형태의 서화, 도자기, 불교미술

• 호암미술관(www.hoammuseum.org)
선사시대 금속유물에서 조선시대에 이르기까지의 서화, 도자기, 불교미술, 전통 정원

• 대림미술관(www.daelimmuseum.org)
사진 전문

• 소마미술관(soma.kspo.or.kr)
야외조각 및 다양한 형태의 현대미술

다른 나라의 박물관 및 미술관

• 구겐하임 미술관(www.guggenheim.org)
19세기부터 20세기까지의 유럽 미술 ; 다양한 형태의 현대 미술

• 게티 센터(www.getty.edu)
선사시대부터 오늘날에 이르기까지의 그리스/로마 미술 ; 이집트 미술 ; 유럽 미술 ; 아메리카 미술

• 노튼 사이먼 박물관
(www.nortonsimon.org)
중세부터 19세기까지 유럽 미술 ; 아시아 미술

• 시카고 미술관(www.artic.edu/aic)
중세부터 20세기까지 그리스/로마 미술 ; 유럽 미술 ; 19세기 이후의 미국미술 ; 아시아 미술

• 샌프란시스코 아시아 박물관
(www.asianart.org)
아시아 미술

• 브루클린 박물관(www.brooklynart.org)
아프리카 미술 ; 아시아 미술 ; 아메리카 미술

• 디트로이트 미술관(www.dia.org)
르네상스부터 20세기까지의 그리스/로마 미술 ; 유럽 미술 ; 20세기 아메리카 미술 ; 아시아 미술 ; 아프리카 미술

• 프릭 박물관(www.frick.org)
16세기에서 19세기의 유럽 미술

• 에미타쥬 박물관
(www.hermitagemuseum.org)
이집트, 그리스, 로마, 유럽의 중세시대 미술 ; 이슬람 미술 ; 아시아 미술

• 킴벨 박물관(www.kimbellart.org)
이집트 미술 ; 그리스/로마 미술 ; 중세부터 19세기까지 유럽 미술 ; 아프리카 미술 ; 아시아 미술 ; 아메리카 미술

• 루브르 박물관(www.louvre.fr)
이집트 미술 ; 그리스/로마 미술, 중세부터 19세기까지 유럽 미술

• 메트로폴리탄 박물관
(www.metmuseum.org)
그리스/로마 미술 ; 중세부터 19세기까지 유럽 미술 ; 아프리카 미술 ; 이슬람 미술 ; 아메리카 미술

- 미국 내셔널 갤러리(www.nga.gov)
  중세부터 19세기까지 유럽 미술 ; 19세기에서 20세기의 아메리카 미술
- 뉴욕 근대미술관(www.moma.org)
  19세기 후반에서 오늘날까지의 다양한 형태의 현대미술
- 샌프란시스코 근대미술관(www.sfmoma.org)
  20세기 이후의 유럽과 아메리카 미술
- 대만국립미술관(www.npm.gov.tw)
  아시아 미술
- 대영박물관(www.britishmuseum.org)
  그리스/로마 미술 ; 이집트 미술 ; 아프리카 미술 ; 아시아 미술 ; 아메리카 미술 등
- 영국 내셔널갤러리(www.nationalgallery.org.uk)
  중세부터 19세기말까지 서유럽 미술
- 테이트 갤러리(www.tate.org.uk)
  16세기부터 오늘날까지 영국 미술 ; 유럽 근대미술

관련사이트

- www.kinderart.com(영어)
  유아들을 위한 다양한 미술 활동을 소개하고 있는 사이트
- www.crayola.com(영어)
  유아, 교사, 부모를 위한 다양한 미술 활동과 계획이 제공되는 사이트

참고문헌

교육과학기술부, 보건복지부 (2012). 5세 누리과정 교사용 지도서. 서울: 교육과학기술부 · 보건복지부.

________________________ (2013). 3–5세 연령별 누리과정 해설서. 서울: 교육과학기술부 · 보건복지부.

교육부 (1998). 제6차 유치원 교육과정. 서울: 교육부.

______ (2015a). 2015 개정 초등 통합 교과 교육과정. 서울: 교육부.

______ (2015b). 미술과 교육과정. 교육부 고시 제2015-74호 [별책13].

교육부, 보건복지부 (2019). 2019 개정누리과정 해설서. 서울: 교육부 · 보건복지부.

교육인적자원부 (2007). 제7차 유치원 교육과정. 서울: 교육인적자원부.

구현주 (2001). 미적 요소에 기초한 미술비평활동이 유아의 미적 어휘 및 언어표현력 발달에 미치는 영향. 덕성여자대학교 교육대학원 석사학위 논문.

김병숙 (1981). 취학전 아동의 미적 태도 분석. 이화여자대학교 교육대학원 석사학위 논문.

김정선 (2006). 프리드먼의 시각문화교육론 연구. 미술교육연구논총, 20, 39-65.

김정희 (1998). 미술교육입문. 서울: 형설출판사.

김홍숙 (2008). Efland의 미술교육 사상에 관한 연구. 미술교육논총, 22(1), 49-72.

박유신 (2014). 시각문화교육과 디지털 미디어 시대의 애니메이션 교육의 방향. 만화애니메이션연구, 35, 29-65.

손명희 (2009). 만 5세 맑은 반의 미술관 관람활동에 대한 실행연구. 성신여자대학교 교육대학원 석사학위 논문.

염태진 (1998). 창조활동으로 이끌어주는 유아미술교육. 서울: 창지사.

윤소영, 신아름, 신효원 (2011). 100세 시대 대비 여가 및 문화 활동 활성화 방안. 한국문화관광연구원.

윤태석 (2015). 박물관미술관의 흐름과 동향. 2015 사회문화예술교육 실무자 연수 박물관미술관에서의 예술과 문화다양성 자료집. KACES-1431-C143. 9-46.

이규선, 김동영, 전성수 (1997). 미술교육학 개론. 경기: 교육과학사.

이수연 (2002). 탐색 · 감상 · 표현의 통합적 미술 교수전략이 유아의 미적 반응과 표현 능력에 미치는 영향. 덕성여자대학교 교육대학원 석사학위 논문.

이영자, 이기숙, 이정욱 (2009). 유아 교수 · 학습 방법. 서울: 창지사.

이윤진, 이정원, 구자연 (2013). 영유아 문화인프라 이용실태와 지원방안. 육아정책연구소 연구보고 2013-27.

이정욱 (2003). 미술교육과 수학교육의 통합적 접근이 유아의 기하도형 이해에 미치는 영향. 덕성여대논문집, 32, 101-120.

이정욱, 박미라 (2002). 조형활동을 통한 다문화교육. 대한어린이교육협회 2002 추계 연구발표회.

이정욱 외 (2007). 탐색 · 표현 · 감상의 통합적 유아미술활동. 경기: 정민사.

이정욱, 임수진, 이금구, 박미라, 안진아 (2016). 유치원 누리과정 내실화를 위한 유아미술 교육프로그램: 미술, 놀이를 담다. 서울특별시유아교육진흥원.

임경애 (2000). 미술요소에 기초한 그림비평활동이 유아의 그림표현에 미치는 영향. 중앙대학교 교육대학원 석사학위 논문.

임수진 (1998). 미술비평활동의 유아의 미적 반응 및 표현 능력에 미치는 영향. 덕성여자대학교 대학원 석사학위 논문.

임정기, 이성도, 김황기 (2006). 미술교육의 이해와 방법. 서울: 예경.

전성수, 이일우, 정옥란 (2001). 친구와 함께 하는 조형탐색 놀이. 서울: 예경.

한국미술교과교육학회 (2004). 유아미술교육학. 서울: 학지사.

Adejumo, C. O. (2002). Considering Multicultural Art Education. *Art Education, 55*(2), 33-39.

Anderson, T., & Milbrandt, M. K. (2007). 삶을 위한 미술교육: 미술의 실제적 교수학습을 중심으로. 김정희, 최정임, 신승렬, 김선아, 손지형(역). 서울: 예경(원본 출간 2004).

Ann, P. (2007). *The Language of Art: Inquiry-Based Studio Practices in Early Childhood Settings*. St Paul, MN, United States.

Arnhiem, R. (1954). *Art and visual perception*. Berkely: University of California Press.

Barnes, R. (2015). *Teaching Art to Young Children*(3rd ed). London: Routledge

Cohen, E. P., & Gainer, R. S. (1992). 아동미술교육의 실제. 서울대 미술교육연구회(역). 서울: 미진사(원본 출간 1984).

Cole, E. (1985). The effect of a cognitively-oriented aesthetic curriculum on the aesthetic judgement and response of four-, six-, and eight-year olds in an art museum program. *Dissertations Abstract*, No. AAD85-23952.

Colbert, C. (1984). The relationship of language and drawing in description and memory tasks. *Studies in art education, 24*(1), 84-91.

Colbert, C., & Taunton, M. (1992). *Developmentally appropriate practices for the visual arts education of young children*. NAEA briefing paper. Reston, VA: The National Art Education Association.

Douglas, N., & Schwartz, J. (1967). Increasing awareness of art idea of young children through guided experience in ceramics. *Studies in Art Education, 8*(2), 2-9.

Duncum, P. (2012). An eye does not make an I: Expanding the sensorium. *Studies in Art Education, 53*(3), 182-193.

Eckhoff, A. (2008). The importance of art viewing experiences in early childhood visual arts: te exploration of a master art teacher's strategies for meaningful early arts experiences. *Early Childhood Education Journal, 35*, 463-472.

Efland, A. D. (2005). Problems confronting visual culture. *Art Education, 58*(6), 35-40.

Eisner, E. (1995). 학문기초 미술교육운동. 김인용, 김태현(역). 서울: 학지사(원본 출간 1988).

Feeney, S., & Moravcik, E. (1987). A thing of beauty: Aesthetic development in young children. *Young Children, 42*(6), 7-15.

Fox, J., & Robert, S. (2014). *Art and Creative Development for Young Children*. Wadsworth Publishing Co Inc.

Gardner, H. (1993). *Multiple intelligences: The theory in practice*. New York: Basic Books.

Golomb, C. (1974). *Young children's sculpture and drawing: A study in representational development*. Cambridge, MA: Harvard University Press.

Hardiman, C., & Zernich, T. (1981). *Art activities for children*. Englewood Cliffs, NJ:

Prentice Hall.

Herberholz, B., & Hanson, L. (1995). *Early childhood art*. LA: Wm. C. Brown Publishers.

Honigman, J. J., & Bhavnagri, N. P. (1998). *Painting with scissors: Art education beyond production. Childhood education, 74*, 205-212.

Hurwitz, A., & Day, M. (2001). *Children and their art: Methods for the elementary school*. Belmont, CA: Wadsworth.

Jalongo, M. R., & Stamp, L. N. (1997). *The arts in children's lives: Aesthetic education in early childhood*. Boston: Allyn & Bacon.

Kerlavage, M. S. (1995). A Brunch of naked ladies and a tiger: Children's responses to adult works of art. In C. M. Thompson(Ed.), *The visual arts and early childhood learning*. Reston, VA: NAEA.

Kellogg, R. (1969). *Analyzing children's art*. Pald Alto, CA: Mayfield Publishing Company.

Kindler, A. M. (1995). Significance of adult input in early childhood artistic development. In C. M. Thompson (Ed.), *The visual arts and early childhood learning*. Reston, VA: National Art Education Association.

Koster, J. B. (2001). *Growing artists: Teaching art to young children*. Albany, NY: Delmar Publishers.

Krechevsky, M. (1998). *Project spectrum: preschool assessment handbook*. New York, NY: Teachers College Press.

Libby, W. M. L. (2000). *Using art to make art: Creative activities using masterpieces*. Albany, NY: Delmar Publishers Inc.

Lowenfeld, V. (1982). *Creative and mental growth*. New York: Macmillan.

Ministère de I'Èducation nationale (2008). *Horaires et Programmes D'Enseignement de L'Ecole Maternelle: Bulletin Officiel-hors-serie n° 3 du 19 juin 2008*. Retrieved from June, 28, 2016 http://www.education.gouv.fr/pid285/le-bulletin-officiel.html.

Ministry of Education Singapore (2013). *Nurturing Early Learners: Aesthetics Creative*

Expression. Retrieved June, 28, 2016 from https://www.moe.gov.sg/education/preschool/resources-for-pre-school-educators.

NCCAS (2014). *National Core Arts Standards: A Conceptual Framework for Arts Learning*. Retrieved June, 28, 2016 fromhttp://www.nationalartsstandards.org/content/conceptual-framework.pdf.

_______ (2014). *National Visual Arts Standards*. Retrieved June, 28, 2016 fromhttps://www.arteducators.org/learn-tools/national-visual-arts-standards.pdf.

Parsons, M. J., & Blocker, H. G. (1998). 미학과 예술교육. 김광명(역). 서울: 현대미학사(원본 출간 1993).

Roy, D., Baker, W., & Hamilton, A. (2015). *Teaching the arts: Early childhood and primary education*(2nd ed.). Melbourne, Australia: Cambridge University Press.

Seefeldt, C. (1987). The visual arts. In C. Seefeldt(Ed.), *The early childhood curriculum: A review of current research*. New York, NY: Teachers College Press.

___________ (1995). Art: A serious work. *Young Children, 50*(3), 39-45.

Sharp, P. O. (1976). Aesthetic response in early education. *Art Education, 29*(5), 25-29.

Schirrmacher, R. (2002). *Art and creative development for young children*(4th ed). Albany, NY: Delmar Publishers Inc.

______________ (2006). *Art and creative development for young children*(5th ed). Albany, NY: Delmar Publishers Inc.

______________ (2009). *Art and creative development for young children*(6th ed). Albany, NY: Delmar Publishers Inc.

______________ (2014). *Art and creative development for young children*(8th ed). Albany, NY: Delmar Publishers Inc.

Singley, K., & Anderson, J. R. (1989). *The transfer of cognitive skill*. Cambridge, MA: Harvard University Press.

Smith, N. R. (1982). The visual arts in early childhood education. In B. Spodek(Ed.), *Handbook of research in early childhood education*. N.Y.: The Free Press.

Smith, F. (2005). *Why Arts Education Is Crucial, and Who's Doing It Best. Edutopia*. Retrieved June 1, 2012, from www.edutopia.org/arts-musiccurriculum-child-development.

Taunton, M. (1984). Reflective dialogue in the art classroom: Focusing on the art process. *Art Education, 37*(1), 15-16.

Taunton, M., & Colbert, C. (1984). Artistic and aesthetic development: Considerations for early childhood educators. *Childhood Education, 61*(1), 55-63.

Thompson, C. M. (1995). Transforming curriculum in the visual arts. In S. Bredekamp, & T. Rosegrant (Eds.), *Reaching potentials: Transforming early childhood curriculum and assessment*. Washington, DC: National Association for the Education of Young Children.

U. K. Department for Education (2014). *National curriculum in England: framework for key stages 1 to 4*. Retrieved June, 28, 2016 from https://www.gov.uk/government/publications/national-curriculum-in-england-framework-for-key-stages-1-to-4.pdf.

__________________________ (2014). *Schools, colleges and children's services: Early years foundation stage*. Retrieved June, 28, 2016 from https://www.gov.uk/government/publications/early-years-foundation-stage-framework-2.pdf.

Unsworth, J. M. (1992). Re-Thinking Lowenfeld. *Art Education, 45*(1), 62-28.

Wenham, M. (2003). *Understanding art: A guide for teachers*. London: SAGE Publications Ltd.

Zurmuehlen, M., & Kantner, L. (1995). The narrative quality of young children's art, In C. M. Thompson (Ed.), *The visual arts and early childhood learning*. Reston, VA: National Art Education Association.

저자 소개

이정욱

덕성여자대학교 유아교육과 및 동 대학원 졸업

미국 Wisconsin-Madison 주립대학교(철학박사)

현재 : 덕성여자대학교 유아교육과 교수

임수진

덕성여자대학교 유아교육과 및 동 대학원 졸업(교육학박사)

현재 : 동신대학교 유아교육과 부교수

탐색 · 표현 · 감상의 통합적 유아미술교육 제4판

1판 1쇄 발행 2003년 09월 10일
2판 1쇄 발행 2010년 03월 10일
2판 10쇄 발행 2016년 07월 25일
3판 1쇄 발행 2017년 08월 25일
3판 3쇄 발행 2020년 03월 13일
4판 1쇄 발행 2021년 07월 30일
4판 4쇄 발행 2026년 02월 20일

저 자 이정욱 임수진
발 행 인 회장 박철용
대표 박세원
발 행 처 정민사
주 소 경기도 파주시 직지길 522 파주출판도시
전 화 031-955-8030
팩 스 031-955-8025
홈 페 이 지 http://www.jmpub.co.kr
이 메 일 yswgroup@naver.com
출 판 등 록 1979년 1월 22일 No. 406-2004-000130호

I S B N 978-89-5809-737-2
정 가 22,000원